ChatGPTと法律実務

AIとリーガルテックがひらく弁護士／法務の未来

松尾剛行
Takayuki Matsuo

弘文堂

はじめに

弁護士である筆者は、2018年以来、リーガルテック——すなわちAIを含むテクノロジーの法律実務への応用——に強い関心を持ってきた。そこで筆者は、企業法務弁護士事務所である桃尾・松尾・難波法律事務所のパートナーを務めると同時に、リーガルテック企業の業界団体である一般社団法人AI・契約レビューテクノロジー協会の代表理事を務め、多数のリーガルテックに関係する論文等を公刊するほか、とあるリーガルテック企業のプロダクトアドバイザーとして、そのサービスの設計や仕様に関するアドバイスを行っている。また、2015年の「ロボットと労働法」（ロボット法学会設立準備研究会）と題する研究報告や、『ロボット法』（共訳、勁草書房・2018年）など、リーガルテックを含みつつもこれに限らないAI・ロボット法の研究を継続的に行っている。

ChatGPTは生成系AIの一種とされているが、筆者がこの生成系AIに関心を持ち始めたのは、2022年夏であった。当時、MidjourneyやStable Diffusionのようないわゆる画像生成AIが盛んにもてはやされていた。そして、それらが生成する画像を眺めながら、筆者は、「クリエイティブな（非定型的な）仕事もAIに代替される時代がくるのではないか」という思いを抱いた。すなわち、2015年に《日本の労働人口の49%が人工知能やロボット等で代替可能になる》という趣旨の研究[1]が発表されており、その当時は大いに話題となっていた。ここで代替可能とされていた職種の多くは、いわゆる「定型的」業務であった。つまり、弁護士を含む非定型的な仕事はそこに含まれておらず、ほっと胸をなで下ろした記憶がある。しかし、画像生成ＡＩによって、２０１５年の時点においてはＡＩに代替される可能性が低いとされた、いわゆるクリエイティブな業務である漫画家、デザイナー、クリエイターなどの仕事について、現在では、これがＡＩに奪われるという現実的な可能性に直面している。そこで筆者は、**「弁護士業務もＡＩに奪われてしまうのではないか？」**という観点で、生成系ＡＩの研究を始めたわけである。

そのようななか、２０２２年11月にＣｈａｔＧＰＴがリリースされた。筆者は、まだ荒削りな状態であり多くの問題を抱えながらも可能性を秘めた「ダイヤの原石」[2]のようなＣｈａｔＧＰＴにのめり込み、気がつけば20以上のＣｈａｔＧＰＴ関連のセミナー・勉強会の講師を務めさせていただいているほか、『ＣｈａｔＧＰＴの法律』（中央経済社・２０２３年）の共同執筆に参画したり、「法学部生を念頭に置いた『ＣｈａｔＧＰＴ等ＡＩとの賢い付き合い方』――ＡＩ時代のキャリアデザインを踏まえて」（法学セミナー８２２号（２０３０年）48頁）といった論文を公表したりしてきた。特に、「ＣｈａｔＧＰＴ等のＡＩ技術の発展と弁護士実務への影響」というブログ（ｎｏｔｅ）記事[3]は、２０２３年３月23日という比較的早い時期に弁護士業務への影響について踏み込んで言及したとして多くの反響をいただいた。

本書は、このようなＣｈａｔＧＰＴ[4]を筆頭とするＡＩ・リーガルテックの発展により弁護士や企業の法務担当者の法律業務がどのように変化すると予想され、また、法的観点や実務対応の観点からどのように準備すべきかに関する筆者の研究の成果を、弁護士や企業の法務担当者（以下、法律事務所と法務部門の業務のあり方を対比する文脈ではインハウスローヤーを含む）をはじめとする読者の方々にとって有益な形で提供するという観点に基づいてまとめたものである。

ここで、いわゆるシンギュラリティの到来が２０４５年と予言される。現在の技術の特徴を踏まえれば、多少技術が進歩しても突破できないと思われる重大な制約（第2章で「技術的制約」と呼ぶ）についても、50年先、１００年先といったように先になればなるほど、それまでに重要なブレークスルーが発見され、大きな技術的進歩を遂げる可能性は高まる。そこで、筆者として合理的に可能な将来予測の範囲という趣旨で、約20年後である２０４０年を想定する（主に第5章以下で「長期的」

---

(1) https://www.nri.com/-/media/Corporate/jp/Files/PDF/news/newsrelease/cc/2015/151202_1.pdf

(2) Ｃｉｃｅｒｏ２０２３年5月号13頁参照。

(3) https://note.com/matsuo1984/n/n006e3e569eb0

(4) なお、本書ではグーグルのＢａｒｄ、フェイスブック系ＯＳＳのＬＬａＭＡ、アマゾンのＴｉｔａｎ、日系ＬＬＭ、中国系ＬＬＭ、そして将来開発されるものを含む大規模言語モデルＡＩなどを利用した文書生成ＡＩをすべて「ＣｈａｔＧＰＴ」と総称する。大規模言語モデル型ＡＩとか文書生成ＡＩという表現の方が学術的には正確であるが、読者の方々にとってのイメージのしやすさを優先している。なお、いわゆるＧＰＴのＴ、すなわち「transformer」技術は近時注目されているものではあるが、今後このtransformer技術を上回る、またはこれを代替する技術が開発される可能性はあるだろう。その意味では、将来はそれと異なる文書生成ＡＩが主流になるかもしれない。そこで、本書で「ＣｈａｔＧＰＴ」と総称するものは将来的には「ＣｈａｔＧＰＴ」とは呼ばれない可能性があることにはご留意いただきたい。

予測という場合）。ただし筆者も、さまざまなところで著作権法、個人情報保護法、セキュリティなどの、現時点つまり２０２３年のＣｈａｔＧＰＴの法律問題についての質問を受けているところである。よって、第３章では２０２３年の法律をＣｈａｔＧＰＴに当てはめた場合の解釈論を展開している。各読者の興味関心に応じて、お好きな章を読んでいただきたい。その観点から、できるだけ相互リファレンスを付したつもりである。いずれにせよ、ＣｈａｔＧＰＴをめぐる状況は日進月歩であり、技術革新や競争も極めて激しい。その意味では、本書はあくまでも２０２３年６月時点における「中間報告」とご理解いただきたい。

なお、本書はリーガルテックと弁護士法の問題については触れていない。それは、この問題が２０２３年における弁護士法の解釈のあるべき姿という、２０４０年を見据えた本書の主題と離れる話になりがちであり、かつ、２０２３年中には法務省がガイドラインを公表すると見込まれているからである[5]。よって、この点は筆者のほかの著作を参照されたい[6]。

筆者の本書における議論は次のような法律業務の将来像の予測として要約可能かもしれない。すなわち、**２０４０年の法律業務は現時点のものとは大きく様変わりし、ＣｈａｔＧＰＴを含むＡＩ・リーガルテックが広く使われるようになる。しかしながら、ＡＩによって代替までされる部分は少なく、人間の弁護士や人間の法務担当者の果たすべき役割は引き続き残り、筆者や読者の方々はＡＩ・リーガルテックの支援を受けながら弁護士や法務の仕事を続けることになるだろう。**このような筆者の議論に対しては、異論もあるかもしれない。しかしながら、むしろ筆者としては、本書が議論を喚起することで、より多くの弁護士や法務担当者の方々にこの重要な問題に関心を持っていただきたい、と考えている。

（5）　規制改革推進会議「規制改革推進に関する答申〜転換期におけるイノベーション・成長の起点〜」<https://www8.cao.go.jp/kisei-kaikaku/kisei/publication/opinion/230601.pdf>21頁。

（6）　松尾剛行「リーガルテックと弁護士法に関する考察」情報ネットワーク・ローレビュー18号（２０１８年）1頁、「ＡＩとガバナンス—企業統治の高度化・効率化にＡＩを役立てるという観点からの検討」商事法務２２９７号（２０２２年）26頁、松尾剛行「連載　リーガルテックと弁護士法72条」商事法務ポータル<https://portal.shojihomu.jp/archives/33427>、松尾剛行「リーガルテックと弁護士法—規制改革推進会議議事録公開を踏まえて」ＮＢＬ１２３４号（２０２３年）70頁など参照。

目次

はじめに　i

第1章　ChatGPTが法律実務にもたらす期待と不安　1

1　ChatGPTは法律実務を変えるのか　1
2　ChatGPTの特徴　7
3　AIの種類――学習型とルールベース　18
4　2040年の法律実務の将来を考える鍵は「技術的制約」　21
5　法律実務はChatGPTが組み込まれたプロダクトを利用する形に変容する　25
column　ChatGPTを使ってみよう　35

第2章　ChatGPTの技術的制約を理解する　39

1　AIの種類と技術的制約　39
2　ChatGPTを含む学習系AIの技術的制約　40

3　いわゆるルールベースＡＩの技術的制約　54

第3章　ＣｈａｔＧＰＴにまつわる法律問題　61

1　急展開のなかのスナップショット　61
2　ＣｈａｔＧＰＴと個人情報保護　63
3　ＣｈａｔＧＰＴと著作権　82
4　ＣｈａｔＧＰＴと不正競争防止法・秘密管理　121
5　ＣｈａｔＧＰＴとセキュリティ　131
6　ＣｈａｔＧＰＴと独禁法　138
7　不正検知のためのＣｈａｔＧＰＴ利用　144
8　ＣｈａｔＧＰＴと名誉毀損　149
9　ＣｈａｔＧＰＴと責任　162
column　**実は一貫している!?――筆者の研究テーマ**　167

第4章　ＣｈａｔＧＰＴを最大限に活用するために　171

1　リスクを踏まえた活用を　171

2 ChatGPTを法務分野で利活用するには 172
3 ChatGPTの利用について組織内でどのようなルールを策定すべきか 189

第5章 ChatGPT時代のリーガルテック①――総論 205

1 将来の業務に利用される技術は何か 205
2 リーガルテックにChatGPTが組み込まれ、業務が変わる 206
3 ある日突然世界が変わるわけではない――業務変革は漸進的 209
4 リーガルテック発展のふたつの方向性――「既製品」と「テーラーメイド」 211
5 「正解」がある分野のリーガルテックの飛躍的発展の可能性――リサーチ系リーガルテックなど 216
6 「コミュニケーションは人間の手に残る」のか？ 219
column レビュワー・編集者との「対話」 224

第6章 ChatGPT時代のリーガルテック②――各論 227

1 類型別のリーガルテック発展の展望 227
2 リサーチ 228

3 契約レビュー 233
4 書面等作成 236
5 契約管理（CLM）などのナレッジマネジメント 246
6 紛争解決（ODRを含む） 250

第7章 ChatGPT時代に「生き残る」弁護士・法務担当者とは 255

1 短期的視点と長期的視点を持つ 255
2 短期的視点＝「AIの支援を受ける」 257
3 技術発展で「支援の程度」が高まり、単なる確認・検証の付加価値が低下 263
4 「正解がある」領域では、AIと人間の能力が逆転する日がくる 266
5 2040年に求められる専門家像：「正解がない」事項をAIのサポートを受けながら対応 268
6 過渡期的業務 272
7 AIが善管注意義務の基準を変える？ 275
8 繰り返される、「雑務が減ってやり甲斐のある仕事が増える」というパターン 277
column **弁護士業務と研究・教育の両立のために** 279

第8章 ChatGPT時代の「価値ある」弁護士・法務担当者にむけて 283

1 技術は漸進的に進歩する 283
2 短期的目標：「AIの支援を受けながらより良い業務を行う」ために 287
3 長期的目標：AIが人間を超えても「頼れる」専門職になるために 290

第9章 2040年の弁護士業務 307

1 AI・リーガルテックを「使わない」選択肢は事実上なくなる 307
2 AIに顧客データを入れる未来 309
3 業務内容は変わっても、弁護士の仕事自体はなくならない 312
4 AIの利用を前提として業務プロセスを再構築する 313
5 悩ましい弁護士報酬のあり方 316
6 一般民事弁護士の実務 319
7 企業法務弁護士の憂鬱？ 320
8 AI・リーガルテック発展と新人教育 322
9 弁護士資格は未来を豊かにしてくれる 324

column　キャリア教育の重要性　326

第10章　2040年の企業法務　329

1　他部門と比較されにくい企業の法務部門　329
2　企業法務の役割と、AIとの協働　331
3　2040年のリーガルオペレーション　337
4　組織としてどう対応するか　343
5　個人としてどう対応するか　350

おわりに　354

第1章 ChatGPTが法律実務にもたらす期待と不安

1 ChatGPTは法律実務を変えるのか

（1）若手ビジネスパーソンレベルの文書作成能力

ChatGPTはOpenAI LP/OpenAI Inc.（以下、本書では「オープンAI社」という）が提供する、いわゆる大規模言語モデル（LLM）と言われる技術を利用した学習系AIである。

AIにはさまざまな種類があるところ、これまではプロファイリング等のいわゆる「分析」のためにAIが用いられることが多かったように思われる。しかし、2022年夏からMidjourney、Stable Diffusionなどの画像生成系AIプロダクトが本格的にリリースされたことで、「生成」のためのＡＩ利用がにわかに注目され、そのようななかで同年11月にはオープンＡＩ社が、同社の大規模言語モデル（当時はＧＰＴ－３）を利用したチャット形式で文章を生成するＡＩ、すなわちＣｈａｔＧＰＴをリリースした。

そして、現在のＧＰＴ－４を利用したＣｈａｔＧＰＴは、すでに一定以上のビジネス文書作成能力を持っている。少なくとも若手ビジネスパーソンのなかには自分の文書作成能力と比較して冷や冷やしている方もおられるのではないか。たとえば「朝起きたら体調が悪いので今日は休んで明日から出社する場合の上司へのメール」を書くよう指示する（プロンプトを入力する）と、ある程度サマになるメールのドラフトを書いてくれる。次のような具合である[1]。

> 突然の連絡で申し訳ございませんが、本日朝目覚めた際に体調が思わしくないことを感じました。そのため、今日は休養を取り、明日より出社することを考えております。
>
> 私の不在が業務に影響を与えないようにするため、引き継ぎが必要な事項については、適切に対応する予定です。具体的な引き継ぎ内容については、後ほどメールでお伝えいたします。
>
> 大変申し訳ありませんが、ご理解とご協力をお願いいたします。体調を整えて、明日から再び全力で業務に取り組むことができるよう努力いたします。

よろしくお願い申し上げます。

まだ荒削りな部分が残っており、いつもさまざまな文章を細部まで注意深くレビューされる習慣がついている弁護士・法務担当者である読者の方々としては、違和感もあるかもしれない。とはいえ、この例を読むことで、筆者が「若手ビジネスパーソンレベル」と評した趣旨をご理解いただけるのではないか。

(2) 相次ぐChatGPT関連のニュース

2022年11月にローンチされたChatGPTが日本の法律関係者の間で注目され始めたのは2023年の2月から3月にかけてのことだと思われるが、本書執筆時点(同年6月)でも引き続き注目を集めている。ChatGPTをめぐって次々と飛び込んでくる新しいニュースが、この分野への期待を否が応にも高めている。

たとえばオープンAI社以外にも、グーグルのBard、フェイスブック系OSSのLLaMA、

(1) なお、この例においても、またこの例以外においても、ChatGPTの回答は同じプロンプトでも毎回少しずつ違うものになるし、この点に加え、時期やバージョンによっても異なることから、本書での説明はあくまでも筆者が試したあるタイミングにおいて、このような回答が示されたことがあるというものと理解されたい。

アマゾンのＴｉｔａｎ、日系ＬＬＭ、中国系ＬＬＭといったさまざまな類似プロダクトが、続々投入されている[2]。また、迎え撃つオープンＡＩ社も、ＣｈａｔＧＰＴのバージョンアップ（現時点の最新バージョンは４・０）、ＡＰＩの解放[3]、プラグインの提供[4]、そしてＷｅｂブラウジング機能（後述２（３）参照）の搭載など、さまざまな新機能を次々に投入している。

加えて、ＡＩサービスを提供する多くの企業がそのプロダクトにＣｈａｔＧＰＴをはじめとする生成ＡＩを組み込んでいる。法務の分野では国内でもリーガルオンテクノロジーズ、ＧＶＡ ＴＥＣＨ、ＭＮＴＳＱといった複数のリーガルテック企業が、すでにＬＬＭ技術の利用を公表している（後述５参照）。

（３）法律業務の効率化・高度化への期待

このようなＣｈａｔＧＰＴやＡＩに関する急速な技術の進展は社会を変革すると予想されており、弁護士業務や企業の法務部門も例外ではない。そのような動きによって、法律業務の一層の効率化・高度化が期待される。20年後を展望（後述４参照）すれば、ＣｈａｔＧＰＴなどを組み込んだリーガルテックはますます利便性を向上させるだろう。たとえば「判例はこれ、コンメンタールには通説についてこう書いている、実務上の取り扱いはこのような先例がある……」といったように、リサーチにおいて知りたいことが一瞬で提示されるようになるだろうし、契約レビューについても、少なくとも一般的な状況においてその契約類型で留意すべきポイントについては、テクノロジーのサポートを受けて見落としや遺漏のないレビューができるようになるだろう。

（4）不安の声

このようなＣｈａｔＧＰＴの急速な進展に対し、「仕事が奪われるのではないか？」という不安の声が聞かれることも事実である。(5) 脚本家がＡＩの利用に反対してストライキをするなど、いわゆるネオ・ラダイト運動（産業革命における機械化に反対するラダイト——機械打ち壊し——運動の再来）が発生しているとも言われる。(6)

法律実務においても、昔ながらの仕事を続け、ＡＩやリーガルテックの利用をかたくなに拒否し

（2）「はじめに」の注4でも述べているように、本書ではこれらをすべて「ＣｈａｔＧＰＴ」と総称している。

（3）Application Programming Interface、ユーザーやＡＩベンダのシステムからＣｈａｔＧＰＴを呼び出せるようにする機能であり、ユーザーやＡＩベンダのシステムにＣｈａｔＧＰＴを組み込むことが可能となる。

（4）いわゆるサードパーティ・プラグインである。複数の提携している企業が、そのデータなどを利用してＣｈａｔＧＰＴに組み込んでおり、ユーザーとしてはそのプラグインを選択すると、これまでのＣｈａｔＧＰＴでは利用できないデータを踏まえた新しい機能を利用できる。たとえば、「最近の法とテクノロジーに関する論文のうち、若手弁護士にオススメのものは何か？」とＣｈａｔＧＰＴに聞いても論文は教えてもらえず法とテクノロジーに関するトピックを列挙するだけだが、ScholarAIというプラグインを利用すると、実際に面白そうな論文を挙げた上で、リンクをクリックすると実際にその論文を読めるようにしてくれる。

（5）たとえば、あるライターがＣｈａｔＧＰＴのせいで失業したとされる記事（Ashamed_Apricot6626, "It happened to me today," *Reddit* 2023/4/8 <https://old.reddit.com/r/freelanceWriters/comments/12ff5mw/it_happened_to_me_today/>）が話題となった。

（6）https://business.nikkei.com/atcl/NBD/19/world/00571/

続けるやり方は、少なくとも20年後には通用しなくなるだろう。筆者はＡＩのリテラシーがいわば２０２３年の「パソコン」のリテラシーのようになると予想している。特に、東京大学が大学教育をＡＩの利用を前提として再構築すると表明しているように(7)、今後は、ＡＩを使いこなせる若手がどんどん社会に参入し、いわば若手からの「突き上げ」を食らいかねないのである。

しかし、本書でこれから詳述するように、法律関係者の仕事のやり方がＡＩやリーガルテックの利用を中心としたものに「変わる」といっても、それは決して、ＡＩやリーガルテックに仕事が「奪われる」ということを意味するものではない。

現代に至るまで、さまざまな業務を支援するテクノロジーが次々に開発されてきた。にもかかわらず、１００年を超える弁護士の歴史上、これらの新たなテクノロジーによって個々のタスクの遂行方法の変更はあっても「仕事が奪われる」ことはなかった。たとえば、紙と鉛筆で仕事をしていた時代と比較すると、２０２３年の弁護士業務は、そのタスクの遂行という観点からは大きく様変わりしているかもしれない。たとえば、契約レビューはワードに修正履歴をつけて行うことが一般的であるし、リーガルテック（契約レビューテクノロジー）の利用も増えつつある。ただ、その業務の本質に変わりはないように思われる。そして、この点は今後も同様であって、少なくとも２０４０年を見据える限り、弁護士や企業法務担当者はますます発達するＡＩによって広い範囲で支援を受けることにはなると思われるものの、それでもなお弁護士や企業法務担当者が果たすべき役割は、数多く残ると考える。

2　ＣｈａｔＧＰＴの特徴

（1）2023年時点の「生のＣｈａｔＧＰＴ」は課題山積

ＣｈａｔＧＰＴは、良かれ悪しかれ、さまざまな特徴を持っている。それらを知らなければ、ＣｈａｔＧＰＴとうまく付き合っていくことはできない。ここでは以下、法律業務においてリスク要因ともなり得る特徴——信頼性の問題、有用性の低さ、プロンプトを工夫しなければ良い回答を得られないこと、直感的な操作ができないこと、等々——を知ることを通して、ＣｈａｔＧＰＴの基本的な特徴を大掴みしていただきたい。また、その結果としてマジョリティ、つまり普通のビジネスパーソンへの浸透に課題が残ることについても触れておきたい。

なお、本書では、https://cchat.openai.com にアクセスしてオープンＡＩ社の用意したページでＣｈａｔＧＰＴを利用することを「生のＣｈａｔＧＰＴ」と呼んでいる。

（7）「『ＣｈａｔＧＰＴの利用前提に全てを見直す方向へかじを切る』、東京大学の太田副学長」日経クロステック２０２３年4月24日 <https://xtech.nikkei.com/atcl/nxt/column/18/02423/042300009/>。

（2）信頼性の問題

法律実務に投入することを踏まえたＣｈａｔＧＰＴの最大の弱点は、多くのリスクがあること、とりわけ一見信頼できるように見えるものの、実際には信頼できない回答が表示されるということであろう。ＣｈａｔＧＰＴが信頼できない回答を提示する、いわば「嘘」をつくことはhallucination（誤り）と呼ばれるが、**ＣｈａｔＧＰＴは単にその文章につながる言葉として最もあり得そうなものを探しているにすぎないことから、「ありそう」であっても、実際には存在しないものを生成してしまう。**[8] たとえば、「定評のある刑法の基本書のタイトル、著者名、出版社および出版年度を挙げてください」と質問すると、架空の書籍名を挙げてきたりする。[9]

結局のところ、（当然ではあるが）法務実務では「それらしい」ことはあまり重要ではない。もしかすると短期的には「それらしい」で何とかなるのかもしれないが、長期的には何ともならない。むしろ、一見「それらしく」見えるものの実際には間違っているというのでは、混乱を招いてしまう。たとえば、ＣｈａｔＧＰＴが行う法律に関する回答は、法律に関する知識がなければ容易に正誤の判断がつかないものも多く含まれる。すると、野放図にＣｈａｔＧＰＴを利用すれば、若手法務担当者がこれを「鵜呑み」にしてしまい、誤った回答を依頼部門に伝える、といった困った事態が容易に想定できる。実際、米国でＣｈａｔＧＰＴの回答した架空の判例法を鵜呑みにして、そのまま裁判所に主張し、制裁を命じられたという笑えない事例も出てきている。

だからこそ、**個々の利用状況において本当にＣｈａｔＧＰＴを信頼できるのか、仮に一定程度以上は信頼できるとしても、どの程度信頼できるかに関する判断が難しい**という点は、法務実務にＣｈａｔＧＰＴを導入する上で重要な課題であると言えるだろう。

（3）有用性の問題

仮に信頼性の問題が解消されたとしても、それはＣｈａｔＧＰＴが有用であることを意味するわけではない。例を挙げよう。たとえば、間違える可能性が一定以上ある質問について「わかりません」と回答するようにすれば、信頼性の問題については一定程度以上解決するかもしれない。しかし、その結果として「ほとんどの質問に対して〈わかりません〉との回答しか出てこない」という状態になれば、有用性は低いだろう。

（8）なお、技術的な面については、Stephen Wolfram, “What Is ChatGPT Doing … and Why Does It Work?” 2023/2/14 <https://writings.stephenwolfram.com/2023/02/what-is-chatgpt-doing-and-why-does-it-work/>も参照のこと。単にその文章につながる可能性が最も高いもののみを選択しているわけではないようである。

（9）本書は弘文堂から刊行されたところ、偶然であろうが、ＣｈａｔＧＰＴが「芦部信喜『芦部信喜刑法総論』（弘文堂・２０１０年）」という架空の書籍を提示してきたことには驚いた。「刑法総論」というタイトルが刑法の基本書において多いこと、および芦部博士が法律分野の大家であることから「統計的に最もありそうな刑法の有名な教科書は『芦部信喜刑法総論』だろう」として架空の書籍が挙げられたのではなかろうか。

この観点からは、ＣｈａｔＧＰＴが学習してきたデータの範囲が問題となる。従前はＣｈａｔＧＰＴが２０２１年９月までのインターネット上の無料アクセス可能な情報、しかもそのうち英語の情報を主としたもので学習していることが大きな課題となっていた(10)。

これらの課題に対しては、ＣｈａｔＧＰＴのエンジンであるＧＰＴ－４をマイクロソフトの検索サービスＢｉｎｇに組み込んだＢｉｎｇＡＩを利用することで、一定程度対応することができた。その後、２０２３年５月からオープンＡＩ社はＣｈａｔＧＰＴに「Ｗｅｂブラウジング機能」を導入した。これにより、学習データ自体が更新されるわけではないものの、検索機能を通じて最新のインターネット上の情報が回答の対象となり、また、回答の根拠も付されるようになった。これは有用性の観点からの改善と言えるだろう(11)。もっとも、Ｗｅｂブラウジング機能はあくまでも、ＣｈａｔＧＰＴがインターネット上で質問と関連すると思われるキーワードで検索し、検索結果の上位に出てきたサイトの記載内容を要約する、というものにすぎない。ＩＴ分野などインターネット上の無料でアクセス可能な情報の質が高く、かつ豊富な分野であれば、現在インターネット上に存在する情報を利用することによってもある程度以上の有用性が期待できる。しかしながら、法律分野はこれとは異なっている。

すなわち、インターネット上の無料アクセス可能な範囲においても、一部有用な法律情報も存在するものの、少なくとも本書執筆時点における重要な法律情報の大部分は、紙の書籍や雑誌といったように、電子化されていない情報である。また電子化されている場合であっても、有料データベースや書籍サブスクリプションサイトの閲覧権限を持っていなければ入手できない情報である。さらに、自事務所／自社における法律相談回答結果、契約レビュー結果、契約雛形といった所内／社内データも非常に有用である。

だからこそ、もし法律実務で使えるようなＡＩであれば、そのＡＩは、実務上の有用性の源となるこれら重要データへのアクセスができなければならない。しかし、**少なくとも「生のＣｈａｔＧＰＴ」をそのまま利用するだけでは、これら重要データへのアクセスは不可能である。**

（４）命令（プロンプト）の工夫が必要

ＣｈａｔＧＰＴに対する指示・命令（プロンプト）を工夫しなければ良い結果は得られない。こ

(10)　その当日までのデータをデータセットとして学習させたという意味で、ＣｈａｔＧＰＴの知識のカットオフ日（knowledge cutoff date）が２０２１年９月だということである。バージョンが上がればこれが更新され、より最近のものになるが、少なくともユーザーが使っている「その日」にはならない。

(11)　ただし、オープンＡＩ社の行う改善の具体的な方法が満足できる内容のものではないことも少なくない。たとえば、ＣｈａｔＧＰＴが途中で回答の生成を止めてしまうため、特に英語よりも多くのトークンを消費する日本語だと回答の最後の最後で（後10文字くらいのところで）回答が止まってしまうことが多いという問題については、「より長い文章を生成できるようにする」というのが本来の望ましい解決策である。しかし、２０２３年６月時点において、オープンＡＩ社は機械的に、「continue generating」ボタンを表示することで解決しようとしている。確かに「continue」や「続けて下さい」といちいち入力して継続回答を促すよりは楽になったものの、最後まで回答する仕様にすべきだと思われる。

の点は第4章2で詳論するが、このような指示・命令（プロンプト）の工夫は「プロンプトエンジニアリング（prompt engineering）」と呼ばれることがある。

試しに、ＣｈａｔＧＰＴに対して「友人に10万円を貸したが返ってこない」という指示・命令（プロンプト）を入力して「法律相談」[12]をしてみたらどうなるか。答えはこうである。「それは大変な状況ですね。まず、友人との直接的な対話を試みてみてください。彼にあなたが困っていること、そして彼が返済計画を立てる必要があることを伝えることが重要です。（中略）困難な状況であることは理解していますが、冷静に対処することが大切です。どの選択肢が最善かを判断するためには、自分自身の状況と友人の状況を理解し、必要なら専門家の助けを求めることも忘れないでください。」――。要するに、法律の素人であるものの、善良かつ賢明な友人に相談した場合に返ってくるレベルの回答になるのである。

これに対し、「貸金問題専門の弁護士の立場から、口頭で消費貸借契約を締結して期限を特に定めず10万円を貸し付けたものの、返してほしいと口頭で依頼しても長期にわたり返済がない事案における相談者に対して専門家として行うべきアドバイスがどのようなものになるか教えてください。」と質問すれば、通知書を作成して送付すべきこと、証拠の保全が重要であること、裁判等の法的手段を講じることも検討するべきことといったように、法律家の観点からの回答がなされるようになる。

これはあくまでもひとつの例であるが、**いわばプログラミングのように、質問方法に関するさまざまな工夫をしなければ、使える回答を導き出すことはできない**のである。

（5）直感的に操作できない

いま述べたこととも関係するが、「生のＣｈａｔＧＰＴ」は、直感的に操作することができない。つまり、チャット機能に慣れている人が気軽なチャットのために利用するのであればよいが、法律実務で利用するためには、**（4）**で言及したプロンプトエンジニアリング（本格的な説明は第4章**2**参照）以外にも、さまざまな工夫を凝らさなければならない。たとえば、英文契約書のネイティブチェックのため、英文を入力するとしよう。単に「言語的観点から次の英文を自然で流暢になるよう直してください（Please revise the following English sentence to make it natural and fluent from linguistic viewpoint.)」とだけ指示したのであれば、単純にＣｈａｔＧＰＴが考える最も自然な英文が吐き出されるだけである。しかし、ＣｈａｔＧＰＴは「間違える」以上、当然ながらどこをどう直したのかをユーザーが把握できなければならない。だからこそ、ネイティブチェックに使う場合、「1行1行どこを変えたか、なぜ変えたか説明してください（Please explain, line by line, what

(12) なお、ＣｈａｔＧＰＴはそれが法律相談であると認識すると自分は弁護士ではなく、法律相談は専門家に相談するように、という留保をする傾向にある。

change you made and why.)」といったプロンプトを入力しなければ、どこがどう変わったかがわからない。そのような、いわば非直感的な工夫をしない場合における結果の確認・検証可能性の程度は、不可能とは言えないまでも、少なくとも実務レベルに達するとは言い難いだろう。

(6) マジョリティへの浸透

このような現在の「生のＣｈａｔＧＰＴ」の特徴からは、いわゆるキャズム理論におけるマジョリティへの浸透に大きな課題がある。これは、読者の方々が実務でＣｈａｔＧＰＴを利用する上で大きな課題があることを意味する。

キャズム理論という言葉を聞きなれない読者もおられるかもしれない。キャズム理論とは要するにこういうことである。すなわち、スタートアップその他イノベーションを起こそうとする企業(まさにオープンＡＩ社が典型例であろう）にとって、自社のイノベーティブな新製品が広く利用されるようになるまでに乗り越えなければならない「溝（chasm）」と、その乗り越え方が問題となる。

そしてユーザーは、そのプロダクトが「新しい」として前向きに利用を開始しようとするイノベーターやアーリーアダプターと、その後で利用するアーリーマジョリティやレートマジョリティなどに分類される。そして、単にイノベーターやアーリーアダプターに訴求するだけでは新技術の普及は実現しない。だからこそ、最終的には「溝」を乗り越え、マジョリティに利用されるようにならなければならない。

なければならない、というわけである。

ＣｈａｔＧＰＴはリリースからわずか2か月で1億人のユーザーを獲得しており、すでにイノベーターやアーリーアダプターを獲得している。そして、これら新しもの好きのイノベーターやアーリーアダプターは、リスクがあってもそれを覚悟で使いこなそうとするし、プロンプトエンジニアリングも工夫するだろう。ほかならぬ筆者自身、「イノベーター」とまで言うのはおこがましいとしても、新しもの好きの「アーリーアダプター」である。

しかし、ここまで述べてきたようなＣｈａｔＧＰＴの特徴を踏まえると、業務、とりわけ法律業務に「生のＣｈａｔＧＰＴ」を使いなさいとマジョリティを促しても、なかなか利用は促進されないだろうし、また、その特徴を理解しないまま使おうとすれば、情報漏洩事故その他のリスクもつきまとう。つまり、読者の方々が実務でＣｈａｔＧＰＴを利用する上では多くのハードルが存在するということである。もちろん、ＣｈａｔＧＰＴをタイトルに含む本書を手に取られた方々は比較的イノベーションに親和的な方々なのかもしれない。しかし、**法律業務がＣｈａｔＧＰＴによって変わるという状況は、読者の方々の同僚の多くがＣｈａｔＧＰＴを法律業務に使って初めて実現するところ、その状況にまで至るまでには多くのハードルがあるのではないか――**、こういう説明であれば、頷いてくださる方も少なくないのではないか。

この点については、もはやＣｈａｔＧＰＴはマジョリティに至るための「溝」を越えているのでは、と思われる読者の方もいらっしゃるかもしれない。この点は、たとえば２０２４年、２０２５年に（企業レベルではなく）個人レベルにおけるＣｈａｔＧＰＴの利用率が「生のＣｈａｔＧＰＴ」とそれを利用したプロダクトとでそれぞれどの程度になるかを待ちたいところである。[13]

（７）その他のさまざまなリスク

ＣｈａｔＧＰＴにも使われているＡＩ一般の具体的リスクにもさまざまなものがあるので、ＣｈａｔＧＰＴの活用にあたっても、これらに留意しておきたいところである。

ＡＩのリスク一般については、たとえば内閣府統合イノベーション戦略推進会議が平成31年3月29日付で公表した「人間中心のＡＩ社会原則」[14]が打ち出す各原則が参考になる。ある意味において、これら各原則はＡＩのリスクの裏返しと評価できる。すなわち、人間中心の原則はユーザーがＡＩに過度に依存することでＡＩに操られてしまったりするリスクがあることを、教育・リテラシーの原則はＡＩに人々の格差や弱者を生み出すリスクがあることを、プライバシー確保の原則はＡＩにプライバシーリスクがあることを、セキュリティ確保の原則はＡＩにセキュリティリスクがあることを、公正競争確保の原則はＡＩに不公正競争リスクがあることを、公平性・説明責任および透明性の原則はＡＩによる差別、不公平、不透明な状況が発生するリスクがあることを、イノベーションの原則はデータ、資源などの独占リスクがあることを、それぞれ示唆するものである。それ以外にも、導入後に出力やプログラムが変化し得ること、ブラックボックス性、誤謬の問題などを挙げるもの[15]や、誤りの可能性、誤りかどうかを検証することの困難性、プライバシーの問題、トレードオフおよび事後的修正の困難性等を挙げるものもある[16]。

これらＡＩをめぐるリスクはＣｈａｔＧＰＴにおいても当てはまる。加えて、第3章で詳述する法的リスクその他のリスクも存在する。

---

(13) なお、本書執筆時にこのような意見を信頼できる友人と共有したところ、ある弁護士から、司法・法律という分野が一般に現実の後追いの側面を必然的に有することから、この分野はイノベーター、アーリーアダプターが他の分野と比べ少なく、マジョリティのなかでもレートマジョリティ、そして社会が変わってもなかなかイノベーションを利用しないラガードと呼ばれる人が多いのではないか、その結果、社会全体ではＣｈａｔＧＰＴがマジョリティに至るための「溝」を越えても、司法・法律分野でなかなか浸透しないという状況が生じるのではないか、というコメントをいただいた。この点も含め、２０２４年以降の状況を注視したい。

(14) 内閣府統合イノベーション戦略推進会議決「人間中心のＡＩ社会原則」（２０１９年３月）<https://www8.cao.go.jp/cstp/aigensoku.pdf>。

(15) 松尾剛行「都市行政とＡＩ・ロボット活用」久末弥生編『都市行政の最先端―法学と政治学からの展望』（日本評論社・２０１９年）１２６頁以下。

(16) 松尾剛行「行政におけるＡＩ・ロボットの利用に関する法的考察」情報ネットワーク・ローレビュー17号（２０１９年）94頁以下。

3　ＡＩの種類——学習型とルールベース

（1）ＡＩの種類を理解することがＣｈａｔＧＰＴの特徴を理解する上で有益

ＡＩには主に2種類のものがあり、それぞれ特徴があることを理解することがＣｈａｔＧＰＴの特徴を理解する上で有益である。これまでは、ルールベースと呼ばれるＡＩが比較的実務で利用されてきた。リーガルテックという場合にぱっと思いつきやすい契約レビューＡＩは、ルールベースを中心的技術として利用したＡＩと位置づけることができる（本章4（3）および第2章3（1）参照）。しかし、そのようなルールベースＡＩのアナロジーでＣｈａｔＧＰＴを理解しようとすることは間違っている。それは、同じＡＩでもＣｈａｔＧＰＴはそれと異なる性質を持つ、いわゆる学習型ＡＩだからである。

以下、このふたつの類型を説明していきたい。そしてこの2類型の理解は本章におけるＣｈａｔＧＰＴの特徴を理解する上で有益なだけではなく、次章におけるＣｈａｔＧＰＴ等のＡＩの技術的制約を理解する上でも有益である。

(2) ルールベースAI

ルールベースとは、入力されるデータと出力されるデータの性質を人間が指定することによって開発するようなAIをいう。[17] 要するに、「もしAならB」(if A then B) という形で構造化した知識(ルール)を人間がAIに教え込めば、AIはその「A」がきた場合に(限り)そのとおりの「B」という回答を出す、というものである。たとえば、法律相談で聞かれそうな質問と回答を1万組用意しておきさえすれば、その質問の範囲であればまるで「専門弁護士」のような回答を出すAIが登場する。

そして、2(2)で説明した信頼性との関係では、ルールベースのAIは、質問に対して回答が準備されていなければ「すみません、わかりません。」などと回答するようプログラムすることが容易である。ルールベースAIチャットボットと対話をして、多くの質問に対してそのような回答が返ってきた経験を持つ読者もおられるかもしれない。これはチャットボットに対してユーザーが「つまらない」という感想を持つ原因となる、いわばマイナス面ではあるものの、逆に言えば、「何かしらの回答をしてくる場合であればその回答そのものは信頼できる」「信頼できない回答を提示

(17) 松尾剛行＝西村友海『紛争解決のためのシステム開発法務』(法律文化社・2022年) 2頁。

するくらいなら〈わからない〉と回答する」という意味では、「安全・安心」とも言える。

このようなルールベースＡＩには専門知識を構造化した形で人間が教え込む必要があるところ、しかしそれが極めて面倒だ、という課題がある。そこで、定型的な質問であれば対応することができても、たとえば個別具体的な状況に応じた質問に対応するルール（構造化した知識）を教え込む、ということになると、覚えさせるべきルールの量が爆発的に増えてしまい、とうてい現実的ではなくなる。

(3) 学習型ＡＩ

そこで注目されているのが、ＣｈａｔＧＰＴのような学習型ＡＩである。学習型とは、データの入力のような外部との相互作用を通じて自らの内部状態を変化させ、これによりシステムの性能を向上させるような機能[18]を有するＡＩをいう。大量のデータを学習させることで、いわばＡＩ自身にＡＩを構築させるようなものである。その結果、その質問に対する回答として、これらの既存データはどのようなものを提示する（傾向にある）かを踏まえ、もっともらしい回答を提示する。同じような質問をされた場合における弁護士の回答例をたくさん読み込むことで、まるで弁護士のように振る舞う、というイメージである[19]。

4　２０４０年の法律実務の将来を考える鍵は「技術的制約」

(1)　現時点の技術を前提に将来予測をすべきではない

未来の技術発展を見据えた弁護士業務のあり方を検討する本書の観点からは、「ＣｈａｔＧＰＴが間違った回答を示す」と単に批判してこれを敬遠することは、不毛と評さざるを得ない。グーグルのＢａｒｄが間違った回答をしたことによってグーグルの株価が下がったことが報道されているが[20]、そのような現時点の技術水準を前提に一喜一憂するのは間違っている。

たとえば画像生成ＡＩが、最初は「手がおかしい」とか「ラーメンを食べる姿を正確に描き出すことができない」とか散々言われていたものの、その後ＡＩベンダ各社が目を見張る勢いで修正をかけてきたのは記憶に新しい。これはあくまでもひとつの例にすぎないが、ＣｈａｔＧＰＴにおいても同じである。「根拠が示されない」と批判されていたＣｈａｔＧＰＴであったが、２０２３年

(18) 松尾＝西村・前掲注（17）1頁。

(19) より正確に言えば、ＣｈａｔＧＰＴではアノテーター（第7章6(2)参照）などによる教師付き学習と、強化学習が組み合わせられている<https://note.com/api/v2/attachments/download/a29a2e6b5b35b75baf42a8025d68c175>。

(20) 「アルファベット株急落、グーグルのＡＩチャットボットが不正確な回答」ロイター２０２３年２月９日<https://jp.reuters.com/article/google-ai-bard-idJPKBN2UI1TV>。

5月に導入されたWebブラウジング機能であれば、（ある意味では）根拠が示される。このように、「欠点」と言われるものも（それが本質的改善であるかはともかく）比較的頻繁に改善されていく。

（2）技術的制約とは

そこで、将来予測をする際に重要なのが「技術的制約」である。つまり、そこで問題となる具体的な技術そのものに必然的に付随する制約は何か、ということである。

たとえば、ChatGPTが「学習型AI」であることは3（3）で述べた。そして、第2章で述べるとおり学習型AIである以上は、すでに多くの類似のことが言われているのであれば「良い感じの回答」を示すことができるものの、そうでない新しい問題である場合や、仮に問題がデータの多い分野に属していてもその問題における（他の類似の問題と異なる）特徴的な部分に対しては、うまく回答できない。また、根拠「らしきもの」は示せても、本当の意味での人間の弁護士のような根拠の提示はできない。さらに、操作・攻撃のリスクもある。

このように、将来的な技術発展を見据えるのであれば、**その技術において――かなり先の将来的において大きなブレークスルーが起こらない限り――必然的に残り続ける制約は何か、**を考えるべきである。

(3) リーガルテックの例が示唆すること

その時々の技術水準で物事を語るべきではない――。このことを筆者は、リーガルテックとの関係でも実感したところである。筆者は2018年に行った九州大学におけるゲスト講義をもとに、2019年に「リーガルテックと弁護士法に関する考察」と題する論文(21)を著した。その際はリーガルテック企業が当時提供していたNDA(秘密保持契約)レビューAIなどを利用して、その技術の内容を理解しようと試みた。

果たして2018年当時の契約レビューAIは、正直なところ「使えない」ものであった。ここで、もし技術的制約を理解した上で将来の技術発展を見すえようとするアプローチではなく、その時点で何が実現しているのかを考えるアプローチを採用していた場合、「(当時の)AIはまともに契約をレビューできないので、法律業務には利用できないし、当然そのようなものについては弁護士法の問題もない(弁護士法の問題を論じるまでもない)」、という結論になりかねなかった。

その時点における契約レビューAIの技術水準について敷衍しよう。当時の契約レビューサービスと現在のサービスには共通点がある。つまり、「チェックリスト」、いわば契約レビューの際に一

(21) 松尾剛行「リーガルテックと弁護士法に関する考察」情報ネットワーク・ローレビュー18号(2018年)1頁。

般的に問題となる論点を網羅した論点表を準備した上で、この論点表にアップロードされた契約を突き合わせるという部分は共通しているのである。しかし、当時の古いリーガルテックソフトウェアでは、チェックリストと適切に突き合わせられないことが多く見られた。たとえばすでにAという事項について規定する条文が存在するのに、「Aに関する条文が存在しない」というチェック結果になることが頻繁に見られた。これは、当時の自然言語処理技術の水準がまだ低く、「表記揺れ」に対応する能力が低かったことによると推測される。そして、上記において当時の契約レビューAIが使えないものであった、と述べたのは、まさに当時のプロダクトにそのような深刻な問題があったことによる。

しかし、その時点その時点の技術水準は重要ではない。重要なのは技術発展を踏まえた技術的制約である。つまり、将来的に自然言語処理技術がどう頑張っても表記揺れに対応できない——すなわち、技術的制約になる——のであれば、契約レビューAIは将来にわたり使えないもののままとなるだろう。しかし、それが技術的制約ではなく、将来の技術的発展により解決するものならば、まさに、使えるソフトとして、「もし株式会社であるリーガルテック企業が契約レビューを実施するという話だとすれば、弁護士法は大丈夫か？」という形で、弁護士法に関する疑義が出てくるだろう。そして、このように、技術的発展を踏まえた技術的制約を考えるアプローチを採用したことから、その4年後の2022年に大きな話題となったリーガルテックと弁護士法の問題という重要な論点について論文を執筆する価値があると当時、思い至ったわけである。

これはあくまでも一例であるが、新しい技術が出現した際に、その時点の技術水準に基づき議論することに意味はない。むしろ、その技術が今後発展向上することを前提として、何が本質的な技術上の制約かを考えるべきである。

5 法律業務はChatGPTが組み込まれたプロダクトを利用する形に変容する

(1) プロダクトへの組み込みが法律業務を変える

2で説明したChatGPTの特徴は、これすなわちChatGPTの弱点であり、これらが克服されるまでは読者の方々やその同僚の方々が業務でChatGPTを広く利用するという状況は到来しないだろう。しかし、それらのChatGPTの弱点は決して克服不可能なものではない。その解決方法はいくつか考えられるが、筆者として最も有望と考えるのは、「プロダクトへの組み込み」である。

1(2)において述べたとおり、国内においても、リーガルオンテクノロジーズ、GVA TECH、MNTSQなどの複数のリーガルテック企業が、すでにLLM（大規模言語モデル）技術の利用を公表しているところ、このようなものがプロダクトへの組み込みの典型例である。たとえば、リーガルオンテクノロジーズは、ChatGPTを利用して契約の修正文案を表示する、条文修正アシスト機能を2023年5月に開始した[22]。より適切な修正文案が入手できれば、ユーザーである弁護士や法務担当者によるその後の確認・検証が必要であるとはいえ、弁護士や法務担当者の契約レビュー業務がより効率的でかつ高度なものとなるだろう。また、その組み込みの際に専門知識を持つベンダがリスクコントロールのために工夫を凝らしているので、ユーザー自身がリスクコントロールをするよりもリスク管理がより容易になる。

そして、だからこそ筆者は、法律実務はChatGPTが組み込まれたプロダクトを利用する形に変容し、読者の方々やその同僚の方々がChatGPTが組み込まれたプロダクトをその業務において広く利用するようになると予想している。以下、プロダクトの組み込みがどのようにChatGPTの特徴（弱点）を克服すると思われるかを説明しよう。

(2) プロダクトへの組み込みで信頼性の問題を解決

「その回答が信頼できるのか」という問題に関しては、「生のChatGPT」であっても、プロンプトエンジニアリング（前述2(5)参照）の工夫によってある程度対応ができないわけではない。すなわち、「回答の自信度を付記するように」といった指示を加えるのである。しかし、その「自信」

がどこから来ているのか、その自信度は正確なのか、という別の新たな問題がやはり出てくる。試しに、日本法の下での自動運転車開発者・製造者の刑事責任についてＣｈａｔＧＰＴに自信度付きで尋ねるとどうなるか。回答はこうである。「システムの設計や製造上の欠陥が事故の原因となった場合、開発者・製造者は業務上過失致死傷や製品責任法に基づく責任を負う可能性があります。自信度：８／10」――。これには思わずのけぞった。当然のことながら、日本には「製品責任法」なるものは存在しない。製造物責任法は存在するものの、これは民事責任を定めたものにすぎない。これを自信度80%だと言って提示されるのでは、法律の専門家ではない人はとてもＣｈａｔＧＰＴを法律業務に利用することなどできないし、法律の専門家は眉をひそめ、不信感を持つだろう。

　このような、「生のＣｈａｔＧＰＴ」の信頼性の問題に対する実務対応として、たとえば、オープンＡＩ社をはじめとするＡＩ提供企業のこれまでのプロダクトの信頼度の積み重ねから新製品の信頼度を判断するとか、スモールスタートとして実際に使ってみて判断するなど、いくつかの方法が考えられる。ただしそれでも、完璧なものはない。

　完璧を望むことはできないとすれば、どのようにリスクをコントロールすればよいのか。ひとつの考えとしては、**ベンダがプロダクトにＣｈａｔＧＰＴを組み込むことで、少なくともプロダクト**

(22)　https://legalforce-cloud.com/news/52

のユースケースの範囲では真の意味で信頼できるプロダクトにすることであろう。たとえばリサーチであれば、判決データをもとに、もともとのエンジン（たとえば、汎用のタスクに使うことのできるＧＰＴ－４）を利用しながら、そのような新しいデータで再度学習させ、新しいタスク（たとえば判決リサーチ）に向けてパラメータを微調整するファインチューニングを実施して、インターネット上の信頼できない情報に基づくのではなく、あくまでオフィシャルの判決データに基づいて回答をさせることで信頼性を確保する、といったイメージである。

（3）プロダクトへの組み込みでさまざまなリスクをコントロール

　ここまで述べてきたとおり、ＣｈａｔＧＰＴを含むＡＩにはさまざまなリスクがある。ここで指摘できるのは、汎用性があり多様な目的に利用することができるというＣｈａｔＧＰＴの長所がそのリスクを大きくしている、という点だろう。すなわち、ＣｈａｔＧＰＴは生成系ＡＩの一種として、具体的な情報をインプットした上で具体的な情報を生成《アウトプット》できることから、そのインプット・アウトプットされる情報の内容次第で、個人情報やプライバシーとの関係でリスクのある利用がなされる可能性があるし、著作権その他の知財の観点からリスクのある利用がなされる可能性もあるし、そのほか諸々のリスクが顕在化しやすい利用もまた可能である。

　だからこそ、法律実務における利用という観点からすれば、利用範囲を限定することでリスクの顕在化の可能性を減らすという、リスクコントロールが重要である。そして、まさに**ベンダがChatGPTをプロダクトに組み込み、当該プロダクトに必要最小限の範囲でインプットとアウトプットをさせることで、リスクを減らすことができるのである。**

(4) プロダクトへの組み込みで有用性を向上

第4章で詳述するとおり、現時点において「生のChatGPT」を有効に法律業務で利用するには、業務をタスクに分解して、そのタスクごとに、これをどのような形でChatGPTの支援を受けて進めるか、という吟味が必要である。

加えて、「生のChatGPT」が現時点で利用することができるデータは（Webブラウジング機能を利用するとしても）インターネット上で無料アクセスできるデータにすぎない。リーガルリサーチのように、書籍データ、雑誌データ、判決データなど、「生のChatGPT」が現時点で利用することができないデータを活用しないとどうにも実用化できない分野が、法律分野では多々存在する。

だからこそ、特定のタスクがChatGPTによって適切に支援され得るという場合において、ベンダが当該のタスクの遂行を支援するプロダクトを提供する際にChatGPTをそこに組み込み、「生のChatGPT」が現時点で利用することができないデータ（ベンダのデータやユーザーのデータ）を利用してユーザーのタスク遂行を支援するとことは、ユーザーにとっての有用性向上に役立つ。

具体的には、契約修正文言の提案というタスクを契約データをもとに遂行するとか、判決リサーチ結果の提示というタスクを判決データをもとに遂行するといったイメージである。

（5）プロダクトへの組み込みにより、ベンダのプロンプトエンジニアが考えたベストなプロンプトを利用する

プロンプトエンジニアリングを好きこのんで行う筆者のようなユーザーだけであれば、ある程度「生のＣｈａｔＧＰＴ」でも法律業務に使えるのかもしれない。しかし、「あなたがパッと思いついた指示ではＣｈａｔＧＰＴは使える回答を出してくれません。使える回答が生成されるよう、指示文を工夫してください」と言われたのでは、ライトユーザーにとってはハードルが高いだろう。

そして、ベンダがＣｈａｔＧＰＴを組み込んだプロダクトは、ベンダのプロンプトエンジニアなどの専門家がプロンプトエンジニアリングの技巧を凝らしたものである。何度も何度もベンダの特定のプロダクトのユースケースの枠内でさまざまに工夫した上で「このプロンプトなら安定して良い結果を出せる」と結論づけたプロンプトを利用したプロダクトならば、ユーザー側でプロンプトエンジニアリングを行う必要はない。弁護士や法務担当者といった読者の方々やその同僚の方々も、

これを業務に利用できるようになるだろう。たとえば、「回答を生成する」ボタンを押すだけで裏で適切なプロンプトがＣｈａｔＧＰＴに入力され、回答が生成されるといった仕組みである。だからこそ、このようなプロダクトを利用することで、読者の方々やその同僚の方々がプロンプトの工夫をすることなく、ＣｈａｔＧＰＴの利便性を法律業務において享受することが期待される。

（6）プロダクトへの組み込みにより直感的操作が可能に

これまでの業務アプリで、ＣｈａｔＧＰＴのようなチャット型でソフトウェアと対話するユーザーインターフェース（ＵＩ）のものがなかったわけではないが、少なくとも自分の慣れ親しんだ業務アプリのＵＩとは相当異なる場合も多いだろう。また、現在のＣｈａｔＧＰＴはユーザー体験（ＵＸ）が良いとはお世辞にも言えない。「生のＣｈａｔＧＰＴ」は頻繁に途中で止まってその都度「続けてください」を押さないといけない、Ｗｅｂブラウジングが「遅い」、などの課題がある。だからこそ、たとえば、これまで法律業務で利用されている業務アプリ[23]をそのまま利用して、直感的に操作をすると裏でＣｈａｔＧＰＴが働いて今までの業務アプリがより便利になる、というような方向性がＵＩ／ＵＸの観点からは最も望ましいように思われる。

(23)　ここでは、リーガルテックプロダクトそのものが業務アプリとして利用されるという場合もあるだろう。またビジネスでよく使われるアプリの「裏」でリーガルテック企業がＣｈａｔＧＰＴを組み込んだプロダクトが動くようにすることも考えられる。

（7）プロダクトへの組み込みによりマジョリティへ浸透させる

要するに、ＣｈａｔＧＰＴをマジョリティへ浸透させるためには、ベンダ側で普通のビジネスパーソン向けプロダクトにＣｈａｔＧＰＴを組み込んで提供することが重要だ、ということである。そこでいうＣｈａｔＧＰＴが組み込まれたプロダクトとしては、リスクがコントロールされ、有用なデータに基づくファインチューニングがなされ、有用性があり、プロンプトを考えなくてもすでにプロンプトエンジニアリングがなされており、ＵＩ／ＵＸが優れているものが想定される。

こうした場合には、一般のビジネスパーソンも問題なくＣｈａｔＧＰＴの便益を享受できる。その結果として、いわゆる「生のＣｈａｔＧＰＴ」をすべてのビジネスパーソンが使う未来はあまり想定できないものの、多くのビジネスパーソンが、慣れ親しんだプロダクトを利用するなかで、ＣｈａｔＧＰＴの便益を享受することが想定される。そのような、**「エンジンは汎用」「データやプロンプトは専用」という方向性が、ＣｈａｔＧＰＴ技術の普及に向けた現実的な未来像だ**と筆者は考える。

（8）三者関係の発生

なお、プロダクトに組み込みさえすればバラ色の未来が待っているかというと、必ずしもそうではないだろう。すなわち、重要なのは適切なプロダクトへの組み込みである。仮に、プロダクト組み込みの過程で変なデータを学習させれば、いわゆる「ガーベッジイン・ガーベッジアウト」（ゴミのようなデータが入力されれば、出力結果もまたゴミのようなものになる）で、変な回答しか出てこない。そこで重要なのは、そのようなプロダクトを提供するベンダ（法律業務の文脈ではリーガルテックベンダ）が信頼できるか、である。

つまり、「生のChatGPT」だけを利用するのであれば、読者の方々を含むユーザーとしてはChatGPTならオープンAI社、Bardならグーグルなど、AIエンジンを提供するベンダの信用性だけを考えればよいという、ある意味では単純な世界であった。しかし、今後ChatGPTを組み込むプロダクトが利用されるにつれ、**AIエンジンを提供するオープンAI社のような企業とユーザーの関係に加え、（リーガルテック）ベンダを含む三者関係が発生する**、つまり、（リーガルテック）ベンダの信頼性も考えなければならない。たとえば、前述のように問題のあるデータを学習させた結果、場合によっては、特定のリーガルテック企業の提供する特定のプロダクトが「生のChatGPT」よりも信頼性が劣化する、といった状況もまったく考えられないわけではない。このことには、読者の方々として留意が必要である。

(9)「ChatGPTブーム」の終焉

なお、筆者は、「ChatGPTブーム」は2023年中に終わると予想している。ただし、これは決して、今後ChatGPTが使われなくなるということを意味しない。むしろ、ChatGPTはますます広く使われるようになるだろう。そうではなく、読者の方々を含むユーザーに利用されるのが、「生のChatGPT」ではなく、「ChatGPTを組み込んだプロダクト」となる、という趣旨である。

1995年のウィンドウズ95発売時は、徹夜で秋葉原のパソコンショップに並んでウィンドウズ95を入手した人々がニュースになっていたが、現時点でウィンドウズのバージョンアップに対して少なくともあれほどの熱狂は発生していない。読者の方々も、自身が業務で使っているパソコンのウィンドウズのバージョンがいくつかなど、覚えていない人がほとんどではないだろうか。にもかかわらず、ウィンドウズはインフラとして、多くの人の業務用パソコンにOSとして組み込まれている。だからこそ、ある程度はウィンドウズのことを知らなければならないわけである。

それと同じである。**2024年以降（場合によっては2023年の後半）には「ChatGPTを組み込んだプロダクト」が話題になり、ChatGPTはいわばインフラ化し、結果としてChatGPTそのものの話題性が低下すると予想される。しかし、それでもChatGPTのことを知らなければならないのである。**

column

ＣｈａｔＧＰＴを使ってみよう

読者の方々のうちＣｈａｔＧＰＴをこれまでに使ったことがない、という方には、ぜひ一度でもいいのでＣｈａｔＧＰＴを触ってみることを強くお勧めする。「１回試しに使ってみた」というだけでも、その経験によってＣｈａｔＧＰＴに対する解像度がぐっと高まり、本書をより有効に活用していただけると考える。

まずはログインである。オープンＡＩ社のサイト（https://openai.com/）にアクセスして右上の「sign up」を押すと、メールアドレスなどでアカウントを登録することができる（グーグルアカウントなどでもログイン可能である）。無料でＧＰＴ－３・５を利用することができる。

そして、ログイン後のＣｈａｔＧＰＴのトップページ（https://chat.openai.com/）に出てくる右下の「send a message」というのが、プロンプトを入れるところである。――基本的には、これで準備完了である。

「ＣｈａｔＧＰＴがどのようなものか、とりあえず試してみよう」という場合にオススメのプロンプトをいくつか挙げよう。

・「体調が悪いので上司に今日1日休むことを説明するメールを作成してください。」

これは筆者が本章冒頭でも提示しているものだが、読者ご自身でも使ってみていただければ、感覚がわかるのではないか。

・「体調が悪いので上司に今日1日休むことを説明するメールを作成してください。上司はとても怖い人なので、メールは、懇切丁寧で、かつ、誠意を持って一所懸命に謝罪するものにしてください。」

このような、「丁寧に」「誠意を持って」などの細かい指示を与えたプロンプトの場合に生成される文章がどのようになるかを、そのような細かい指示をしない場合と比較してみていただきたい。そうすれば、「プロンプトエンジニアリング」を行うことがどのような効果を発揮するかを理解することができるだろう。

・「何冊かオススメの日本刑法の基本書を挙げてください。」

これも本章2(2)で提示しているものだが、いわゆるhallucination(誤り)の例を比較的わかりやすく提示してくれる。

なお、ChatGPT Plus(有償版)に申し込んだ場合には、GPT-3.5に加えてGPT-4が使えるので、以下のような対応をするのも面白いのではないか。

同じプロンプトでGPT-3.5とGPT-4のバージョンの違いによる回答の違いを試す。GPT-3.5とGPT-4の双方を使うことができるので、バージョンが違うことでどの程度回答が違うのかを試してみるのは面白い。たとえば「Aさんがバスに乗りました。その時バスにはすでに5人が乗っていました。次のバス停で3人が降りました。その次のバス停ではAさんだけが降りました。この時点でバスに乗っているのは何人ですか?」という問いで筆者が試してみたところ、(その時点では)GPT-3.5は間違い、GPT-4は正解であった(オープンAI社はGPT-4はリーズニング(論理性)においてGPT-3.5を上回るとしている)。

まずは自分の名前を入れて自分について回答をしてもらい、その後Webブラウジングを有効にし

た上で再度同じ質問をして回答をしてもらう。たとえば自分の名前がネット上で検索可能であれば、最初は「わからない」との回答だったのが、Ｗｅｂブラウジング機能を利用することで、回答がなされるようになる。

まずは「若い弁護士にオススメの、技術と法律に関する5本の論文を教えてほしい」と質問をし、その後ScholarAI（学術論文データに基づく回答ができるようになるプラグイン）というプラグインを有効にして、同じ質問をする。筆者が試してみたところ、プラグインを有効にしていない状態だと論文は教えられないとして、代わりに興味深いサブテーマや書籍等を教えようとするが、プラグインを有効にすると、論文を5本提示し、リンクをクリックすることでそれらの論文を読むことができるようになる。

なお、自分の入力するデータについてGPTによる学習を拒否したいなら、左下の自分のアカウントが表示されているところの右の「…」を押して、settings→data controls→Chat history & Trainingを出し、緑色のアイコン（トグルボタン）を押して、緑色がなくなるように切り替えればよい。

第2章 ChatGPTの技術的制約を理解する

1 AIの種類と技術的制約

本書はChatGPTその他のAIが2040年の法律業務をどのように変えるかを考えることを旨としている。そして、第1章で述べたとおり、技術は急速に発展していくので、現時点のChatGPTの技術水準をもとに議論をすることは適切ではない。将来予測において肝要なのは、技術的制約[1]を考えることである。そして、ChatGPTの技術的制約を考える上では、AIの種類（第1章）を踏まえる必要がある。そこで、まずはChatGPTの属するAIの類型である、学

（1）「はじめに」で述べたとおり、技術的制約は今後技術が発展しても必然的に残り続ける制約であり、本書では2040年までは解決できないだろうと考えられるものを想定している。

習型ＡＩの技術的制約について論じることとする。

ここで、将来のＡＩ・リーガルテックの発展という意味では、ルールベース（第1章）というもうひとつの類型のＡＩについても考える必要がある。たとえば、契約レビューテクノロジー（第1章**4(3)**）は、ルールベースＡＩを中核的技術とすることが多い。そこで、まずは学習型、次にルールベースのＡＩが抱える技術的制約を論じる。

2　ＣｈａｔＧＰＴを含む学習系ＡＩの技術的制約

(1)　根拠がわからない（不透明）

まず、ＣｈａｔＧＰＴをはじめとする学習系ＡＩの重要な技術的制約として挙げられるのが、「根拠を示さない」点である。２０２３年時点のＣｈａｔＧＰＴに「根拠を示せ」と言うと、あたかも「根拠」であるかのように見える架空の文献を示すことが知られているが、ここで問題にしているのは決してそのことではない。

要するに、大量のデータを解析した結果、統計的に「この回答が一番もっともらしい」ということは言えても、**少なくとも人間の弁護士や法務担当者に求められる意味における「根拠」を示せな**

いということに着目する必要がある。

たとえばPerplexity. aiやＢｉｎｇＡＩなど、根拠を示すことを特徴とするＡＩも存在する。また、ＣｈａｔＧＰＴにもＷｅｂブラウジング機能が搭載された。その結果、たとえばＷｅｂブラウジング機能であれば、たとえば「１」という注が振られ、その注をクリックするとリンクが表示されるというような、何らかの根拠らしきものは示されることになった。問題は、その根拠らしきものが、人間の弁護士や法務担当者がリサーチなどをした結果として提示するような、法律業務において有用な本当の根拠なのか、であろう。

たとえば、筆者がPerplexity. aiに「リーガルテックは弁護士法に違反しますか？」と聞くと、筆者が２０１９年に著し、インターネットで無料公開されている論文「リーガルテックと弁護士法に関する考察」(2)を（五つくらいのソース中のひとつとして）挙げてきた。しかし筆者は、２０２２年に「リーガルテックと弁護士法72条――第1回　弁護士法72条とＡＩを利用した契約業務支援サービス」(3)という論文を、同じくインターネット上で無料公開している。「無料のネット情報」という縛りのなかで筆者の関連論文をひとつ挙げるなら情報の鮮度や分析の深度においてもこちらだろうと（筆者としては）考えているものの、これは挙げられていない。

(2) https://www.jstage.jst.go.jp/article/inlaw/18/0/18_180001/_pdf
(3) https://portal.shojihomu.jp/archives/33427

おそらく、こちらはまだ新しい論文であることから、引用する人がまだ少なく、2019年の引用者がより多い論文の方が「根拠としてより良い」と判断されたものと推測される。しかし、弁護士等によるリサーチにおいては、最新の情報をもとに根拠を挙げて論じている論文であれば、まだ引用がされていない新しい論文であっても、そちらを「根拠」とすることが普通だろう。

また、Webブラウジング機能を利用して調査を依頼すると、ChatGPTはリアルタイムにその時点で行っている作業の内容を明らかにしてくれる。たとえば指示文からキーワード検索のキーワードを生成し、Bingで検索して、出てきたサイトを閲覧して、それを要約した上で、どのサイトの記述をもとにしているかを明示するというのが、おおよその仕組みである。しかし、リーガルリサーチにおいて「検索エンジンの上位のサイトの内容をまとめた」という話で済むことはほとんどあり得ない（そのようなものは、リーガルリサーチとしては認められない）。結局のところ、それは何らかの意味の「リサーチ」なのかもしれないものの、少なくともそこで採用されるリサーチ手法は、弁護士や法務担当者などの法律専門職が通常行うものとは異なっている。

要するに、**「まるで根拠を挙げるように振る舞う」ことはできるが、「なぜ、そこで挙げたソースこそが、ほかの根拠の候補よりも優れているのか」という点について説明がなされないのである。**仮にその理由が推測できたとしても、そこで推測される理由というのは、人間の弁護士や法務担当者が行うリーガルリサーチにおける「根拠」とは、やはり異なっているのである。

その点を一般化すると以下のようになるだろう。すなわち、ある法的問題に関し、弁護士や法務担当者などの法律専門職であれば、「ABCDE」こそが一般的に引用すべきソースだと仮定しよう。現在のAIは、（主にインターネットで無料公開された文献である）「DFGHI」を示すということが頻繁に見られる。確かに「D」は重なっているが、それ以外は、人間の弁護士であれば普通は引用しないような――たとえばインターネット上の――記事を引用してくる、ということである。

今後、インターネット上にアップロードされているもの以外の法律書・雑誌論文等を学習させることで、「ABDFH」（ABDの三つは人間の弁護士が引用するものと同様になる）などとして結果的に表示させる文献のレベルは徐々に向上してくるだろう。しかし結局のところ、根拠を示すAIとは言いながらも「なぜCとEよりもFやHの方が良いのか」に関する根拠を示すことは難しいと考えられる。「引用回数が多いから」とか、「影響力の大きいジャーナルに掲載されている」といった定量的な説明ならばできるだろうが、少なくとも人間と同じような根拠の示し方をするという意味においては容易ではないだろう。(4)

なお、右の事例ではABCDEなどの上位五つの根拠を示す場合を想定して例示していた。ここ

(4) なお、説明可能AIの技術については、説明が後付けになるとか時間・計算コスト等のコストがかかるといった課題がある。この点については、たとえば原聡「機械学習モデルの判断根拠の説明～Explainable AI研究の近年の展開～」<https://www.slideshare.net/SSII_Slides/ssii2020ts-explainable-ai>を参照していただきたい。

で、技術的には6番目以下の候補を示させることも可能であろう。たとえば、１００番目まで表示するという設定にすれば、本来表示させるべきCとEが、（5番目までに含まれないとしても）10番目にCが、30番目にEがという形でどこかに表示される状況は生じ得る。しかし、検索エンジンを利用するユーザーが2ページ目へ、3ページ目へと「次へ」を多数回クリックして深いところまで探すことは稀だと言われるように、下の方に表示されれば、当然のことながら注目度は下がる。そこで、ＡＩの結果を利用するユーザーは通常は下位に表示されたものを根拠の確認の際に注目しないだろう。要するに、決して、「１００番でも１０００番でも最終的にどこかに必要な文献が挙げられるならばそれでいい」という話にはならないわけであり、必要な根拠がきちんと上位に挙げられなければ使い物にならないことに留意が必要である。

（2）新しいこと／データが少ないことに答えられない

人間であれば、初めての問題に直面した場合であっても、回答を示すことができる。(5)

（1）で説明した「根拠」を示さないという技術的特徴からわかるように、ＣｈａｔＧＰＴは、そのような弁護士の行うような分析過程を経て結論を導いているわけではない。あくまでも、たとえば法律相談への回答や法律系記事など、過去に弁護士などが行った法的分析結果等のデータを大量に学習させ、その結果として、その質問に対する弁護士の振る舞いとして最も「ありそう」なことは何かを予測し、それを回答として提示しているにすぎない。弁護士に聞いたらだいたいこのような答えが返ってきそうだ、というような内容を即座に返してくれるＣｈａｔＧＰＴは、一見魅力的で、素人目には、「ＡＩはすでに人間の弁護士のレベルに達した」とさえ思えるかもしれない。しかし、実際には決してそのようなものではなく、過去に弁護士などが作成したデータを踏まえて、そのようなデータをもとに最もそれらしい振る舞いを推測しているにすぎない。

したがって、データが豊富な問題については、プロの目から見ても、確かに一定以上の精度の回答をすることはある。しかしながら、**過去の分析結果の枠を超えた、「新しい問題」や「データが少ない問題」については、本質的に十分な学習が不可能である。だからこそ、そのような問題に対しては、いかにＣｈａｔＧＰＴその他のＡＩの技術レベルが向上しても、適切な回答を提示することはできないのである。**

たとえば契約レビューにおいては、些細な文言の相違が大きな相違をもたらすところ、もちろん当該文言についてすでに大量のデータが蓄積していれば別であるが、それがなされていなければ、ＡＩがこのような細かい相違を踏まえた対応をすることはできない。

(5) 筆者は２０１８年・２０１９年当時、ほとんど議論が存在しなかったリーガルテックと弁護士法の問題に関し、リーガルテック以外の領域において弁護士法はどのように解釈・適用されているか、そのような「他の分野」への適用結果はリーガルテックにどこまでそのまま応用することが可能で、どこにおいて変容を迫られるか、といった検討を行い、「リーガルテックと弁護士法に関する考察」<https://www.jstage.jst.go.jp/article/inlaw/18/0/18_180001/_pdf>を執筆した。

契約のなかでも秘密保持契約（ＮＤＡ）を考えてみよう。これは、秘密情報を開示する場合に、その秘密を守ってほしい、という契約である。[6] ＮＤＡのなかには、一方当事者だけが情報を受領して秘密保持義務を負うものと、双方が情報を受領して秘密保持義務を負う相互的なものとがある。後者の相互的な場合には、秘密保持義務の程度が高くても低くても「どうせお互い様」と思われるかもしれない。

しかし、実際には、重要な情報を提供するのは主にどちらの当事者か、という観点からの対応が必要である。たとえば、先方は些細な情報のみを提供するものの当方こそが重要な情報を提供する、ということであれば、秘密受領者になった場合の当事者が負うべき義務を重くしないと、当方の情報を守ることはできない。逆に、当方は些細な情報のみを提供するが先方は重要な情報を提供するということならば、秘密受領者になった場合の当事者が負うべき義務を軽くすべきである。だからこそ、仮に相互的なＮＤＡであっても、このような当事者間の提供する情報の内容を踏まえ、具体的に義務の内容を確定していく必要がある。

そこで筆者は、ＧＰＴ－４に一方当事者のみが重い秘密保持義務を負うＮＤＡ雛形を与えて、「これを相互的にしてほしい、ただし当方は些細な情報のみを提供するが先方は重要な情報を提供する。」として修正を求めた。すると、いま述べたように、秘密受領者に立った当事者が負うべき義務を軽くするのが筋であろう。しかしＧＰＴ－４は、単に双方の当事者が（情報の受領者となった場合に）

義務を負うように変更しただけで、具体的な義務の重さは変更されなかった。そして、「ただし当方は些細な情報のみを提供するが先方は重要な情報を提供する。」というプロンプトへの対応としては、秘密情報の定義のところで「当方は些細な情報のみを提供するが先方は重要な情報を提供する。」と加筆しただけであった。厳しい言い方だが、これでは、新人法務担当者にも劣ると評さざるを得ないだろう。

もちろん、一方的な秘密保持条項を相互的にするようにとの指示[7]を出せば、２０２３年のＣｈａｔＧＰＴは何らかの形で指示には従う[8]。その意味で、多少の修正・変更（これは、「大量のデータから適切に学習できる範囲」である）などについてＣｈａｔＧＰＴの支援を受けることに一定の意味があることは否定しない。とはいえ、細かな文言が重要な意味を持つ繊細な修正・変更（これは、「大量のデータから適切に学習できる範囲」ではない可能性がある）などについては今後もＣｈａｔＧＰＴは苦手だろうと予想される。

また、改正法対応などの新しい問題も、一般に法改正があれば、改正部分を把握して、それが自

(6) 松尾剛行『キャリアデザインのための企業法務入門』（有斐閣・２０２２年）24頁以下参照。
(7) 「『第１条　甲は乙から開示を受けた秘密情報の秘密を厳に保持し、本件目的以外の目的での利用や第三者への開示又は漏洩を行ってはならない。』この一方的な秘密保持契約の条文を相互的にしてください。」
(8) ＣｈａｔＧＰＴの回答：「第１条　甲及び乙は、それぞれが他方から開示を受けた秘密情報の秘密を厳に保持し、本件目的以外の目的での利用や第三者への開示又は漏洩を行ってはならない。」

社の業務や規程類に与える影響を分析すべきだ、といったざっくりとした話であれば、「類似する過去の案件・問題」に基づく提案ができる可能性がある。しかし、それでは「ではその改正がどのように自社の業務に影響し、どのような規程をどう変えないといけないのか」といった詳細な話になった時に、（それらの新しい問題に関する情報の不足によって）精度が出ない可能性が高いだろう。

もちろん、法律業務でも「古い事柄／過去のデータが豊富な事柄」について知りたいというニーズはあるだろう。しかし少なくとも、「法律実務をすべて代替することができるか」というレベルの話だと、「新しい事柄／データが少ない事柄」の面に関して人間がデータを蓄積する（たとえば、新法対応の実務に関する論文が複数公表される）までは、学習型ＡＩが人間と同程度のパフォーマンスを発揮することは難しい。そこで、２０２３年通常国会だけを見ても重要な新規立法や法改正が相次いでいるように、「新しい事柄／データが少ない事柄」の処理は、法実務において常に一定以上のウェイトを占めるだろう。したがって、完全な代替は難しいと言える。

（3）「それらしい」振る舞いが上手くなっていくだけ

結局のところ、これらのＡＩの技術的特徴は「模倣」にすぎない。つまり、多数のデータの学習を通じて、「弁護士ならこの場面でどのように振る舞うことが最も〈それらしい〉のか」ということを学習する。その結果として、素人目には「まるで弁護士のようなＡＩが登場した」かのように見えるのである。

たとえば、ＡＩに判決を要約させせると、第一審で確定している判決なのに、「本判決に対する控訴がされており、現在控訴審で審理中である。」といった文言が出てくることがあった[9]。その理由は、大量に学習したケース・サマリー（判決の要約文）にこのような文章が頻繁に出現したので、この一文を加えることで、より「本物らしく見える」と考えたのだろう。いわば何も理解しないまま「形」だけを真似して恰好をつけるというのは、どの業界の新人・若手にも見られる現象であるが、それをＡＩがやっているというのが興味深い。

この点は、さらに学習を進展させ、判決が確定した場合のケース・サマリーを大量に読み込ませて覚えさせたり、一定以上の確信度に至らない場合に「わからない」と回答するといった技術的発展により、ある程度以上カモフラージュをして、わかっているかのように見せかけることはできるだろう。

しかし、本質的に「わかっている」わけではない。単に「あたかもわかっているかのように振舞う」だけであることから、**「学習対象の多くのデータには存在したものの、現時点で問題となっている部分においては異なっている」事柄に対して、その「違い」を正確に把握して、異なる（正**

(9)　初期において見られた現象である。ＧＰＴ－４においては改善が見られる。

しい）回答を提示するという面では、なお課題が残り続けるだろう。

たとえば、「その類型の多くの契約書においてはそのような文言が入っているし、その文言が入ることは一般に合理的であるものの、目の前の具体的事情を踏まえるとそのような文言を入れることは不合理になってしまう」といった場合には、ＡＩはそのような具体的事情を踏まえずに、いわばテンプレ的にその文言を入れてしまう可能性が高い。そこで、人間が具体的事情を踏まえて「この場合にはこの文言は要らない」という判断をしてあげなければならないのである。

（４）操作・攻撃の可能性

ア　ふたつのリスク

ＡＩ一般のリスク（第１章２（７）参照）とも関係するが、ＡＩには常に操作・攻撃の可能性というリスクがつきまとう。ここでは、データに関する操作（攻撃）と、ＡＩによる人間の思考過程に対する操作（攻撃）というふたつのリスクに対し、十分に留意が必要である。

イ　データに関する操作（攻撃）

今後ＡＩがますます多くのデータを学習することが期待されるところ、学習対象と見込まれる領域において特定の誤った見解を大量に流布させることで、いわば井戸に毒を入れるように学習データを汚染させることができる。これが、データに関する操作である。[10]

たとえば、現在のWebブラウジングの仕組みを見る限り、ChatGPTが利用する検索エンジン（Bing）に特化したSEO[11]をうまく行えば、たとえばBingで「交通事故に強い弁護士」を検索したときに一番上に自分の名前が含まれるサイトがくるようにすることで、ChatGPTが「交通事故に強い弁護士は○○先生です！」と回答するように操作するといったことも、（弁護士倫理の観点を措けば）理論的には実現可能なように思われる。

もちろん、このような操作や攻撃に対してはファクトチェックを行い、誤った見解や汚染されている領域を学習対象から外すなどの対応が考えられるだろう。[12]しかし、検索エンジンにおいてもSEOが行われることで不適切な検索結果が表示される事態になると、グーグルなどの検索エンジン運営者がアルゴリズムを変更してSEO対策で上位にきていたサイトが排除されるが、またこれに対してその変更後のアルゴリズムに対応したSEO対策が実施されるという「いたちごっこ」が繰

(10) マイクロソフトのTayと呼ばれるAIが、悪意あるユーザーによって反ユダヤ主義的な内容を学習した事件も参照。"Learning from Tay's introduction," *Official Microsoft Blog* 2016/3/25 <https://blogs.microsoft.com/blog/2016/03/25/learning-tays-introduction/>.

(11) Search Engine Optimization, サーチエンジンの検索結果において自己のページの検索順位を上昇させるための対策。

(12) 現在はオリジネータープロファイル（OP）という仕組みが注目されている。

り返されてきた。ＡＩにおいても同様の「いたちごっこ」が展開される可能性は高く、そのような「誤情報」によって間違った回答が提示される可能性を完全に排除することはできない。

なお意図的操作の話ではないものの、今後ますますインターネット上にＣｈａｔＧＰＴで生成された文章が大量にアップロードされると思われる。そして、その結果としてＡＩがＡＩ生成情報を学習して成長することが増えていくと考えられるが、ＡＩ生成情報を学習対象にすることで、ＡＩのしがちな誤りが増幅するのではないかといったことも懸念される。

ウ　ＡＩによる人間の思考過程に対する操作（攻撃）

また、人間がＡＩの回答を「鵜呑み」にする場合はもちろん、たとえば「ブレスト」等におけるＡＩの利用によって、知らず知らずのうちに、自分の考えがＡＩによって偏っていくことがあり得る。実際にＡＩとの「対話」によってＡＩに対し恋愛感情を持つようになった人もいる、といった報道もあり、(13) ＡＩの人間への影響力の大きさがうかがわれるところである。

たとえば、悲観的な人がＡＩとの対話によってポジティブな考え方を持つようになるといったものであれば、それは改善ないしはプラスの変更と受け取られるかもしれない。たとえば、ＣｈａｔＧＰＴとの対話において、メンターとしてお願いしたい人のパーソナリティを設定し（いわゆる「なりきり」をしてもらう——第6章4(1)参照）、悩み事を相談することで心が折れそうな時に励ましてもらえるといった用法は、ＣｈａｔＧＰＴの有効な活用方法だと言われることがある。

もっとも、とてもポジティブなメンターになりきったＣｈａｔＧＰＴとの対話を重ねる上で、弁護士や法務担当者として必要なリスク感覚に狂いが生じてしまい、本当はリスクをとってはいけないところで無謀なリスクテイクをするようなキャラクターに、自らが知らず知らずのうちに変容してしまうかもしれない。(14)

（5）責任をとらないこと

これは学習系に限られないが、ＡＩは基本的には責任をとらない。この「責任」の意味については第3章9で詳述するが、少なくともＡＩやそれを提供する企業に責任を負わせることには、少なからぬハードルがある。

だからこそ人間としては、**ＡＩの回答を踏まえ、そのままそれを採用するのか、それとも、それとは異なる結論をとるのかについて判断をして、その結果について責任を引き受けるという役割が**

---

(13) "Replika users fell in love with their AI chatbot companions. Then they lost them," *ABC Scinece* 2023/3/1 <https://www.abc.net.au/news/science/2023-03-01/replika-users-fell-in-love-with-their-ai-chatbot-companion/102028196>.

(14) このような脳とＡＩの間の関係については、筆者が現在慶應義塾大学駒村圭吾教授をリーダーとするムーンショット型研究開発プロジェクトにおいて「インターネット・オブ・ブレインズ」すなわち脳に直接働きかけたり脳の情報を読み取るＡＩの研究がなされている<https://brains.link>ところ、ここで研究されている内容が参考になる。同プロジェクトは『法学セミナー』誌上で「Law of IoB—インターネット・オブ・ブレインズの法」という連載をしているので興味のある方は是非ご覧いただきたい。

残るだろう。

3　いわゆるルールベースAIの技術的制約

（1）契約レビューAI

契約レビューAIについては第1章4（3）でも述べたが、ルールベースAIの技術を中心としたAIが実際に法務業務に用いられている例であることから、ここでももう少し詳しく説明したい。

契約レビューAIは契約に関する留意点をまとめた「チェックリスト」と契約書の間の自然言語処理技術による自動的・機械的突合・照合を行うだけであって、決して弁護士のような契約レビューを行うものではない。

たとえば、秘密保持契約（前述2（2）参照）について、契約レビューAIを利用するとしよう。その場合には、ルールベースであるから、事前に「もしAならB」という形で構造化した知識（ルール）を人間がAIに教え込む必要がある。たとえば、一般にはそもそも何が契約の対象となる秘密情報であるか（秘密情報の定義）などが決まっていないといけないとされている。そこで、チェックリストとして、「秘密情報が定義されているか」というようなものが設定され、「もし契約情報が定義されていなければ〈契約情報が定義されていない〉という突合結果を表示せよ」というルールをAIに教え込むわけである。(15)

契約をアップロードして処理を開始すると、チェックリストへの照合・突合が開始される。チェックリストへの突合・照合というのは、自然言語処理技術によって前記で設定されたルールをアップロードされた契約に適用するということである。たとえば「『秘密情報』とは」とか「以下『秘密情報』という」といった文言が存在するかを検索する。その結果、そのような文言が存在すれば、「秘密情報が定義されている」という突合結果となり、そういう文言がなければ「秘密情報が定義されていない」という突合結果となる。そして、多くの場合には、チェックリストとの突合の結果として「秘密情報が定義されてない」といった何らかの問題点が存在する場合のみに、その旨が突合結果として表示されることになる。

このように、ルール（チェックリスト）に基づき、自然言語処理によって――いわば「日本語的」に――機械的・自動的にそのような文言があるかを調べて結果を表示するものが、現在の主流の契約レビューAIである。このような「契約レビューAIによる処理」が人間の弁護士の契約レビュー

(15) 読者の方々が利用している契約レビューテクノロジーにおいてどのようなルールが設定されているかは、たとえばリーガルフォースのユーザーであれば、「アプリケーション設定」における「重要度設定」の項目で表示される内容を見れば、概ね理解することができるだろう。

とはまったく異なることは、容易に理解できるだろう。

(2) あくまで「一般論」に限られる

ルールベースAIは、ルールさえ設定すれば、「小さな相違(たとえば「その他」と「その他の」)が大きな違いを生む」部分(**2(2)**で述べた学習系AIが苦手な部分)についても適切な対応をすることが期待される。そういう意味で、学習系AIよりも優れているところがある。そこで短期的には、契約レビューに関する限りルールベースAIが強いと言えるだろう。たとえば、明文化されていない経験則のようなものでも、それを「ルール」の形に落とし込むことができれば、AIに教え込むことができる。

このように説明すると、ルールベースAIは非常に優秀なのではないか、契約業務について弁護士の仕事を奪うのは(学習系よりむしろ)ルールベースAIなのではないか、という懸念をいだくかもしれない。しかし、実際は決してそうではない。なぜなら、**具体的な状況を踏まえたレビューはルールベースAIではおよそ不可能**だからである。たとえば、秘密保持契約はさまざまなシチュエーションにおいて締結される。(秘密保持誓約書を含めれば)単なる「挨拶」や「工場への入構手続」のような趣旨のもの、特定の取引やプロジェクトに紐づくもの、退職等の相互に関係が一切なくなるにあたってのものに至るまで、さまざまなシチュエーションで秘密保持契約が締結される。そして、そのような具体的なシチュエーションごとにさまざまな考慮が必要である。

少なくともルールベースAIにおいて、このような各シチュエーションにきめ細かく応じた「レビュー」を行うことは現実的に不可能である。その理由は、簡単に言うとこのようになる。あくまでも一般的なルールの範疇にとどまるものであれば（大変ではあるものの）人間がルールの形に落とし込んでAIに教え込むこと自体は、（少なくとも技術的には）可能である。しかしながら、まさにその「目の前の事案の具体的状況」というものについて、その1件だけのために膨大な労力を費やして、いわばテーラーメイドの特別なルールを作ることは、極めて大きな手間と労力がかかる――。こんなことをやるくらいなら、最初から人間がレビューした方がずっと効率的だろう。

その意味では、**ルールベースAIはあくまでも「一般論」に基づくルールをあらかじめ作成して、それに基づく一致／不一致やある／なしを表示するという意味におけるレビューしかできない。だからこそ、具体的状況に基づくレビューは人間の弁護士に任せるしかない**――、このような重要な技術的制約がある。

（3）根拠や責任の点で学習系とそこまで違いはない

ここで、ルールベースAIは根拠が明確で、間違ったとしてもその理由がわかるから責任が明確だ、と論じられることがある。確かに、ルールベースの方が学習系より相対的にミスの原因を推測・

検証しやすいということはできる。しかし、あくまでもそれだけであって、ルールベースだからといって明確に根拠がわかるというものではない。

たとえば、2018年当時の契約レビューAIの主流はルールベースではあったが、当該ルールを具体的な契約書に対して適用する際に表記揺れを読み取ることができずに、誤った結果（秘密情報が定義されているのに秘密情報が定義されていないとか、秘密情報が定義されていないのにそれをスルーするといったもの）を出力していた（第1章4(3)参照）。当時の契約レビューAIは、なぜ誤ってしまったのかという理由（根拠）をソフト自身が表示してくれるものではなかった。

もちろん、ルールベースであることから、「どのようなチェックリストが設定されているか」を確認することができる（ことが多い）。そして、チェックリスト上、「秘密情報が定義されているか」などのルールが設定されていないとすれば、アップロードした契約に秘密情報が定義されていないという問題があるにもかかわらずなぜスルーされたかといえば、それはチェックリストにおいてそのようなルールが定められていなかったことが原因だ、と特定することができる。これに対し、チェックリスト上、たとえば「秘密情報が定義されているか」というルールが現に設定されていたとすれば、アップロードした契約に秘密情報が定義されているのにもかかわらず、チェック結果として秘密情報が定義されていないという誤った表示がされたのは、（あくまでも推測であるが）自然言語処理の能力が低いために表記揺れを読み取れず、たとえば「以下『秘密情報』という」という形式であれば正しくチェックできるが、「『秘密情報』とは」という形式では正しくチェックできなかったというものであろう、と推測できる。

このような、ミスの原因を学習系ＡＩと比較すれば事後的に検証することが相対的に容易だという意味では、根拠や責任の点でルールベースＡＩは学習系ＡＩよりも優れているのは確かである。しかしそれ以外の面において、学習系とそれほど大きな違いがあるわけではないことには留意すべきである。

第3章 ChatGPTにまつわる法律問題

1　急展開のなかのスナップショット

ChatGPTについては、2023年の段階ですでにさまざまな法律問題が議論されている。たとえば内閣府の「AI戦略会議」[1]においても、そのうちの一部が現在進行形で検討されている。「AIに関する暫定的な論点整理」[2]においては、具体的な懸念すべきリスクとして①機密情報の漏洩や個人情報の不適正な使用（2・4・5）、②犯罪の巧妙化、容易化（8）、③偽情報が社会を不安定化・混乱させるリスク（8）、④サイバー攻撃が巧妙化するリスク（4・5）、⑤教育現場におけ

(1)　https://www8.cao.go.jp/cstp/ai/ai_senryaku/ai_senryaku.html
(2)　https://www8.cao.go.jp/cstp/ai/ronten_honbun.pdf

る生成ＡＩの扱い[3]、⑥著作権侵害のリスク（**3**）、⑦ＡＩによって失業者が増えるリスク[4]という、七つのリスクに整理しており——本章で述べる内容とも大幅に重なっている——、政府がこれらの論点に対する対応策を検討する予定である[5]。

そこで、２０２４年には、これから紹介する議論も古くなってしまうかもしれない。たとえば「ＣｈａｔＧＰＴに重要なデータを入れることができるか」というのは現時点では典型的な論点であるものの（後述**4**参照）、クラウドが世間を賑わせた時も同様であった。すなわち「クラウドに重要なデータを入れることができるか」というのが一大論点となっていたわけである。しかしその後、クラウドの社会的受容性が高まり、現在はクラウドファースト、すなわちクラウドの利用を優先的に考慮するとの考え方は、たとえば政府も採用するところになっている[6]。そして、ＣｈａｔＧＰＴについても同じことが起こる可能性がある。

本章では、そのような急速な陳腐化のおそれがあることを承知の上で、まさに現在弁護士や法務担当者といった読者の方々が目の前で頭を悩ませている問題の解決に少しでも役に立てばという観点から、本書執筆時点のいわばスナップショットとしての法律論を簡単にまとめてみた。具体的には、個人情報保護、著作権[7]、秘密管理、セキュリティ、独禁法、不正対策および名誉毀損について論じ、最後に責任について論じる[8]。

２ ＣｈａｔＧＰＴと個人情報保護(9)

まさに本書執筆最終盤の２０２３年６月２日に個人情報保護委員会が注意喚起を公表した（以下「注意喚起」という）(10)。この注意喚起の内容も参照しながら以下検討していこう。

（1）個人情報取扱事業者として義務を負うこと

ＣｈａｔＧＰＴは、さまざまな情報を学習し、さまざまな情報の入力を踏まえ、さまざまな情報を生成する汎用ＡＩである。そこで、そのようなさまざまな情報のなかには個人情報も当然含まれてくる。そして、そのような情報の利用態様によっては個人情報保護の問題が生じてくるだろう。

---

(3) 松尾剛行「法学部生を念頭に置いた『ＣｈａｔＧＰＴ等のＡＩとの賢い付き合い方』―ＡＩ時代のキャリアデザインを踏まえて」法学セミナー８２２号（２０２３年）48頁参照。

(4) 本書第5章以降で、読者の方々が２０４０年もＡＩを利用して弁護士・法務担当者の仕事を続けるための方法を説明している。

(5) 新たなガイドライン策定の方向性につき、ＡＩネットワーク社会推進会議（第24回）<https://www.soumu.go.jp/main_sosiki/kenkyu/ai_network/02ryutsu20_04000002.html>参照。

(6) 松尾剛行『クラウド情報管理の法律実務〔第2版〕』（弘文堂・２０２３年刊行予定）第1章第1節1（ただしクラウド・バイ・デフォルト）参照。

(7) なお、それ以外の知的財産権につきオープンＡＩ社のブランドガイドライン<https://openai.com/brand>も参照のこと。

(8) 校了後、藤原総一郎ほか「生成ＡＩサービスの活用と法務のこれから」会社法Ａ２Ｚ ２０２３年7月号に接した。

(9) オープンＡＩ社Ｗｅｂサイト内の「Data Controls FAQ」<https://help.openai.com/en/articles/7730893-data-controls-faq>、およびhttps://crsreports.congress.gov/product/pdf/R/R47569なども参照。

(10) https://www.ppc.go.jp/files/pdf/230602_kouhou_houdou.pdf

そこで、ChatGPTなどを組み込んだプロダクトを提供するベンダと、それを利用するユーザーの双方についてそれぞれ個人情報保護法の問題を検討したい。

なお、AIベンダが個人情報取扱事業者になることが多いことに加え、ユーザーが企業であれ、個人事業主としての弁護士であれ、ユーザー自身も個人情報取扱事業者になることが多い[11]。また、企業の従業員等も、業務上ChatGPTを利用するのであれば、そのような個人情報取扱事業者の従業者として自社による監督を受ける（個人情報保護法〔以下、本節において「法」という〕24条参照）。そこで、以下では、個人情報取扱事業者の義務がかかってくる状況を前提に現行法に基づく検討を行う[12]。

個人情報取扱事業者の義務としては、取得規制、管理・保管規制および第三者提供規制がその主なものとして挙げられることから、以下、これらについて説明したい。

(2) 取得規制

ア　ベンダ

ベンダは利用目的特定規制、要配慮個人情報規制、適正取得規制、公表規制などを遵守しなければならない。順に見ていこう。

まず、データの利用目的を特定する必要がある（法17条）。その際は、ガイドライン(13)に基づき、本人の情報に対し、ＡＩ等による分析を行う旨も明確に特定する必要がある。そして、これらをプライバシーポリシー等で公表・通知することになる（法21条）。なお、注意喚起別添2は、オープンＡＩ社に対し、日本語での公表・通知を求めている。

次に、要配慮個人情報に留意しなければならない。要配慮個人情報は法2条3項(14)が定義するところ、人種、信条、病歴、犯罪の経歴等は、たとえば、インターネット上のニュース記事を学習させ

(11)　なお、注意喚起別添2では外国企業であるオープンＡＩに対して個人情報保護法１４７条の規定に基づき注意喚起をしているところ、この点はオープンＡＩ社が国内にある者に対する役務の提供に関連して、国内にある者を本人とする個人情報を取り扱っていることから同法１７１条（「この法律は、個人情報取扱事業者、仮名加工情報取扱事業者、匿名加工情報取扱事業者又は個人関連情報取扱事業者が、国内にある者に対する物品又は役務の提供に関連して、国内にある者を本人とする個人情報、当該個人情報として取得されることとなる個人関連情報又は当該個人情報を用いて作成された仮名加工情報若しくは匿名加工情報を、外国において取り扱う場合についても、適用する。」）に基づき域外適用されると考えたのだろう。

(12)　なお、そもそもＡＩがＷｅｂ上で公開されている散在情報等を取得する場合、ＡＩとしては個人を識別しているわけではなく、単に特徴量を獲得するために「食べている」だけである。そのデータのなかにたまたま個人情報が入っている、という状況をもって、個人情報保護法が規制したい典型的場面なのかといったように、立法論としてはいろいろな議論があり得るところだが、以下では解釈論を扱う。

(13)　個人情報保護委員会「個人情報の保護に関する法律についてのガイドライン（通則編）」３－１－１＊1<https://www.ppc.go.jp/files/pdf/230401_guidelines01.pdf>。

(14)　「この法律において『要配慮個人情報』とは、本人の人種、信条、社会的身分、病歴、犯罪の経歴、犯罪により害を被った事実その他本人に対する不当な差別、偏見その他の不利益が生じないようにその取扱いに特に配慮を要するものとして政令で定める記述等が含まれる個人情報をいう。」

る場合には問題になりやすいだろう。(15) そして、それが要配慮個人情報であれば取得前にあらかじめ本人同意を得なければならない（法20条2項）。この点は、注意喚起別添2が以下の内容を示している。

> 機械学習のために情報を収集することに関して、以下の4点を実施すること。
>
> 1　収集する情報に要配慮個人情報が含まれないよう必要な取組を行うこと。
>
> 2　情報の収集後できる限り即時に、収集した情報に含まれ得る要配慮個人情報をできる限り減少させるための措置を講ずること。
>
> 3　上記1及び2の措置を講じてもなお収集した情報に要配慮個人情報が含まれていることが発覚した場合には、できる限り即時に、かつ、学習用データセットに加工する前に、当該要配慮個人情報を削除する又は特定の個人を識別できないようにするための措置を講ずること。
>
> 4　本人又は個人情報保護委員会等が、特定のサイト又は第三者から要配慮個人情報を収集しないよう要請又は指示した場合には、拒否する正当な理由がない限り、当該要請又は指示に従うこと。

要するに、最大限要配慮個人情報を収集しない／収集直後に削除するよう、技術的な措置その他の措置を講ずるべきであるが、それでもその措置によっては完全に要配慮個人情報を排除できず、結果的に要配慮個人情報が含まれる可能性はゼロではないところ、そうであれば、それが発覚した後できる限り即時に、かつ、学習用データセットに加工する前に、当該要配慮個人情報を削除等することを求めている。(16)

学習型ＡＩの学習のためのデータセットの作成過程において「Ｗｅｂをがむしゃらにクロールする」というやり方は、たとえばその中身に要配慮個人情報が含まれるにもかかわらずあらかじめ本人の同意を得ていなければ、同意取得規制違反になりかねない。(17) だからこそ、要配慮個人情報規制などを念頭に、データセット作成時に一定の要件を満たしたらクロールしないとか、クロールする前に人間が確認するなどの基準を定めるべきである。そして、そのような措置を講じてもなお含まれた要配慮個人情報をできる限り即時に、かつ、学習用データセットに加工する前に当該要配慮個人情報を削除等するというのが、上記の注意喚起を踏まえた現時点のベストプラクティスになるだ

(15) なお、直接的にそのような情報が記載されているニュース記事を学習させる場合ではなく、そうではないさまざまな情報からプロファイリングで推知する場合には、結論としては、その情報は要配慮個人情報ではないものの、それに準じて厳重に管理すべきと解される。この点につき従業員の病歴に関する推知情報の取り扱いの実務を論じた、山本龍彦ほか『人事データ保護法入門』(勁草書房・２０２３年)１１６～１１７頁〔松尾剛行執筆部分〕を参照。

(16) このような措置を講じたにもかかわらず本人の同意なく個人情報を収集してしまったことを法20条2項違反としないという趣旨まで含まれるかは明確ではない。

(17) もちろん、本人が公開している場合もあるが、たとえば悪意ある第三者が公開している場合には法20条2項7号(「当該要配慮個人情報が、本人、国の機関、地方公共団体、学術研究機関等、第57条第1項各号に掲げる者その他個人情報保護委員会規則で定める者により公開されている場合」)の例外に該当しないだろう。

ろう。[18]

また、データの適正取得（法20条1項）が求められる。学習をする上では、データが多ければ多いほど良い（More Data）として、すべての入手可能なデータを入手しようとしてさまざまなところからデータを引っ張ってこようとすると、どこかで適正取得が問題となりかねない。[19]

イ　ユーザー

ユーザーも同様に、個人情報取扱事業者として、事前に想定される利用目的をプライバシーポリシー等で特定・公表すべきである。ここで、個人情報をプロンプトとして投入する場合（ただし、**5(4)**で後述するとおり筆者としては少なくとも現時点では勧められない）や、ベンダに依頼して自社が保有する個人情報を含むデータをＣｈａｔＧＰＴなどの分析対象とする場合、ベンダと同様に、利用目的を特定してプライバシーポリシーなどにおいて公表・通知するべきであるところ、ＡＩによって分析を行う旨も明確に特定しなければならない。[20] ここで、プロンプトとしてたとえば「岸田文雄とは誰ですか?」という質問をするとしよう。果たしてそれが「個人情報についてＡＩによって分析を行う」ということなのかは疑問が残るかもしれない。しかし、たとえば「A氏についてX、Y、Zという言動がある場合においてA氏について推察される状況はどのような状況か教えてください」といったプロンプトであれば、A氏についてＡＩで分析しているとみなされる可能性は高い

と思われる。(21)

また、「A氏は病気に罹患していますか?」といった明らかに第三者の病歴という要配慮個人情報が取得できるようなプロンプトや、ＣｈａｔＧＰＴに電子メール情報を吐き出させるための特殊なプロンプト（後述(3)ア参照）など**個人情報を不適正に取得したり個人情報を不適正に扱っているとみなされかねないプロンプトは、利用するべきではないだろう。**

ここで、プロンプトには何の問題もないものの、ＣｈａｔＧＰＴの出力結果として個人の病歴などの情報が表示されてしまった場合、ユーザーが要配慮個人情報を取得したことになるかが問題と

(18) とはいえ、「できる限り即時」というのはどういう場合か、とか、「かつ、学習用データセットに加工する前」ということは、データセットへの加工後に発覚した場合には違反とみなされるのか等不透明な部分がある。

(19) 「『個人情報の保護に関する法律についてのガイドライン』に関するQ&A」<https://www.ppc.go.jp/files/pdf/2304_APPI_QA.pdf> 4－5が、「ダークウェブ上で掲載・取引されている個人情報は、掲載した者が偽りその他不正の手段により取得した個人情報である蓋然性が高く、また、掲載した者が法第27条第1項に違反してこれをダークウェブ上で提供している蓋然性が高いといえます。このため、個人情報取扱事業者が、ダークウェブ上で掲載・取引されている個人情報を当該ダークウェブからダウンロード等により取得することは、偽りその他不正の手段による個人情報の取得に該当するものとして、法第20条第1項に違反するおそれがあ〔る〕」としている点を参照のこと。

(20) 「個人情報の保護に関する法律についてのガイドライン（通則編）」3－1－1＊1。および注意喚起別添1「個人情報取扱事業者が生成ＡＩサービスに個人情報を含むプロンプトを入力する場合には、特定された当該個人情報の利用目的を達成するために必要な範囲内であることを十分に確認すること。」も参照。

(21) もっとも、ＣｈａｔＧＰＴが行っていることは、大量のデータから予想もつかない関連性を推察する、というよりは、人間が類似する状況でこれまでに行ってきた推認に関するデータを踏まえて人間と同様の推測をしているだけのように思われる。人間が行っているものと同レベルの分析であっても、ＡＩを使っているというだけで利用目的において分析目的の明記が必要になるのかなど、現時点では不明確な問題は残っている。

なる。この点、個人情報保護委員会は、「個人情報を含む情報がインターネット等により公にされている場合で、①当該情報を単に画面上で閲覧する場合、②当該情報を転記の上検索可能な状態にしている場合、③当該情報が含まれるファイルをダウンロードしてデータベース化する場合は、それぞれ「個人情報を取得」していると解されるか否かという問いに対して、①については「個人情報を取得」したとは解されないものの、②や③のようなケースは「個人情報を取得」したと解し得る、と回答している。[22] 本件は、インターネットなどにより公になっている場合とは異なるが、これが仮に右事例に当てはまるとすれば①のような画面上での閲覧まではしても、その閲覧の結果として要配慮個人情報やそれらしいものであることが判明したら②の転記や③のデータベース化はしないといった対応を行うことで、要配慮個人情報を取得しないものと判断される可能性がある。繰り返しになるが、この解釈が通用するかは不明ではあるものの、ひとつの現実的対応として考えられるだろう。

(3) 保管・利用規制

ア　ベンダ

ベンダは、取得した個人情報を、取得の際に特定した利用目的の範囲でしか利用してはならない

（法18条1項）。ベンダは、基本的には、機械学習目的で利用するものと思われる。すると、最初の取得時点で機械学習目的である旨を特定していれば、個人情報に関係する義務は履行していることになるとされるものと思われる。

加えて、**取得した情報が「個人データ」[23]であれば、安全管理義務（法23条）が問題となる。**ここで、単に機械学習に利用するだけであれば[24]、クロールした個人情報を含むデータベースを、特に本人の名前やＩＤをキーとして検索できる状態[25]で利用することはそこまで多くないように思われる。[26]そこで、このような情報はそもそも「個人データ」ではない（単なる散在情報としての個人情報）として、

（22）『個人情報の保護に関する法律についてのガイドライン』に関するＱ＆Ａ」４－４。

（23）個人情報データベース等を構成する個人情報をいう（法16条３項）。「個人情報データベース等」とは、個人情報を含む情報の集合物であって、デジタルデータの文脈では特定の個人情報を電子計算機を用いて検索することができるように体系的に構成したもののうち一定の例外を除外したものをいう（同条１項柱書および同１号）。

（24）ここで、ルールベースと学習型という区別（第１章**３**参照）に鑑みると、もし、ルールという構造化されているものであれば、データベースであるとして（単なる個人情報ではない）個人データになりやすかった。これに対し学習型は、学習の元データは散在情報であるし、（学習済みモデルの作り方にもよるが通常は）学習済みモデルそのものが少なくとも元データそのものを持っているわけではないという点で、より規制の弱い単なる個人情報だと考えることができる可能性を秘めているのである。ただし、「Ｘさんはどういう人か」といった質問に備えた学習を行うＡＩは、まさにそのＸさんに関するデータを集めてきて提示するのであるから、機械学習を噛ませたことで、たとえば毎回必ずしも同じ回答にならないとか、間違う可能性があるといったことがあっても、なお個人データと言わざるを得ない可能性が高いのではないだろうか。

（25）「特定の個人情報を検索できるように個人情報を体系的に構成されている」（「『個人情報の保護に関する法律についてのガイドライン』に関するＱ＆Ａ」（以下「Ｑ＆Ａ」という）１－38〜43）参照。

（26）ただし、個人をキーとして個人に関する情報を迅速に検索・分析できるデータベースをＡＩによって作成するといった場合であれば、これとは異なる結論となるだろう。

安全管理義務等がかからない可能性はある。

とはいえ、仮にそれがデータベース化されていない単なる個人情報であっても、重要な情報（たとえば要配慮個人情報が一部は含まれるデータを取得してしまう可能性があることにつき、前述(2)ア参照）の安全管理をどのように行うかは別の問題となる。学習前の段階ではそもそもその個人情報が必要かを吟味し、必須でなければ、その個人情報を入れないとか、氏名を削除する、暗号化やハッシュ化をして保管するなど、仮に漏洩した場合でもその被害を最小化する対応を検討すべきである。また、**データを一度学習のために利用したら、すぐに削除をする**というのがひとつの対応であろう。そして、そうでない場合（つまり、データを長期的に保管する場合）には、通常は個人データに対して個人情報保護委員会が指定している内容[27]に準じた安全管理をすべきであろう。

ここで、個人データに対する安全管理措置（法23条）としての対応であれ、個人情報に対する安全管理であれ、その性質に応じた適切な安全管理をすべきである。そして、ＣｈａｔＧＰＴの性質としては、学習型ＡＩであることから、悪意ある攻撃者により、モデル反転攻撃（model inversion）などを通じて学習したデータをうまく推定するなどして抜き出されるという形での学習型ＡＩ固有の流出リスクがあることに、留意が必要である。[28]特定のプロンプトを利用するとＣｈａｔＧＰＴから電子メールデータを抜き出すことができるとも言われる。[29]

イ　ユーザー

ユーザーがＣｈａｔＧＰＴの利用に際して、保管・利用に関する規制を受ける場合はあるだろうか。ＣｈａｔＧＰＴの回答に個人情報が含まれる場合がまず考えられるだろう。この点、ＣｈａｔＧＰＴの回答データに個人情報が含まれるかは、基本的にどのようなプロンプトを入れるかにもよる。たとえば個人と関係のない一般的な質問をするなど、**そもそも個人情報が含まれることが想定されないプロンプトを利用すれば、保管・利用規制を可及的に回避することができる。**

では、現にＣｈａｔＧＰＴの回答に個人情報が含まれる場合はどうか。この場合は、その回答について利用目的の範囲での利用にとどめる必要がある。そして、もしそれをデータベースに転記・

(27)　ガイドライン通則編（前掲注（13））10参照。

(28)　一般的な学習型ＡＩに対するmodel inversion、training data reconstruction、membership inferenceなどの訓練データを推定する攻撃につき森川郁也「機械学習セキュリティ研究のフロンティア」IEICE Fundamentals Review15巻1号（２０２１年）<https://www.jstage.jst.go.jp/article/essfr/15/1/15_37/_article/-char/ja>42頁以下を参照。

(29)　高江洲勲「ＣｈａｔＧＰＴなど生成ＡＩによる個人情報の開示」ＭＢＳＤ Ｂｌｏｇ（２０２３年5月11日）<https://www.mbsd.jp/research/20230511/chatgpt-security/>。

登録して個人データとするのであれば安全管理等の義務を遵守する必要があるだろう。[30]

なお、プロンプトとして、またはＡＰＩを利用して個人データをＣｈａｔＧＰＴに入力する場合には、まさに第三者提供規制が問題となるだろう。第三者提供規制については次の（4）で解説する。

（4）第三者提供規制

ア　ベンダ

一般論として、ベンダがユーザーに対して個人データを提供すれば第三者提供規制（法27条）に服することになる。第三者提供規制の結果、個人データを提供する上では原則として本人同意が必要となり、本人同意を取らないのであれば、法令に基づいて提供する場合等、オプトアウト、委託、事業承継、共同利用などの個人情報保護法が準備する例外のいずれかとして整理する必要がある。

では、ＣｈａｔＧＰＴを組み込んだプロダクトをベンダがユーザーに提供する場合はどのように考えればよいだろうか。この場合、少なくともオープンＡＩ社などのＡＩエンジン提供者との関係では、委託の枠組みはなかなか難しいように思われる。すなわち、本人の同意がなくても、会社（個人情報取扱事業者）は、情報システムの保守を委託するＩＴベンダに個人データを提供するといったことができ（法27条5項1号）、また、委託を受けたＩＴベンダが個人データを委託者である会社に戻すこともできるとされているが、それは、委託者である会社が委託先（ＩＴベンダ）を監督する（法25条）ことが前提である。オープンＡＩ社はＡＰＩに基づくデータ移転につきＤＰＡ（Data Processing Addendum）[31]を準備しているが、ユーザー企業においてオープンＡＩ社を十分に監督することができるかは疑問があり、その意味で、直ちに委託スキームを利用できるとは判断できない。もちろん、ＣｈａｔＧＰＴを組み込んだプロダクトの提供者であれば、当該ベンダとユーザー間で委託スキームを利用するといったことはあり得るだろう[32]。

とはいえ、(3)で解説したとおり、オープンＡＩ社としては、学習に利用した個人情報を個人デー

(30) なお、それが保有個人データ等であれば、開示請求等、本人の権利等の行使に対し適切に対応するべきだろう。ここで、たとえば自分の経歴について誤った回答がされるので保有個人データの訂正請求をする事案について考えてみたい。仮に、「その人に関するデータ自体は正しい内容であるが、学習の過程でほかの人において共通する内容が表示されてしまう（たとえば、弁護士の大多数が大学卒業なので、生年月日をもとに22歳となる年の3月に大学卒業と表示されるが、実はその弁護士は大学を卒業していなかった）」といった場合に、「データ」は誤っていないが、それを特定の学習済みモデルに通すと誤った結果になるというときに、訂正請求の可否が問題になると言える。これは、「事実」の問題（訂正請求の対象となる）なのか、それとも「評価」の問題（訂正請求の対象とならない）なのかという点を含めて検討する必要がある論点である。なお、Q&A91－19 <https://www.ppc.go.jp/files/pdf/2305_APPI_QA.pdf>は「個人情報保護法では、『保有個人データの内容が事実でないとき』に訂正等を行う義務が生じます。そのため、訂正等の対象が事実ではなく評価に関する情報である場合には、訂正等を行う必要はありません」とする。この点について、いわゆる宴のあと判決（東京地判昭和39年9月28日下民集15巻9号2317頁）から、「真実らしく受けとられるものであれば」プライバシーの侵害として捉えられるとすれば、一定の精度が確保された学習モデルにより導かれた結果は「真実らしく受けとられ」、プライバシーの侵害の問題にはなるかもしれない。

(31) データ処理に際してオープンＡＩ社として遵守する内容を列挙したもの<https://openai.com/policies/data-processing-addendum>。

(32) 共同利用（法27条5項3号）については、オープンＡＩ社側がそのプライバシーポリシーにユーザー企業の名前を明記して共同利用するというシチュエーションが想定し難いし、ユーザーが1億人いるサービスで共同利用を可能とするだけの一体性が認められるようには思われない。

タの形で管理保管しておらず、ユーザーに対しては散在情報たる個人情報を提供するものの個人データは提供しないと言えるのであれば、法27条の本人同意は必要ない。ただし、そうであっても、要配慮個人情報についてはあらかじめ本人同意が必要であるし、要配慮個人情報ではなくてもセンシティブな情報であれば、そうした情報をユーザーなどの第三者に提供する場合はプライバシー侵害となる可能性がある。

イ　ユーザー

ユーザーが個人情報を含むデータをプロンプトなどの形でChatGPTに入れる場合、それは前述の第三者提供に該当し得る。したがって「最低限」、オプトアウトフォームを記入するか、履歴保存をオフとすることで学習されないようにした上で、APIを使って、DPAを結ぶ必要がある（学習された場合には、漏洩リスクがあることにつき5を参照）。ただ、DPAを結んだからといって、すべてが解決されるわけではない。もし、具体的な第三者提供の相手が日本国内のAIベンダであれば、前記の国内の第三者提供の論点を検討することになる。そして、オープンAI社などの外国AI企業への個人データの第三者提供であれば、国内の第三者提供の場合よりも義務が重い、個人情報保護法上の外国第三者提供（法28条）に関する規律を遵守する必要がある。すなわち、同意、EU・英国、相当措置などのスキーム[33]を利用する必要がある。

基本的には、その入力データが従業員の個人データであれば、外国第三者提供（法28条）のスキームのうちの本人同意スキームによる対応が可能かもしれない。つまり、適切な説明をして従業員から外国第三者であるオープンＡＩ社への移転について同意を取るわけである。しかし、そうではない場合、たとえば、潜在的な顧客候補のデータやＳＮＳから取得したデータはどうだろうか。このような場合について、オープンＡＩが、外国第三者提供（法28条）のスキームのうちの相当措置スキームを利用する上で必要な、「第三者（個人データの取扱いについてこの節の規定により個人情報取扱事業者が講ずべきこととされている措置に相当する措置（……）を継続的に講ずるために必要なものとして個人情報保護委員会規則で定める基準に適合する体制を整備している者……）」（法28条１項）だと言い切るのは、躊躇されるところである。

また、クラウドについてはＱ＆Ａ７－53において一定の例外が定められ、要するに一定の要件を満たしたクラウドに預けることは第三者提供でも委託でもなく、そこで、本人の同意を得たりクラウドベンダを監督したりしなくてもよいとされているのであるが、ＣｈａｔＧＰＴについてこれを

(33) 松尾剛行「令和2年改正 越境移転データの取扱いの実務」ＪＩＰＤＥＣレポート（２０２２年5月24日）<https://www.jipdec.or.jp/library/report/20220412.html>参照。要するに、法28条が、外国にある第三者に個人データを提供する場合において、本人同意を得る、移転先がＥＵ・英国である、または相当措置（当該移転先の第三者が日本の個人情報保護法の基本的なルールを遵守することを担保する措置を講じる）を求めており、それを選択しなければならない、ということである。

利用することができるかは微妙である。[34] 注意喚起別添1は「個人情報取扱事業者が、あらかじめ本人の同意を得ることなく生成AIサービスに個人データを含むプロンプトを入力し、当該個人データが当該プロンプトに対する応答結果の出力以外の目的で取り扱われる場合、当該個人情報取扱事業者は個人情報保護法の規定に違反することとなる可能性がある。そのため、このようなプロンプトの入力を行う場合には、当該生成AIサービスを提供する事業者が、当該個人データを機械学習に利用しないこと等を十分に確認すること。」としている。これは(2)アで述べた利用目的の話と異なる話として論じているので、第三者提供の話と理解される。これを、一定の場合（学習に利用されず、当該個人データが当該プロンプトに対する応答結果の出力だけの目的で利用される場合）にクラウドの例外が利用可能だという趣旨にも読めなくはないが、不透明である。

このように不透明な状況のなか、いわゆるジャストアイデアベースの建て付けは、「(個人データではなく) 個人情報だ」として整理することだろう。例を挙げよう。「岸田文雄氏について教えてください。」というプロンプトに対し「内閣総理大臣です。」との回答が表示されるというやりとりがあったとする。このうちプロンプトで「岸田文雄」という名前を入れる部分は、単なる個人情報の第三者提供だと整理することができる可能性がある。単なる個人情報の第三者提供であれば、個人データの第三者提供や外国第三者提供に関する規制がかからない。そして、そもそも「その人について情報がないから、教えてもらいたい」といったような形でChatGPTを利用するのであれば、このような整理が可能な場合もあるのではないだろうか。

とはいえ、個人データの取り扱いの過程である限り個人データの規律がかかるという議論もあるところである。[35] それらの議論を踏まえると、自社のデータベースを検索するなどして出てきた個人名をプロンプトに入れることは、個人データの第三者提供とみなされ、単なる個人情報の場合と異なり原則として本人同意などが必要と解される可能性はあるだろう。

(5) 実務対応の方向性

以上を踏まえると、法律業務においてどのような対応が望ましいだろうか。ユーザーである弁護士や企業を念頭に置くと、個人情報に関しては、**まずは「本当に個人情報を入れるべきか／入れる**

(34) Q&A7－53は「当該クラウドサービス提供事業者が、当該個人データを取り扱わないこととなっている場合には、当該個人情報取扱事業者は個人データを提供したことにはならないため、『本人の同意』を得る必要はありません。」「当該クラウドサービス提供事業者が、当該個人データを取り扱わないこととなっている場合とは、契約条項によって当該外部事業者がサーバに保存された個人データを取り扱わない旨が定められており、適切にアクセス制御を行っている場合等が考えられます。」とし、Q&A7－54は「クラウドサービスの利用が、法第27条の『提供』に該当しない場合、法第25条に基づく委託先の監督義務は課されませんが（Q&A7－53参照）、クラウドサービスを利用する事業者は、自ら果たすべき安全管理措置の一環として、適切な安全管理措置を講じる必要があります。」としている。詳しくは松尾・前掲注（5）第4章第1節3参照。

(35) たとえば、個人情報保護委員会事務局＝金融庁「金融機関における個人情報保護に関するQ&A」<https://www.ppc.go.jp/files/pdf/230401_kinyukikan_QA.pdf>Ⅱ－7の見解を参照。「『個人情報データベース等』から紙面に出力されたものやそのコピーは、それ自体が容易に検索可能な形で体系的に整理された一部でなくとも、『個人データ』の『取扱い』の結果であり、個人情報保護法上の様々な規制がかかります。『個人情報データベース等』から紙にメモするなどして取り出された情報についても、同様に『個人データ』に該当します。」

必要があるか」を考えるべきだろう。そもそも、リーガルリサーチその他の法律業務において、ChatGPTに個人情報を入れることが必須とまでは言えない場合は多いのではないだろうか。実際、第4章で述べるとおり、筆者は、個人情報をChatGPTに入力せずにChatGPTを活用している。もしかすると、具体的な状況において個人情報を入れざるを得ないという読者の方もおられるのかもしれない。そのような場合は、最低限、**①プロファイリング規制に対応したプライバシーポリシー上の記載を行うこと、**[36]**②学習をオフにすること、③（念のため）API経由でDPAを締結して使うこと、**[37]そして、**④個人データに該当するような、たとえば、自社のデータベース内の個人情報を入れないこと**を遵守することで、法令を遵守していると言える可能性をできるだけ上げるようにすべきだ、ということにはなるだろう。

しかし、この①から④の措置は、個人情報保護法の観点から「最低限、明らかな違法行為にならないようにする」という話にすぎない。法令を遵守しているかという話と、そうであるとして本当に「個人情報をChatGPTに入れるべきか」という話は、まったく異なる問題である。特に、弁護士業務との関係では、AIへの個人情報の投入（とりわけ、弁護士が事件処理の過程で見聞きした個人情報の投入）を弁護士の守秘義務との関係でどう考えるかについてはいまだ結論が出ておらず、依然として不明確である。

そのことからすると、少なくとも弁護士の守秘義務の対象となる業務上のデータの取り扱いとい

う観点からは、そのような弁護士が事件処理の過程で見聞きした個人情報はプロンプトとしても入れないし、個人情報が出力結果として出ないようにする、というのが現時点での基本的な対応方針になると思われる。そして、前述のとおり筆者が、個人情報を入力せずにＣｈａｔＧＰＴを活用しているのは、そのような見地に基づくものである。(38)

(36) ガイドライン通則編3－1－11が「取得した閲覧履歴や購買履歴等の情報を分析して、趣味・嗜好に応じた新商品・サービスに関する広告のために利用いたします」という利用目的を例示しており、ＣｈａｔＧＰＴに投入する情報がA、当該情報をＣｈａｔＧＰＴに等有することで実現したい目的をＢとすれば、「取得したA等の情報を分析して、Ｂのために利用いたします。」という利用目的の記載が考えられる。

(37) 前述のとおり、ＡＰＩを経由してＤＰＡを締結さえすれば直ちに第三者提供規制や外国第三者提供規制をクリアするものではないことに留意が必要である。

(38) もっとも２０４０年を見据えれば、オープンＡＩ社その他のリーガルテックベンダ等が、個人情報の保護を強化し、安心して個人データを入れられるような対応をしてくるだろう。その場には、一定の要件の下で個人情報をＣｈａｔＧＰＴやそれを組み込んだプロダクトに投入できるようになるだろう。

3　ＣｈａｔＧＰＴと著作権[39]

（1）注目されるＣｈａｔＧＰＴと著作権の問題

アーティストらがＡＩによる無断複製を理由に提訴するなどの報道が連日ニュースを賑わせている[40]。これは同じ「生成」ＡＩといっても、いわゆる画像生成ＡＩであるから、ＣｈａｔＧＰＴそのものとは異なる話であるものの、ＣｈａｔＧＰＴと知財、とりわけ著作権との関係については読者の関心の高いところだろう[41]。著作権法（以下、本節では「法」ということがある）は、すでにＡＩ社会を見すえてさまざまな規定を置いているものの、生成ＡＩをめぐる近時の具体的な問題に対して明確な回答がない論点は多い。また、一定の回答が示されていても、それに対する政策的批判を浴びているものもある。

著作権をめぐる論点としては、①ＣｈａｔＧＰＴなどのＡＩを開発するための学習や、ファインチューニングのために法律書といった他人の著作物を使った場合などに当該著作物の著作権者の著作権を侵害しないのか（**(2)**：学習段階）、②他人が著作権を有する論文を要約させるといったように、プロンプトとして他人の著作物を使った場合に当該著作物の著作権者の著作権を侵害しないのか（**(3)**：プロンプト段階）、そして、③出力結果をコピーするなどして自社や自事務所の回答として利用することがオープンＡＩ社や第三者の著作権を侵害しないか（**(4)**：出力段階）の３点が主に問題となる。以下、それぞれ検討していきたい。

(2) 学習段階

ア　著作権法30条の４

法30条の４はまずその柱書で、「**著作物は、次に掲げる場合その他の当該著作物に表現された思想又は感情を自ら享受し又は他人に享受させることを目的としない場合には、その必要と認められる限度において、いずれの方法によるかを問わず、利用することができる。ただし、当該著作物の種類及び用途並びに当該利用の態様に照らし著作権者の利益を不当に害することとなる場合は、この限りでない**」とする。その上で同条２号は「**情報解析（多数の著作物その他の大量の情報から、当**

(39)　全体につき谷川和幸「Generative AIと著作権法に関する話題提供」２０２３年６月12日ＳＯＦＴＩＣ権利保護委員会を参照した。なお、「知的財産推進計画２０２３」（案）<https://www.kantei.go.jp/jp/singi/titeki2/kettei/chizaikeikaku_kouteihyo2023.pdf>および文化庁「ＡＩと著作権」<https://www.bunka.go.jp/seisaku/chosakuken/pdf/93903601_01.pdf>も参照のこと。

(40)　「アーティストの作品でＡＩ訓練『無断で複製された』米国で集団提訴」朝日新聞デジタル２０２３年４月12日<https://www.asahi.com/articles/ASR4D6DT3R4CUHBI01T.html>。

(41)　福岡真之介「【ＡＩ】生成ＡＩを利用する場合に気を付けなければならない著作権の知識」ｎｏｔｅ（２０２３年４月18日）<https://note.com/shin_fukuoka/n/na3163a404cbc>、ＳＴＯＲＩＡ法律事務所ブログ「生成ＡＩの猛烈な進化と著作権制度～技術発展と著作権者の利益のバランスをとるには～」（２０２３年４月16日）<https://storialaw.jp/blog/9373>参照。

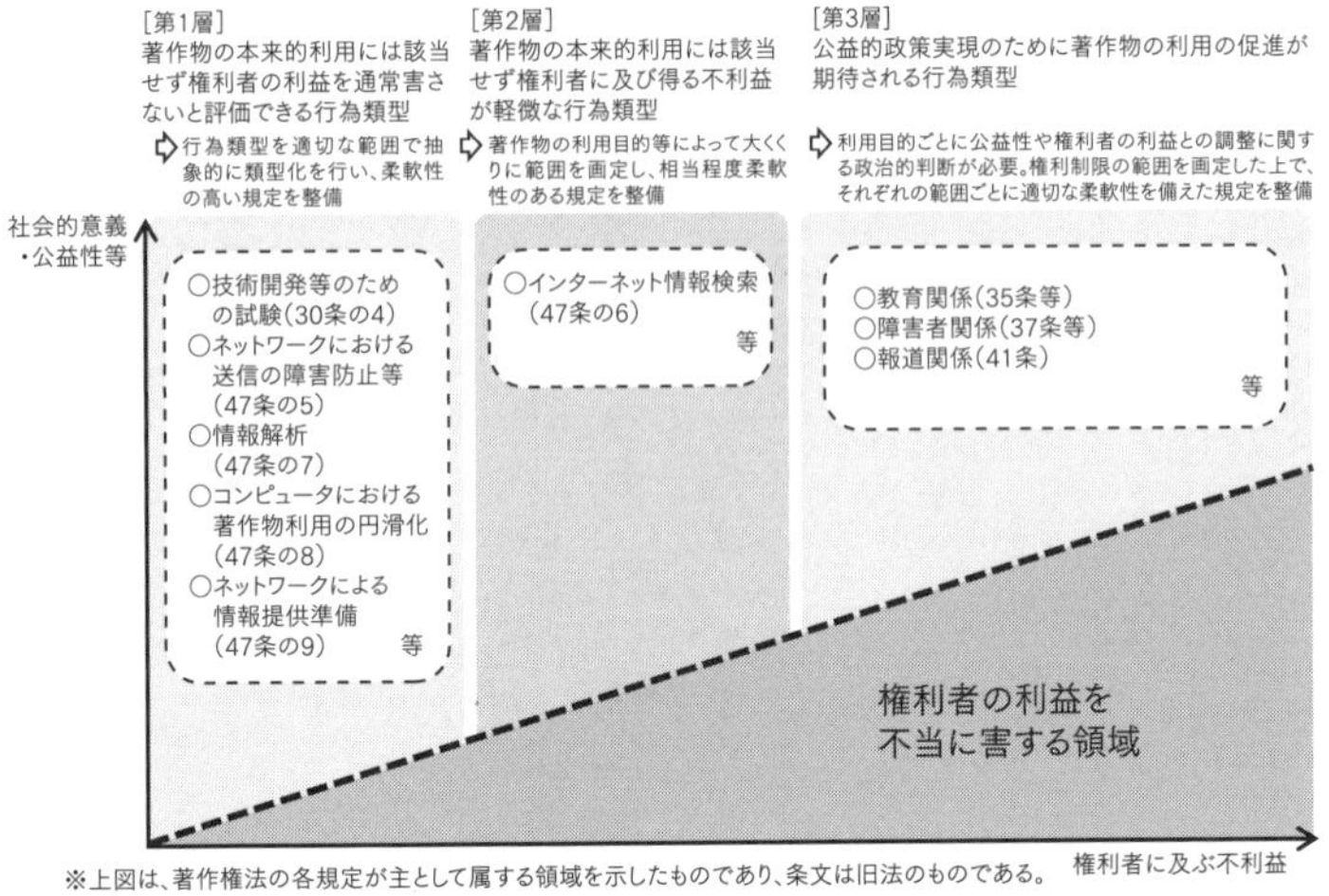

図表1　報告書における３層の分類　（出典）報告書40頁の図をもとに作成

該情報を構成する言語、音、影像その他の要素に係る情報を抽出し、比較、分類その他の解析を行うことをいう。……）の用に供する場合」としており、これが、学習時のデータの利用に関する重要な権利制限規定となる。つまり、法30条の4第2号で例示[42]されているような、享受を目的としない利用に該当すれば原則として著作権を侵害しないというわけである。

ただ、これはいかにも漠然とした規定である。同条については、2017年の文化審議会著作権分科会報告書（以下「報告書」という）[43]が権利者に及び得る不利益の度合いに応じて、次の3層に分けて分析・検討をしており、参考になる[44]。

学習との関係では、第1層が重要である。報告書は第1層について以下のように述べる。すなわち、「著作物の表現の享受を目的としない、情報通信設備のバックエンドなどで行われる利用がこれに該当する。この類型は、対象となる行為の範囲が明確であり、かつ、類型的に権利者の利益を通常害しないものと評価でき、公益に関する政策判断や政治的判断を要する事項に関するものではない。このため、行為類型を適切な範囲で抽象的に類型化を行い、柔軟性の高い規定を整備することが望ましい」(45)。つまり、基本的にはこの類型に当てはまる限り、類型的に権利者の利益を通常害しないと言える以上、広く著作権を制限する規定を設けるべきだというわけである。

　報告書はさらに以下のように続ける。「①著作物の表現の知覚を伴わない利用行為（例：情報通信設備のバックエンドで行われる著作物の蓄積等）や②著作物の表現の知覚を伴うが、利用目的・態様に照らして当該著作物の表現の享受に向けられたものと評価できない行為（例：技術開発の試験の用に供するための著作物の利用等）は、通常、著作物の享受に先立つ利用行為ではなく、権利者の対価回収の機会を損なうものではない」(46)。このうちの②については、「特定当事者間を超えた公衆に対

---

(42) なお、小倉秀夫＝金井重彦編『著作権法コンメンタールⅡ〔改訂版〕』（第一法規・２０２０年）64頁は、「本条は例示規定である。本条各号に掲げる行為に該当しない行為であっても、当該著作物に表現された思想または感情を自ら享受する等を目的としない場合において、本条の適用がある」としており、66頁は同条各号が「当該著作物に表現された思想又は感情を自ら享受し又は他人に享受させることを目的としない」行為を例示したものであり、1号および2号の行為を例示することによって予測可能を担保する趣旨だとする。そこで、2号に例示されている行為であるが、当該著作物に表現された思想または感情を自ら享受する等を目的としないとされる場合は、かなり限定的に解すべきだろう。

(43) https://www.bunka.go.jp/seisaku/bunkashingikai/chosakuken/pdf/h2904_shingi_hokokusho.pdf

(44) 報告書38頁。

(45) 報告書38頁。

(46) 報告書41頁。

する**AI学習用データの提供・提示**についても、①や②のような態様で行われ、権利者の対価回収の機会を損なわないようなものであれば、第1層の趣旨が妥当するものと考えられる」[47]（強調筆者）とされる。

法30条の4柱書および各号（2号を含む）で想定されている行為というのは、まさに右にいう①や②に対応したものである。著作物というものは本来、自然人が創作的表現を知覚することで知的・精神的欲求が満たされることに価値が見出されるわけであるが、著作物に表現された思想または感情の享受を利用しない行為（非享受利用。まさに①や②のような行為）は、それが実施されたところで、権利者にとって、対価回収の機会を損なっているとは言えず、通常は権利者利益を侵害するものではないため、著作権法30条の4という権利制限規定を設け、このような行為を行っても著作権を侵害としないとされたのである[48]。

そして、同条2号の規定には人工知能の学習手法が広く含まれている。改正前は「統計的な」という文言[49]があったところ、人工知能は統計的な手法を用いるとは限らないため、これを削除して、統計的か否かを問わず広く権利制限の対象としたのである。また、改正前は権利が制限される（著作権者の許諾なく利用することができる）といっても、その制限の結果として可能となったのが複製・翻案のみであった。ところが、右改正によりすべての支分権該当行為が可能となった。そこで、たとえば公衆送信等として、情報解析において作成された複製物を第三者に共同開発目的等で提供す

ることできることとなったのである。(50)

したがって基本的には、**ＬＬＭ（大規模言語モデル）の作成段階と特定分野のデータセットに基づきファインチューニングする場合のいずれであっても、学習段階である限りは著作物の著作権者の権利を侵害しない**と解することになるだろう。(51)

---

(47) 報告書41頁注53。

(48) 小倉＝金井編・前掲注(42)62～63頁

(49) 法旧47条の7が「著作物は、電子計算機による情報解析（多数の著作物その他の大量の情報から、当該情報を構成する言語、音、影像その他の要素に係る情報を抽出し、比較、分類その他の統計的な解析を行うことをいう。以下この条において同じ。）を行うことを目的とする場合には、必要と認められる限度において、記録媒体への記録又は翻案（これにより創作した二次的著作物の記録を含む。）を行うことができる。ただし、情報解析を行う者の用に供するために作成されたデータベースの著作物については、この限りでない」（強調筆者）としており、機械学習のうち統計的な手法を用いる場合には適用されたが、それ以外の場合には適用されない可能性があった。

(50) 小倉＝金井編・前掲注(42)67頁。

(51) 2号によりビッグデータを対象とする学習はアルゴリズムが変わってもほぼすべてこれでカバーされるとする、座談会（加戸守行ほか「平成30年改正著作権法施行に伴う柔軟な権利制限規定による著作物の利用拡大とこれからの課題（上）」ＮＢＬ１１４３号（２０１９年）16頁〔奥邨弘司発言〕も参照。なお、アノテーションのため人間が確認するということも享受目的とは言えず、トータルで情報解析と言えるのではないかとする同17頁〔奥邨発言〕も参照。

イ　生成ＡＩの文脈における著作権法30条の４適用制限論

a　著作権法30条の４の適用範囲を限定する議論

ここで検討すべきは、いわゆる画像生成ＡＩがイラストレーターの仕事を奪うのではないかという文脈において盛んになされている「法30条の４の適用を制限して学習を違法とすべきではないか」といった議論である。生成ＡＩといっても画像生成ＡＩとＣｈａｔＧＰＴは異なることから、この論点についてＣｈａｔＧＰＴと関係する限りで簡単に検討してみよう。

b　学習段階と利用の段階を区別することの重要性

まずは、**「学習」の段階と「利用」の段階を区別することが重要であろう。**すなわち、学習をして高精度なＡＩを作るために著作物を利用するという「学習」段階というのは、まさに先述の第1層すなわち「著作物の本来的利用には該当せず、権利者の利益を通常害さないと評価できる行為類型」である。そして、実際に生成ＡＩ、とりわけ画像生成ＡＩが出現し、具体的な出力物が議論を巻き起こしているが、そこで議論を巻き起こしているものは主にその「出力」段階である。もし、出力段階で何らかの問題があるならば、出力段階こそが規制すべき段階であるところ、それがその段階とは異なる「学習」段階に関する法30条の4にいわば飛び火しているということについて、まずは留意すべきであろう(52)。

たとえば、一般社団法人日本新聞協会は「生成ＡＩによる報道コンテンツ利用をめぐる見解」(53)のなかで、次のように、法30条の4を問題視している。すなわち、法30条の4制定当時において、生成ＡＩのような高度なＡＩの負の影響が十分に想定されていたわけではなく、ＡＩが新たな表現物を生成して権利者を脅かすおそれのあることが政府から示されたことはなかった、そこで権利者側も技術開発のための著作物利用が問題になるとは思わず、このため国会で大きな議論とならないまま、ＡＩ開発を優遇する法改正が実現した——という趣旨を述べている。つまり、立法過程において画像生成ＡＩを含む生成ＡＩの技術発展を想定することがなかったため、権利者としては問題ないと考え、法30条の4が制定されたものの、生成ＡＩの技術発展を踏まえると、実際には権利者の権利利益に十分悪影響を与えるではないか、という趣旨であろう(54)。

---

(52) この点については、ＳＴＯＲＩＡ法律事務所ブログ・前掲注(41)が「ＡＩと著作権の関係については、『ＡＩ開発・学習段階』と『生成・利用段階』では、著作権法の適用条文が異なり、分けて考えることが必要」としていることを参照。

(53) https://www.pressnet.or.jp/statement/20230517.pdf

(54) なお、日本新聞協会の同見解では「欧州のように商用利用の制限やオプトアウトが設けられなかったのは、法改正時に、技術開発のための利用は著作物を人が知覚を通じて享受するものではなく、したがって権利者の対価回収の機会を損なう利用には当たらないと整理されたからだ。権利者の利益を害さない以上、オプトアウトなど権利者保護は不要とみなされた」ともされており、将来的にはオプトアウトを可能とする（すなわち、学習を拒否する人の作品は学習してはならないとする）ルールメイキングが示唆される。この場合には「オプトアウトしない人の作品」だけで学習させることにより学習結果が偏ってしまうというリスクをどのように考えるか、および後述するオーバーライド条項とどう異なるかを踏まえて検討すべきだろう。

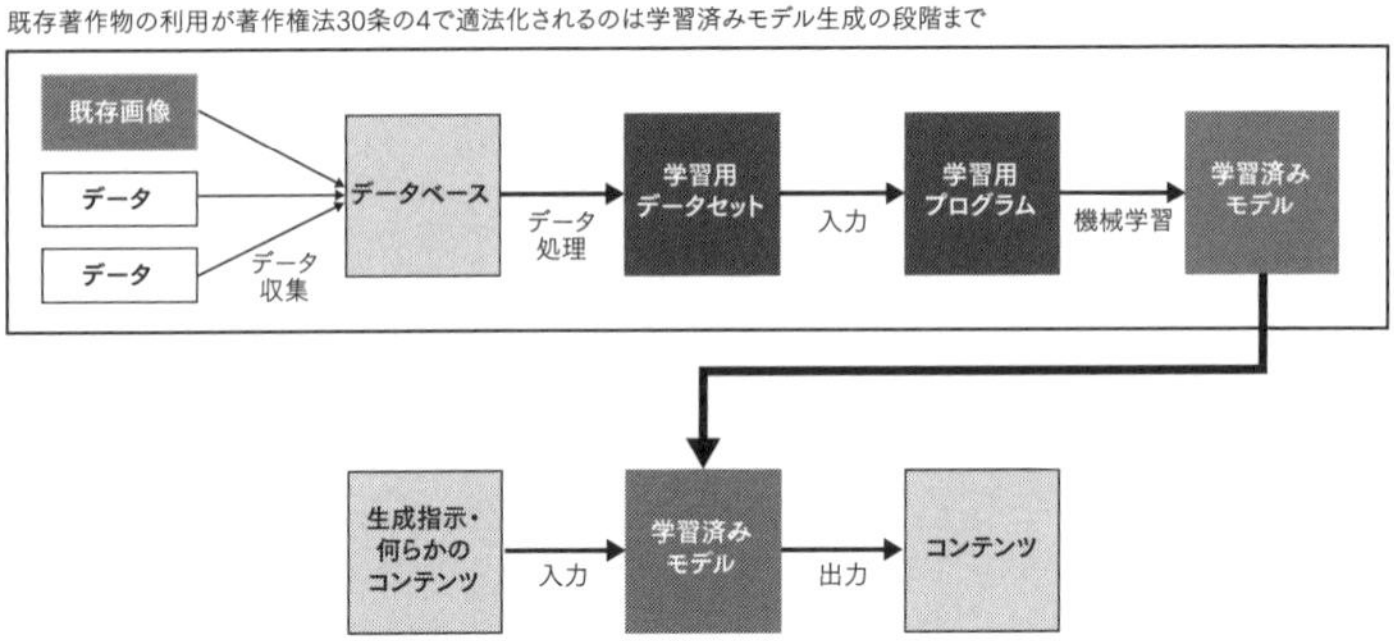

図表２　著作権法30条の４の適用対象
（出典）STORIA 法律事務所ブログ 2023 年４月 16 日「生成 AI の猛烈な進化と著作権制度～技術発展と著作権者の利益のバランスをとるには～」より引用

しかしながら、画像生成ＡＩ技術が懸念を生んでいるのは、まさに出力段階に関してである。そうすると、確かにＡＩ技術のうちの出力段階に関する対応をさらに検討することは必要であろう。しかし、法30条の4はそのような出力段階の問題を扱っておらず、その射程は、学習段階に限定されている。そしてだからこそ、そのような学習の限りで権利を制限する（他人の著作物を学習させてもよいとする）ことは大きな問題はないということで権利者も含めて合意が成立し、法30条の4が立法されたものと理解すべきである。**そのような法30条の4の射程、すなわちそれが学習段階に限られるという観点からは、生成ＡＩによる出力が著作権者の権利義務に影響を与えていることに対する何らかの手当が必要であっても、そこから直ちに法30条の4の改正へ飛びつくのは、やや論理的に飛躍があるように思われる。**

c　現行法の解釈論

では、現行法の解釈によって何らかの合理的な解決を模索することはあり得るだろうか。たとえば、法30条の4柱書本文の「その必要と認められる限度」や柱書ただし書の「当該著作物の種類及び用途並びに当該利用の態様に照らし著作権者の利益を不当に害することとなる場合は、この限りでない」の解釈論、そして法47条の5と比較した場合の法30条の4第2号の解釈によってそれが可能となるかもしれない。

まず、「その必要と認められる限度」という文言の意義は、当該利用の目的から算出された最低限度の範囲での行為を指すとされる[55]。要するに、AI学習などの目的で著作物を利用するのであれば、まさにその目的を実現する上で、必要最低限度の利用にとどめるべきであり、その範囲を超えた利用を正当化するものでない、ということであろう。とはいえ、そもそもある利用が非享受利用となるかは、利用の態様を踏まえて判断されている。すると、むしろ、その具体的な態様が必要と認められる限度を超える場合、それは通常、非享受利用ではないだろう。このように考えれば、非享受利用ではあるものの、その必要と認められる限度を超えるという場面、すなわち本要件に該当

(55)　小倉＝金井編・前掲注(42) 65頁。

する場合というのはかなり限定された局面となり、たとえば、本要件との関係で問題となるのは学習目的と無関係な著作物のデータベースへの記録のような事例ではないか、とする見解がある。(56) そうすると、学習目的と関係する著作物のデータベースへの記録であれば、現行法上「その必要と認められる限度」という要件の解釈で規制する（許諾を得ない限り著作権侵害とする）ことは困難かもしれない。

この点、ＣｈａｔＧＰＴなどの学習、および、それを組み込んだプロダクトのファインチューニングの文脈においては、一見無関係なデータのように見えるものの、実際には関係するデータをデータベースに記録し、学習させる状況が生じ得ることへの留意が必要である。たとえば、契約書分野に向けたファインチューニングをする場合に、契約書以外の著作物を読ませること自体はまったくないとは言えない。すなわち、契約書だけで学習させるとデータが少ないという場合、まずは契約書以外の著作物のデータでトレーニングをした上で、それを踏まえて契約書データを学習させると学習効果が上がるといったような事態があり得るからである。そこで、一見無関係なデータの記録であって「その必要と認められる限度」を超えているように見えても、将来的な学習に向けた計画の内容等を総合的に考慮しなければ、軽々に「その必要と認められる限度」を超えていると断じることはできないだろう。

それでは、法30条の4柱書の「当該著作物の種類及び用途並びに当該利用の態様に照らし著作権者の利益を不当に害することとなる場合は、この限りでない」というただし書についてはどうだろうか[57]。この点について文化庁の「著作権法の一部を改正する法律（平成30年改正）について（解説）」[58]は、まず「本条により権利制限の対象となる行為は、著作権者の利益を通常害するものではないと考えられる」としている。そうすると、本文の要件を満たす限り、ただし書の例外要件を同時に満たす場合は極めて限定的な範囲であろう[59]。

　そのようななかで、それでもただし書が設けられたのは、「技術の進展等により、現在想定されない新たな利用態様が現れる可能性もあること、著作物の利用市場も様々存在することから、本条の権利制限の対象となる行為によって著作権者の利益が不当に害されることがないように」との趣旨だとされている。そこで、「本条ただし書に該当するか否かは、著作権者の著作物の利用市場と衝突するか、あるいは将来における著作物の潜在的販路を阻害するかという観点から、最終的には司法の場で個別具体的に判断されることになる」としている。

　そもそも、さまざまな画像や文章を機械学習の対象として学習済みモデルを構築し、当該学習の

(56) 小倉＝金井編・前掲注(42)65頁。
(57) その活用可能性につき、ＳＯＦＴＩＣ「ソフトウェア等の権利保護に関する調査研究 報告書」<https://www.softic.or.jp/publication/reports/2023/2022-kenrihogo.pdf>2頁〔松尾剛行発言〕を参照。
(58) https://www.bunka.go.jp/seisaku/chosakuken/hokaisei/h30_hokaisei/pdf/r1406693_11.pdf
(59) 改正前から適法な行為は引き続き適法とするという付帯決議から、記録媒体への記録または翻案は解析用データベースの場合のみただし書が適用され得るが、譲渡送信等はそれ以外でもただし書が適用されるとの議論も参照（座談会（加戸ほか）・前掲注(51)20頁〔上野達弘発言〕）。

結果を踏まえて、文章や画像を生成する（当該学習の結果を生成ＡＩにおいて利用する）ことが「現在想定されない新たな利用態様」と言えるのか、むしろ法30条の4制定時にはすでに（少なくとも未必的に）想定されていたのものであったのではないかという疑問がある（もして想定済みであればただし書を適用すべきような、現在想定されない新たな利用態様ではないだろう）。とはいえ、具体的な運用態様によってはただし書が適用される（その結果として、許諾を得なければ著作権侵害とする）余地自体はあると思われる。

最後に、法47条の5第1項柱書本文は、「電子計算機を用いた情報処理により新たな知見又は情報を創出することによつて著作物の利用の促進に資する次の各号に掲げる行為を行う者（……）は、公衆への提供等（……）について、当該各号に掲げる行為の目的上必要と認められる限度において、当該行為に付随して、いずれの方法によるかを問わず、利用（当該公衆提供等著作物のうちその利用に供される部分の占める割合、その利用に供される部分の量、その利用に供される際の表示の精度その他の要素に照らし軽微なものに限る。以下この条において「軽微利用」という。）を行うことができる」とする。つまり、法47条の5第1項各号に掲げる、「電子計算機を用いて、検索により求める情報（以下この号において「検索情報」という。）が記録された著作物の題号又は著作者名、送信可能化された検索情報に係る送信元識別符号（……）その他の検索情報の特定又は所在に関する情報を検索し、及びその結果を提供すること」（第1号、書籍検索サービスを含む）や「電子計算機による情報解析を行い、及びその結果を提供すること」（第2号、剽窃チェックサービスを含む）などの行為に付随して著作物の「軽微利用」を行うことができるというものである。そして、これは前述の3層構造の分析（84頁図表1「報告書における3層の分類」参照）でいう第2層である「著作物の本来的利用には該当せず、権利者に及び得る不利益が軽微なものに止まる」ものである。(60)

法47条の5の想定している状況はまさに享受目的がある場合であって、そうであっても軽微利用の範囲であれば一定の要件の下で認められる。そして、同条の想定する情報解析（法47条の5第1項第2号参照）を行い、その解析結果（享受目的があるもの）を提供する場合には、軽微利用しかできないわけであるから、法30条の4第2号の解釈においても、その学習段階ですでにその後の享受目的がある結果提供のために情報解析を行っている（いわば「通貫」している）のであれば、それはもはや非享受目的ではなく、法30条の4第2号には含まれない、という解釈もあり得る。(61)

文化庁が「例えば、3DCG映像作成のため風景写真から必要な情報を抽出する場合であって、元の風景写真の『表現上の本質的な特徴』を感じ取れるような映像の作成を目的として行う場合は、

(60) 小倉＝金井・前掲注(42)343頁。
(61) 軽微利用のためではない蓄積等は法47条の5ではなく法30条の4など、当該複製等の目的が何かで切り分ける考えは立法当時から存在していた（座談会（加戸守行ほか）「平成30年改正著作権法施行に伴う柔軟な権利制限規定による著作物の利用拡大とこれからの課題（下）」NBL1145号（2019年）32～33頁〔秋山卓也発言〕参照）ことから、その観点からはあり得る解釈である。ここで、奥邨弘司「生成AIと著作権」ELNシンポジウム「AIによる表現物の生成を巡る諸問題」は、学習対象著作物を（一部または全部）出力する（「通貫」する）ならば法47条の5の問題として軽微利用しかできないと指摘するが、結果的にどのような場合に「通貫」すると認定するかが決定的に重要なように思われる。

元の風景写真を享受することも目的に含まれていると考えられることから、このような情報抽出のために著作物を利用する行為は、本条の対象とならないと考えられる」とするのも、このような考え方と整合的である[62]。

d　オーバーライド条項

最後に、いわゆるオーバーライド条項[63]による対応が考えられる。たとえば、ある弁護士が書籍を執筆し、これをオンライン書籍閲覧サービス上でユーザーによる閲覧に供しようと考えたとしよう。しかしこのままでは、そのオンライン書籍閲覧サービスを購読するユーザーがデータを収集して法律相談ＡＩなどを作成するための学習に使われてしまう――。このような場合において、オンライン書籍閲覧サービスの規約で、またはオンライン書籍閲覧サービス上の当該書籍の項目で、「この書籍を閲覧したければ、ＡＩの学習に利用しないことを同意しなさい」といった形で同意をさせ、そのような同意があって初めて利用させる、といったシチュエーションである。このような条項を法30条の4などの条文で適法とされるような利用を禁止する（契約でオーバーライドする）ことから、オーバーライド条項と呼ぶことがあるが、このようなオーバーライド条項を利用することで、権利者と学習をさせたいＡＩ開発者との間の利益のバランスをとることは可能だろうか。

この点、「新たな知財制度上の課題に関する研究会報告書」[64]が示唆を与える。同報告書は、法30

条の4を強行規定と捉えること、すなわち、同条に反する契約を一律に無効と考えることは困難と整理した上で、権利制限規定の趣旨、利用者に与える不利益の程度、著作権者・提供者側の不利益の程度、その他諸般の事情を総合的に考慮し、オーバーライド条項が公序良俗に反すると言えるか否かについて検討を行っている。(65)

これを参考とするならば、まずは、そのような契約が成立しているか、という問題が検討されるだろう。たとえば、「自己の著作物を学習に使うな」という一方的な宣言だけであれば、それに利用者（たとえばオンライン書籍閲覧サービス上のユーザー）は同意しておらず、申込みと承諾の合致がない。そこで、そのような一方的宣言をもって法30条の4で適法されるような行為を禁止する（別途許諾を得ない限り著作権侵害とする）ことはできないだろう。

次に、合意が成立している場合、たとえば、そのようなオーバーライド条項が含まれる利用規約に同意している場合や、書籍を閲覧するにあたり、そのような内容のポップアップが表示され、ユーザーが「同意する」ボタンを押す場合には、具体的な状況（権利制限規定の趣旨、利用者に与える不

(62) ただし、これはあくまでも元の風景写真の翻案物を作ろうとしている場合の話である。一般的な「風景写真」を作ろうとして学習させている場合まで、この議論の射程に入れるべきではないだろう。
(63) SOFTIC・前掲注(57)2頁〔松尾剛行発言〕も参照。
(64) https://www.meti.go.jp/policy/economy/chizai/chiteki/pdf/reiwa3_itaku_designbrand.pdf
(65) 同報告書185～186枚目、末尾に39－40と記載されているもの。

利益の程度、著作権者・提供者側の不利益の程度、その他諸般の事情など）において公序良俗違反で無効とされる可能性は残るとしても、そうでなければ、当該著作物を学習の対象に使うことを禁止することができる。

このように考えると、出力段階についてはさらに解釈論が精緻化されるべきであり、また、立法論としても議論がさらに進展すべきであるが、学習段階においては、まずは権利者としてオーバーライド条項の利用を検討すべきであり、それだけでは対応できないものについて、（出力ではなく学習のみの問題であることを前提に、）法30条の4の解釈論を検討すべきだろう。**それでも解決できない学習段階の問題があるとなった段階で初めて同条の改正を検討するというのが、基本的な検討の順序であるように思われる。**

(3) プロンプト段階

ア　プロンプトとしての著作物投入

リサーチの一環として法律論文の内容を手早く知りたいという場面は少なくないだろう。そこで、ＣｈａｔＧＰＴに論文の内容を要約させるために、ＣｈａｔＧＰＴにプロンプトとして当該論文を複製して投入することは、当該論文の著作権者の著作権を侵害するのだろうか。この点は、（直接的な学習の場面ではないものの）ＡＩにデータを投入して「情報解析」（法30条の4第2項）をさせる場合だとして、法30条の4によって適法とされる可能性がある。

ＣｈａｔＧＰＴのような文脈ではなく、主に画像生成ＡＩを想定して、当該行為が自分や他人などの人間に「享受」させることを目的とするものかどうかが問題になるとする見解がある。すなわち、「自分の好きなキャラクターの画像を生成することを狙って、そのキャラクターの画像や名前の文章をプロンプトに入れる場合」には、人間に享受させる目的がある（つまり、非享受利用ではない）と判断される可能性があり、プロンプトの入力内容次第では、「著作権者の利益を不当に害する場合」にあたる場合もあるという[66]。

しかし、「人間に享受させる目的」の解釈はなかなか難しいところである。プロンプトは、直接にはＡＩに入力され、それを踏まえてＣｈａｔＧＰＴが回答を生成しているわけであるから、「ＣｈａｔＧＰＴの回答」自体は人間が享受しているとしても、**ＡＩに入力されたプロンプトそのもの**を人間が享受したと言えるのだろうか。これについてはさらに議論が必要なように思われる。

この点、ＡＩに学習させる過程で他人の作品を入力することになる。そして、このような学習過程における入力というのは、最終的に学習済みモデルから出力された何らかの画像や文章を人間が

(66) 福岡・前掲注(41)。

享受することが想定されているにもかかわらず、(前記の法47条の5との関係で問題があるとされる、「通貫」している場合を除けば) 通常は、学習のための入力自体をもって「享受」目的があるとは考えられていない(そしてだからこそ前述の法30条の4の議論がされている)。このことからは、たとえば論文の要約という出力結果を人間が享受しているからといってプロンプトとしての論文の利用に「享受」目的があるとは言えない、という議論はあり得るだろう。

もっとも学習の場合には、典型的には《学習→学習済みモデル生成→プロンプト入力→AIによる処理→出力》という過程があるところ、プロンプト入力の場合はこのような過程のうち後半の《プロンプト入力→AIによる処理→出力》部分だけで、より出力過程に近いため典型的な学習の場合と異なる、という議論も考えられる。

加えて、あくまでもひとつの論文といった少数の著作物その他の少量の情報を利用しているにすぎず、法40条の3第2号括弧書きにおける「多数の著作物その他の大量の情報から」という要件を欠く可能性もある。(67)

なお、「著作権者の利益を不当に害することとなる場合」については(2)イcを参照されたい。

イ　プロンプトの著作物性

プロンプトそれ自体は「表現」ではなく単なるアイデアとするものがある。(68) 確かに、画像生成A

Ｉで「こういう画像が欲しい」というだけのものは著作物性がなさそうである。しかし、そこでいう「こういう画像」が極めて詳細になされれば、それによって著作物性が生まれるかもしれない。

また、たとえば、論文の筆者が、論文を雑誌編集部に提出するにあたり、要約（アブストラクト）をつける必要があるので、自分の論文をプロンプトとしてＣｈａｔＧＰＴに入力して要約させるという場合、プロンプトたる論文自体が著作物であることに争いはない（つまり、それまで著作物性に争いがなかった論文が、それがプロンプトとしてＡＩに投入されただけで、その瞬間に著作物性が消滅すると論じる人はいない）ように思われる。

要するに、プロンプトだから著作物ではない、という議論ではなく、そのプロンプトがどういうものかを踏まえて、いわゆるアイデア・表現二分論等に基づいてその著作物性を個別に判断する必要があるだろう。

---

(67) ただし、それ以前の学習＋プロンプトを合わせれば「多数」だという解釈もあり得るだろう。
(68) 田中浩之ほか『ＣｈａｔＧＰＴの法律』（中央経済社・２０２３年）74頁〔辛川力太・佐藤健太郎執筆部分〕。

（4）出力段階

ア　より激しく議論がされている出力段階

議論がより激しいのは出力段階であろう。たとえば、画像生成AIの文脈においては、学習に利用したと思われる画像とそっくりの画像が出力される問題や、プロンプトとして利用したと思われる画像とほぼ同じ画像が出力される問題（いわゆるi2iの場合）[69]などが存在する。そこで、そのような状況を踏まえると、少なくとも当該出力段階における画像が元の著作物の複製物または二次著作物等として元の著作物の著作権者が権利を持つ場合がある（その結果、無断でこれを複製・送信等することが元の著作物の著作権者の権利を侵害する）のではないか、という議論がなされている。

本書は画像生成AIについて議論するものではないので、画像生成AIに関する議論を参照はするものの、その議論そのものには直接入り込まず、ChatGPTで問題となる範囲のみを検討したい。まずは、ユーザー自身が著作権を持つかを検討し、次にオープンAI社その他ベンダとの関係を検討した上で、最後に第三者、典型的には学習やプロンプトに利用された著作物の権利者との関係を検討していこう。

イ　ユーザー自身が著作権を持つか

「こういう文章を作ってくれ」と頼めば、ＣｈａｔＧＰＴはそのような文章を作成する。この場合に、作成された文章についてユーザーは著作権を持つのか。一律に持たないという見解もあるが、そこまで簡単ではない。

基本的には「創作的寄与をしたのは誰か」という問題が重要である。この点については、１９９３年にはすでに、著作権審議会において以下のとおり論じられていた。すなわち「コンピュータ創作物に著作物性が認められる場合、その著作者は具体的な結果物の作成に創作的に寄与した者と考えられるが、通常の場合、それは、コンピュータ・システムの使用者であると考えられる。ただし、使用者が単なる操作者であるにとどまり、何ら創作的寄与が認められない場合には、当該使用者は著作者とはなり得ない。どのような場合に使用者が創作的寄与を行ったと評価でき、又は単なる操作者にとどまるかについては、個々の事例に応じて判断せざる得ないが、一般に使用者の行為には入力段階のみならず、その後の段階においても対話形式などにより各種の処理を行い、最終的に一定の出力がなされたものを選択して作品として固定するという段階があり、これらの一連の

(69)　Image to image の略。

過程を総合的に評価する必要がある」。[70]

このように、この問題は一見新しいようで古い問題なのである。その前提で以下、簡単に説明していこう。

法2条2項1号は著作物を、「思想又は感情を創作的に表現したものであって、文芸、学術、美術又は音楽の範囲に属するものをいう。」と定義している。「思想または感情」、つまり人間の思想・感情が、「創作的に表現」される、つまりその個性が発露されている必要がある。[71]これに加え、文芸、学術、美術または音楽の範囲の表現である必要もある。そして、人工知能が自律的に生成した生成物(AI創作物)は、思想又は感情を表現したものではない。すなわち、単純に「謝罪メールを書いてくれ」と指示しただけであれば、ChatGPTによって作成された謝罪メールなどには人間の思想感情が含まれるとは言えず、また、ユーザーは創作的寄与をしているとは言えないだろう。[72]

しかし、たとえばChatGPTを利用してユーザーが作った書面を校正するといったことであれば、まさにChatGPTは手直しをしただけであって、校正後の書面についてもなおユーザーに創作的寄与があり、ユーザの思想や感情を反映したユーザーの著作物だと言える可能性が高いように思われる(元の書面が著作物である場合において、ChatGPTの校正を挟んだ瞬間に著作物性が消滅するのはおかしい)。要するに、どの程度のものをプロンプトとして入れれば、それをもって単なるアイデアを超えた思想・感情まで入れたとされるのかの問題であろう。[73]この点は、画像生成

ＡＩと比較してＣｈａｔＧＰＴのような文章生成ＡＩの方がプロンプトによるコントロールが利きやすい、つまり、具体的な生成物の個々の表現についてユーザーがプロンプトを通じて創作的寄与をした結果と言いやすい、という評価が可能だろう(74)。

なお、ＣｈａｔＧＰＴの回答を踏まえてユーザーが修正をするなど、ＡＩ出力後におけるユーザーの利用過程で新たに創作的寄与が付与され、当該修正部分についてユーザーが著作権を得ることもあるだろう。

---

(70) 著作権審議会第９小委員会（コンピュータ創作物関係）報告書 <https://www.cric.or.jp/db/report/h5_11_2/h5_11_2_main.html#3_1>。

(71) この点は、人工知能がデジタルカメラ的に使われれば認められる可能性もあるとする奥邨弘司「講演録　著作権法》THE NEXT GENERATION：著作権の世界の特異点は近いか」コピライト６６６号（２０１６年）12頁も参照。

(72) なお、「画像生成ＡＩの場合であれば、自分の意図通りに高画質の画像を生成するために、１　詳細かつ長いプロンプトを入力して画像を生成した場合、２　プロンプト自体の長さや構成要素を複数回試行錯誤する場合、３　同じプロンプトを何度も入力して複数の画像を生成し、その中から好みの画像をピックアップする場合、４　自動生成された画像に人間がさらに加筆・修正をした場合などは『創作的寄与』があるとして、それらの行為を行った人間を著作者として著作権が発生することになる」とする見解（日本ディープラーニング協会「生成ＡＩの利用ガイドライン」<https://www.jdla.org/document/#ai-guideline>）もあるが、もし人間が画家に依頼した場合と人間が画像生成ＡＩに「依頼」した場合についてパラレルに考えればこの結論とは異なる結論に至ると思われる。そして、人間の画家への依頼とＡＩへの依頼の違いは、人間の画家に１０００回同じ絵を描いてくれと依頼するのは非現実的だが、ＡＩなら１０００回でも1万回でも同じ依頼に基づいて描くという部分であり、これをどう考えるかでパラレルに考えるべきかが変わるように思われる。なお、漫然と選択するのではなく、人間が自身の考えや思いを踏まえて個性を発揮するような形で取捨選択するのであれば寄与性があるとする奥邨弘司「人工知能生成コンテンツは著作権で保護されるか」電子情報通信学会誌１０２巻３号（２０１９年）２５６頁も参照。

(73) 奥邨弘司「技術革新と著作権法制のメビウスの輪（８）」コピライト７０２号（２０１９年）６頁参照。

(74) とはいえ、ControlNetと言われる技術で構図やポーズを固定するなど、画像生成ＡＩにおいても、このコントロールを利かせる部分について急速な技術発展があることについては付言しておきたい。

ウ　オープンＡＩ社その他のベンダとの関係

そもそもオープンＡＩ社その他のベンダとの関係で、ＣｈａｔＧＰＴが出力した回答内容を何らかの形で利用することは、当該ベンダの権利を侵害しないのだろうか。

これについてオープンＡＩ社は、その規約で出力結果について権利を行使しないとしている。次のようなものである（ＣｈａｔＧＰＴによる参考訳の語尾等を若干整序した）。

> オープンＡＩは、ＡＰＩによってあなたやあなたのエンドユーザーのために生成されたコンテンツに対して著作権を主張しません。(75)
>
> あなたはサービスへの入力（"Input"）を提供し、その入力に基づいてサービスが生成し返す出力（"Output"）を受け取ることができます。入力と出力はまとめて「コンテンツ」（"Content"）と呼ばれます。関係者間で、適用可能な法律が許す範囲で、あなたはすべての入力を所有します。これらの利用規約に従うことを条件に、オープンＡＩはあなたに対して出力に関するすべての権利、権利義務、利益を譲渡します。これは、これらの利用規約を順守する場合、あなたがコンテンツを販売や公表などの商用目的を含むあらゆる目的で使用できることを意味します。オープンＡＩは、サービスの提供と維持、適用可能な法律の遵守、および私たちのポリシーの施行のためにコンテンツを使用すること

ができます。あなたはコンテンツに対する責任を負い、それが適用可能な法律やこれらの利用規約に違反しないようにすることが求められます。(76)

また、プロダクトにChatGPTを組み込んだベンダについては各ベンダの利用規約によるが、少なくともリーガルテック業界における多くのベンダは、たとえば契約分野であれば契約業務など、当該プロダクトの利用において想定されている業務のためにユーザーが生成物を利用することを制限するつもりはなさそうである。

エ　第三者との関係

最も激しく争われているのは既存著作物について著作権を有する第三者との関係である。確かにChatGPTは、第三者が作成した文章とそっくりな文章を出力することがある。たとえば、弁護士AがChatGPTに法律相談をしたところ、当該質問とまったく同じ質問に対する弁護士Bによる回答がインターネット上に存在し、ChatGPTがその回答と一字一句同じ回答やほぼ同様の回答を出力するという事象が考えられる。その場合に、弁護士AがChatGPTの回答をコ

(75) https://openai.com/policies/terms-of-use
(76) https://help.openai.com/en/articles/5008634-will-openai-claim-copyright-over-what-outputs-i-generate-with-the-api

ピーしてインターネット上に公開した場合において、弁護士Bがそれを発見してトラブルになるという状況は、容易に想定される。この場合に、弁護士Bは弁護士Aに対して著作権侵害（複製権侵害、翻案権侵害および公衆送信権侵害等）を主張できるだろうか。

著作権侵害が成立するためには、たとえば、複製権・翻案権侵害であれば、類似性の問題[77]に加え、依拠性――他人の著作物に接し、これを自己の作品の中に用いること――が必要とされる。[78]そして、人間の著作物の依拠性については、類似性からして依拠していないはずがないという認定ができる場合があった。[79]問題は、AIとの関係で誰（AIの学習過程の問題および／またはユーザー）についてどのような参照・接触等があれば依拠性を認めるべきか、などである。[80]

そして、AI生成作品に関する依拠性の有無については、従前から論点とされてきたところである。たとえば、知的財産戦略本部「次世代知財システム検討委員会報告書～デジタル・ネットワーク化に対応する次世代知財システム構築に向けて～」[81]は、「人工知能が参照あるいは学習したビッグデータの中に原告作品が入っていれば直ちに『依拠』と言えるかについては議論の余地がある。AI創作物の実用化の動向や具体的な紛争事例なども踏まえつつ、AI創作物の『依拠性』のあり方について検討が必要になる」とし、さらに同本部「新たな情報財検討委員会報告書」[82]は、いわゆる議論併記の形で、次のような指摘を併記した上で、「AIの技術の変化は非常に激しく、問題となった具体的な事例が多くない状況では、人間の創作を前提とした従来の依拠の考え方をAIの創作の場合に当てはめて良いのか更に検討を進めることが必要であり、現時点で、具体的な方向性を決めることは難しい」と結論づけている。

---

(77) この点は、ＡＩ生成作品以外の文脈ですでに議論されており、原著作物の表現上の本質的な特徴を直接感得できることとした上で、利用者による創作的表現を付加していなければ複製となるし、付加していれば翻案となり、利用はしていても原作品の表現上の本質的な特徴を直接感得できない程度まで改変（換骨奪胎）していれば別個の著作物となり侵害とはならないと整理するものがある（中山信弘『著作権法〔第３版〕』（有斐閣・２０２０年）７１６～７１７頁）。画像生成ＡＩにおいては、この判断は非常に重要であるものの、ＣｈａｔＧＰＴの文脈において少なくとも現時点でこの判断が極めて重要なものとして議論されているようには思われず、むしろ従来の裁判例の蓄積を利用できるようにも思われることから、ここでは原著作物の表現上の本質的な特徴を直接感得できることの意義については詳論しないこととする。

(78) 同前７０９頁。

(79) 同前７１４頁

(80) 人間は、他人の作品を学習した上で、それをそのままコピーするのではなく、自分なりに噛み砕いて、その上で新たな作品を生成するところ、ＡＩも他人の作品を学習してパラメータにしてそれに基づいて新たな作品を生成するという点では類似する。とはいえ、人間が他人の作品をうまく咀嚼して新作品を生成することができず、知っている作品の本質的特徴を直接感得できる作品を生成してしまえば、知っているということで依拠性が認められて著作権侵害となる。これとパラレルに考えると、（パラメーターにしていたとしても）その作品が学習対象となっている以上、一度当該学習対象作品の本質的特徴を直接感得できる作品を生成してしまえば著作権侵害となりかねないが、それが妥当か、特に、人間であれば接することのできる作品は有限で、無名の作品を知らずにたまたま似てしまったという抗弁は成立し得るが、ＡＩが莫大な量の作品を学習している以上、学習対象というだけで直ちに依拠を認めればかなり広く著作権侵害が認められて不当ではないか、という点がひとつの問題意識であろう。加えて、ユーザーが知っているかということを問題とするのは、たとえばユーザーがプロンプトとしてまさにその依拠対象たる他人の作品を入力していれば、それが学習対象ではなくても依拠性を認めるべきではないかといった問題意識と理解されるが、ユーザーがその知っている他人の作品を特定しないプロンプトを入力したらたまたま、ユーザーが知っている他人の作品の本質的特徴を直接感得できる作品が生成された、というだけで依拠性を認めるのもどうか、という問題意識があるだろう。

(81) https://www.kantei.go.jp/jp/singi/titeki2/tyousakai/kensho_hyoka_kikaku/2016/jisedai_tizai/hokokusho.pdf（引用部分は28頁）

(82) https://www.kantei.go.jp/jp/singi/titeki2/tyousakai/kensho_hyoka_kikaku/2017/johozai/houkokusho.pdf（引用部分は37頁）

・著作物が学習済みモデル内に創作的な表現の形でデータとしてそのまま保持されている場合は依拠を認めるべき

・そのまま保持されていなくとも学習用データに含まれている等の元の著作物へのアクセスがあれば依拠を認めてもよく、侵害の成否については類似性のみで判断すればよい

・著作物が創作的表現としてではなくパラメータとして抽象化・断片化されている場合等は、アイデアを利用しているにすぎず依拠を認めるべきではないのではないか

・人間の創作における依拠とパラレルに考えた場合、仮に著作物へのアクセスがあれば依拠があると認めてしまうと、著作権法上の独自創作の抗弁が機能しなくなり、表現の自由空間が狭まるおそれもある

学説も見てみよう(83)。

まず、①大量の偏りのないデータを利用し、機械学習技術を用いて生成された汎用的なＡＩを利用して、かつ、②他人の著作物を入力していない、あるいは他人の著作物を入力している場合でもその翻案物が出力されていない場合には依拠性はないと説明する見解が公表されている(84)（なお、この議論は、そもそも学習用データたる特定の著作物の表現上の本質的特徴を直接感得することができる生

成物が生成された場合が前提となっていると理解される）。この見解による限り、当該ＡＩが偏りなく学習している限り、弁護士Ａはプロンプトとしては特に（弁護士Ｂの）著作物を入力していないことから、右事案において弁護士Ａは弁護士Ｂの著作権を侵害していないように思われる。

以下、この見解について検討していくが、この見解は、①で学習を経由した依拠を検討し、②でプロンプトを経由した依拠を検討していると理解される。

まず、①偏りがないとの趣旨は不明確ではあるものの「ある特定の著作物の表現上の本質的特徴を直接感得することができるデータのみで学習していない」という趣旨と理解される。そうであれば、たとえば「ドラえもん」の画像を生成したいとして、「ドラえもん」の画像だけを学習させ、その表現上の本質的特徴を学ばせるならば偏りがあるとなるものの、「弘文堂の書籍のみを学習させたＡＩ」や「法律書籍のみを学習させたＡＩ」であれば偏りがない、ということになるのだろう。

とはいえ、特定の作者の「画風」「作風」を学習させるため、（特定の著作物の表現上の特徴が表れているデータに限らず）同一作者の多くの種類の作品を学習させる場合（右のドラえもんの事例で言えば、藤子・Ｆ・不二雄の作風・画風を学習させるため、オバケのＱ太郎、パーマン、21エモン、ドラえ

(83)　その他、「ユーザがプロンプトとして他人の画像などの著作物を利用した場合には、依拠が認められることは明らか」とする福岡・前掲注(41)も参照。
(84)　ＳＴＯＲＩＡ法律事務所ブログ・前掲注(41)。

もん、キテレツ大百科、エスパー魔美およびチンプイなどを学習させる場合が挙げられるだろう）には、この議論からは「偏りがない」と判断されるものと思われる。このような、ＡＩに学習をさせる者の意図として画風・作風を学習させようとした場合について、結果的に画風・作風のレベルを超えて表現上の本質的特徴を感得できる作品を出力してしまった場合に、本当に常に免責対象としてよいのかという点は、議論があり得るだろう。

次に、②について言うと、まず、画像生成ＡＩではプロンプトが（それそのものは著作物ではないと思われる）「言葉」（たとえば特定のキャラクター名）であってもそのキャラクターの具体的な画像を生成することがある（いわゆるｔ２ｉ[85]）。そのようなシチュエーションについて依拠性がないのか、むしろユーザーとして依拠をする意図で出力をしようとしているのではないかといったことについても、検討すべきであろう。また、プロンプトとしての入力について「他人の著作物を入力していない」かつ「他人の著作物を入力している場合でもその翻案物が出力されていない場合」というのは、プロンプトと出力された著作物の間に依拠がないという趣旨と理解されるが、たとえば「どんなプロンプトを入れてもそのプロンプトに近づけたドラえもんの絵が出てくる（たとえば「ヤカン」と入れるとヤカンを持ったドラえもんの絵が、「しずかちゃん」と入れるとしずかちゃんのコスプレをしたドラえもんの絵が出てくる）という場合に、プロンプトを経由した依拠がないとしても、学習を経由した依拠を考える余地がないかも問題となる（ただしこの後者の点は、前記①の学習を経由した依拠に関する要件に対する批判で議論がすでに尽きているかもしれない）。

その観点からは、この2要件を提唱することで何らかの合理的な白黒の切り分けをしたい、という意図はよく理解できるものの、その切り分けラインとして、右の2要件が優れたものかについては疑問が残るだろう。

このような見解のほかに、生成を行ったユーザーの主観をベースに依拠を判断する考えもあり得る。たとえば、「ドラえもん」を出力せよと言えば、それはそのユーザーがドラえもんを知っている前提で出力を求めているので依拠性がある、というものである、しかし――i2iと異なり――特にプロンプトを文章で入れているt2i(86)の場合には、ユーザーの寄与が小さいことも多く、たとえば「ロボット猫」とのプロンプトでドラえもんの画像が出た場合に、たまたまユーザーがドラえもんを知っていればそれだけで依拠性が生じるのか、すなわちユーザーの主観が決定的なのかというような問題もある。加えて、仮にユーザーが著作物を知っているとしても、「藤子・F・不二雄風」といった形で作風だけを利用せよという趣旨でプロンプトを入れた場合に、結果的に類似性まで到る画像が出力されただけで依拠があるとされるべきかも、疑問がある。

さらに、学習過程において特定のテキスト（たとえば「ドラえもん」）と特定の表現（たとえば「ド

(85) Text to image の意味。
(86) 以下では柿沼太一先生とブレストをさせていただいた際のアイデアを参照させていただいているが、誤りはすべて筆者の責任である。

ラえもんの画像」）をタグ付け等を通じて強固に結びつけた上で、その特定のテキストをプロンプトとして入れれば著作権侵害となるという考え方もある。この考え方は、タグ付けという機械学習の過程を考慮に入れているという意味で傾聴に値する。もっとも、そもそも学習後に「ドラえもん」の画像を出力させようとしてそこに「ドラえもん」のタグをつけて学習させているのであれば、前記の法47条の5の解釈からは享受目的を持った情報解析であり、法30条の4の範囲外であるから学習過程の複製そのものが著作権侵害だという議論もあるように思われ、これを学習段階の問題としてではなく出力段階の問題として考えることが適切かは、さらに検討すべきである(87)。

この点、入力と出力に着目しつつ、さまざまな事情を考慮して、常識的・経験的に答えを出すしかないとする学説(88)もあるが、その前提は、人工知能は「見える化」がかなり可能で、依拠の有無を直接証明できる可能性が高まるというものであると思われるところ(89)、本当に直接証明できるのかは疑問が残る。

本章冒頭で、スナップショットにすぎないと述べたとおり、本書執筆時点はまさにこの論点について盛んに論じられているタイミングであり、結論はまだ出ていないと言わざるを得ない。そこで、弁護士Aと弁護士Bのケースに立ち戻るならば、弁護士Aが弁護士Bの著作権を侵害しているという結論になる可能性も否定できないだろう。

オ　侵害者の認定(90)

仮に、一部のユーザーがＣｈａｔＧＰＴを利用して生成した作品が第三者の著作権を侵害したとしよう。この場合におけるオープンＡＩ社の著作権法違反の有無をどう考えるべきだろうか。前記の弁護士Ａによる法律相談回答出力行為が仮に弁護士Ｂの著作権（複製権、翻案権など）を侵害している場合において、弁護士Ａのみが責任を負うのか、オープンＡＩ社もまた責任を負うのかという問題である。

前述の「新たな情報財検討委員会報告書」は、「仮に依拠及び類似性が認められ、著作物の権利を侵害するとした場合、権利侵害の責任は誰が負うのか、利用者か学習済みモデルの作成者なのかという問題が生ずる可能性がある」とする。(91)つまり、前記事例でかかる著作権侵害についてオープンＡＩ社が責任を負う可能性がゼロではないということである。

---

(87)　そして学習段階の問題であって、入力のための複製の段階ですでに複製権侵害だと考えると、結果的に元の作品の表現の本質的特徴を直接感得できる作品が出力されれば、まさに再度違法に複製をしただけとして、当該タグと同じ内容をプロンプトとして入れなくても、著作権侵害となり得るように思われる。

(88)　奥邨・前掲注(72)10頁。なお、奥邨弘司「人工知能成果物と知的財産権」ジュリスト１５１１号（２０１７年）58頁も参照。

(89)　奥邨弘司「人工知能が生み出したコンテンツと著作権」パテント70巻2号（２０１７年）17頁。

(90)　なお、これと異なりアドビは、Adobe Fireflyを利用した場合の著作権侵害リスクはアドビが負う（補償する）、というスタンスをとっており、このようなケースも――法律ではなくビジネス判断の話ではあるものの――参考になる <https://www.adobe.com/jp/news-room/news/202306/20230608_firely-and-express-to-enterprises.html>。

(91)　「新たな情報財検討委員会報告書」37頁。

この問題を考える上では、いわゆる侵害主体の問題に関するさまざまな判例や裁判例が問題となる。[92]筆者としては、暫定的とはいえ比較的参考になるのはWinny事件決定であり、その射程がChatGPTの事案にどこまで及ぶかが重要であると考える。この事案では、適法な用途にも利用できるものの結果的には著作権侵害のための違法な用途に一定以上利用されたP2Pのファイル共有ソフトウェアであるWinnyについて、その開発者が著作権侵害罪の幇助犯を理由に刑事罰に問われるか否かが問題となった。そして、同事件の最高裁決定[93]は概ね以下の判示をする。

> 単に他人の著作権侵害に利用される一般的可能性があり、それを提供者において認識、認容しつつ当該ソフトの公開、提供をし、それを用いて著作権侵害が行われたというだけで、直ちに著作権侵害の幇助行為に当たると解すべきではない。かかるソフトの提供行為について、幇助犯が成立するためには、一般的可能性を超える具体的な侵害利用状況が必要であり、また、そのことを提供者においても認識、認容していることを要するというべきである。

要するに、Winnyというソフトは確かに、一般論として他人の著作権がある作品の共有に利用され、著作権侵害に利用されてしまう可能性のあるものであったものの、それをソフトウェア提供者が認識・認容していたというだけで、直ちに著作権侵害の幇助行為にあたると解すべきではないとしている。そうではなく、一般的可能性を超える具体的な著作権等侵害のための利用状況が必要であって、かつ、それだけではなく主観面としてもソフトウェア提供者がそのような一般的可能性を超える具体的な著作権等侵害のための利用状況を認識・認容していなければならない、というのである。このような議論を踏まえ、最高裁は以下のように述べた。

すなわち、ソフトの提供者において、当該ソフトを利用して現に行われようとしている具体的な著作権侵害を認識、認容しながら、その公開、提供を行い、実際に当該著作権侵害が行われた場合や、当該ソフトの性質、その客観的利用状況、提供方法などに照らし、同ソフトを入手する者のうち例外的とはいえない範囲の者が同ソフトを著作権侵害に利用する蓋然性が高いと認められる場合で、提供者もそのことを認識、認容しながら同ソフトの公開、提供を行い、実際にそれを用いて著作権侵害（正犯行為）が行われたときに限り、当該ソフトの公開、提供行為がそれらの著作権侵害の幇助行為に当たると解するのが相当である。

すなわち、例外的な少数者が当該ソフトを利用して著作権侵害をしていてそれを提供者が認識・

(92) 侵害主体につき、松尾・前掲注（5）第5章第2節4(2)を参照。
(93) 最決平成23年12月19日刑集65巻9号1380頁。

認容しても、提供者は責任（幇助犯としての刑事責任）を問われない。そうではなく、同ソフトを入手する者のうち例外的とは言えない範囲の者が同ソフトを著作権侵害に利用する蓋然性が高いと認められる場合で、提供者もそのことを認識・認容しながら同ソフトの公開・提供を行い、実際にソフトを用いた著作権侵害が行われて初めて、提供者は責任（幇助犯としての刑事責任）を問われるのである。

この最高裁決定の判断の内容や射程については議論があるだろう。もっとも、ＣｈａｔＧＰＴは、さまざまな方法での利用が可能であるところ、たとえば、筆者は著作権侵害と指摘されないような形で多くのＣｈａｔＧＰＴ活用を実践している（第４章参照）し、各社がＣｈａｔＧＰＴの業務利用のため、社内ルールを制定し始めているが（第４章参照）、基本的には社内ルールを守っていれば著作権侵害のおそれはほとんどない。そうすると、Ｗｉｎｎｙと比較しても、ＣｈａｔＧＰＴの方が著作権侵害が少なく、あったとしても例外的だとして、オープンＡＩ社の責任が問われにくいと言えるかもしれない。ただし、これはＷｉｎｎｙ決定の内容や射程についての解釈および利用実態によるところであろう。

（５）以上を踏まえた実務対応

ＣｈａｔＧＰＴを実務で利用する上で著作権侵害を避ける工夫としては、①**他人が著作権を有す**

る著作物をプロンプトとして入力することはできるだけ控える、②出力結果については、できるだけ根拠を示すタイプのもの（BingAI、Bard、ChatGPTのWebブラウジング）を利用した上で、その根拠と比較対照した上で、安全かどうかを自ら判断して利用するといった対応が考えられるだろう。もっとも、そもそも法律分野において頻繁に利用される契約雛形などは著作物性が否定される可能性もあり、生成ＡＩだということで著作権のリスクについて画像生成ＡＩと一緒くたに議論すべきではない。むしろ、分野ごとのリスクの高低を踏まえて対応すべきであろう。

なお、前記事例の弁護士Ａとしてどのようにリスクを減らすかという観点で言えば、万が一弁護士Ｂから、自分の回答と同じだといったような指摘がされたとしても、少なくとも最初からＣｈａｔＧＰＴを利用した旨を適切に注記していれば、(94)「これは当初よりＣｈａｔＧＰＴから出力した回答だと説明しているように、かかる結果になったのはＣｈａｔＧＰＴがそのような結果を出力したためであるところ、結果的に弁護士Ｂの回答と同じ内容になっているのは遺憾である」ということで一定の説明になる余地はあると思われる。(95)

(94) 筆者のＣｈａｔＧＰＴ利用の断り書きにつき「ＣｈａｔＧＰＴ・ＡＩ時代における法務部門の暗黙知～ＣｈａｔＧＰＴの法務分野における利用に関する暗黙知の研究の一環として～」ｎｏｔｅ（２０２３年３月26日）<https://note.com/matsuo1984/n/n3dc5b3692e08>参照。

(95) ただし、前記事例の弁護士Aとしては、「著作権侵害ではない」と突っぱねるだけで本当によいのかという問題意識から、実務上そのように説明して悪意はないと理解を求めた上で削除をするという判断をすべき場合もあるだろう。また、将来的にはＡＩの回答が他人の回答の引き写しではないかを確認することが「ベストプラクティス」となり、そのような確認を怠ったとして非難される場合もあるだろう。

もっとも、本当は弁護士Bの回答をコピペしていたにもかかわらず、紛争になってから「実はChatGPTで生成した」という嘘をつく[96]人が出現する可能性は否定できない[97]。また、極めて短いものであればともかく、たとえば1000字程度の長めの文章がChatGPTによって一字一句違わずに生成される可能性は低い[98]。そうすると、文章が長ければ長いほど、そもそもChatGPTで生成したというのは「嘘」ではないか、と思われやすいとは言えるだろう。そのように争われる状況を想定すると、最低限、チャット履歴をオンにする、（後述の秘密保護の観点からチャット履歴をオフにするなら）スクリーンショットを撮って保存するなど、何らかの形でそれが本当にChatGPTで出力されたことを証明できるようにしておくことが望ましいと思われる。これに加え、弁護士のようなプロフェッショナルであれば、自分の回答がChatGPTを超えるレベルのものだということを示すため、ChatGPTの回答を参考にするとしても何らかの自分なりのプラスアルファを付け加えることが望ましいと個人的には考えるが、この考えが将来受け入れられるかは、2024年以降の実務の進展を待ちたい。

4　ChatGPTと不正競争防止法・秘密管理(99)

(1) 問題の所在

より高度な処理をするなどの目的でAIに機密情報を入力することが自社の営業秘密その他の秘密情報の流出につながるおそれがあり、他社から秘密保持契約等に基づき受領した秘密情報の「第三者への開示」となるおそれがある——。こうした問題はこれまでもAI一般において指摘されてきたところである。そしてChatGPTにおいても、こうした問題は生じ得る。たとえば、プログラマーがエラーになったコードをChatGPTに入れてエラーの原因を質問したために、秘密情報である当該コードが漏洩するなど、ChatGPTではそのような漏洩が想定されるシチュエー

(96)　その結果注90のアドビの例ではアドビに責任を追及するかもしれない。
(97)　AIを利用した差別の文脈であるが、人間が差別したのに「AI様がこの結果を導き出した」と嘘をつくのも、重要なAIを利用した差別の一類型である（成原慧＝松尾剛行「AIによる差別と公平性—金融分野を題材に」季刊個人金融2023年冬号 <https://www.yu-cho-f.jp/wp-content/uploads/2023winter_articles02.pdf>）。
(98)　少なくとも日本語の出力結果を前提とすると、ChatGPT出力結果の30文字程度を鉤括弧で括ってグーグル検索に投入しても、一字一句同じものはないとされることが多いように思われる。
(99)　以下は田中ほか・前掲注(68)132頁以下〔清水音輝執筆部分〕を参照している。

ションは多く、実際にも韓国サムスン社の漏洩事件などが発生している。[100]

もちろん、**1**で述べたとおり、営業秘密を投入してよいかといった問題に関してはかつてクラウドをめぐって同様の状況が生じており、ＣｈａｔＧＰＴという技術の社会受容性の問題とも言えるだろう。その意味で、将来的にはＣｈａｔＧＰＴが社会的に受容され、（一定の要件の下で）秘密情報を入れても大丈夫だとされる可能性はある。ともあれ以下では、ＣｈａｔＧＰＴを取り巻く秘密情報の流出に関する法的問題について２０２３年時点の解釈論を検討していきたい。

（2）自社内の問題（営業秘密等）

ア　営業秘密の要件

自社内の情報との関係では、不正競争防止法2条6項の「営業秘密」が問題となる。いまだ公然と知られていない情報であるか（非公知性）、当該企業の活動上の有用性を持つものであるか（有用性）、および当該情報が当該企業において明確な形で秘密として管理されているか（秘密管理性）という3点を満たすことが営業秘密として保護される要件となるところ、ＣｈａｔＧＰＴに当該秘密情報を入力してしまうとこれらの要件を満たさなくなるのではないか、という問題がある。[101]

イ　非公知性

ＣｈａｔＧＰＴのとりわけＷｅｂ版では、何もオプトアウトしなければ（オプトアウトの方法は後述する）、入力データをＣｈａｔＧＰＴに学習させることを認めることになる。これが意味するのは、その結果として**入力データが学習に使われ、他社等が行った類似の質問に対して自社の入力データが出力される可能性がある**ということである。

この点は、ＣｈａｔＧＰＴで初めて出現した問題ではなく、たとえばＡＩ翻訳アプリケーションでも、会社名を入れないで翻訳したのにもかかわらず突然他社の会社名や場合によっては担当者名まで翻訳データに記載されることがある（！）ところ、これは、誰かが学習に利用されてしまうことを知らずに不用意にデータを入力したことで、ＡＩ翻訳アプリケーションがそれを学習したことによるものだろう。したがって、このような学習によって公知性が失われる可能性自体は、ＣｈａｔＧＰＴに限らない、ＡＩと不正競争防止法に関する典型的なリスクを意識して対応すべきである。

(100)「サムスン、ＣｈａｔＧＰＴの社内使用禁止　機密コードの流出受け」フォーブスジャパン２０２３年5月3日 <https://news.yahoo.co.jp/articles/716e9364d3f3c466e05af6b58e07cf3c517e0a3b>。

(101) ただし実務上は、秘密情報すべてがプロンプトとして入力される場面よりは、秘密情報の一部がプロンプトとして入力される場面が多いように思われる。そうすると、秘密情報全体がこれによって営業秘密ではなくなるという場面よりは、重要な営業秘密を社内ルールに反して漏洩させたとして従業員の責任が問題となる場面の方が実務上は多いかもしれない。もっとも、特定の秘密情報がある程度簡潔にまとまっており、それをすべてプロンプトとして入力される場合もあるので、そのような状況を想定して以下本文で説明する。

ただ、このような事態は容易に回避可能である。ひとつめはオプトアウトである。これには従前はグーグルフォーム[102]によってオプトアウトをするしかなかったのが、設定画面で簡単にオプトアウトできるようになっている。[103]もうひとつは、ＡＰＩを利用することである。ＡＰＩについては、オープンＡＩ社はＡＰＩを利用して入力したデータを学習に使わないと約束していることから、このような方法で学習の懸念に対して対応することができる。

ウ　秘密管理性

問題は秘密管理性である。この要件が満たされるためには、営業秘密保有企業の秘密管理意思が秘密管理措置によって従業員等に対して明確に示され、当該秘密管理意思に対する従業員等の認識可能性が確保される必要がある。[104]

従来は、①情報にアクセスできる者が制限されていること（アクセス制限）、②情報にアクセスした者に当該情報が営業秘密であることが認識できるようにされていること（認識可能性）のふたつが判断の要素になると説明されてきた。しかし、２０１５年の「営業秘密管理指針」の改訂により、情報にアクセスした者が秘密であると認識できる（「認識可能性」を満たす）場合に、十分なアクセス制限がないことを根拠に秘密管理性が否定されることはない[105]と説明されるようになった。つまり認識可能性が満たされている限り、必ずしもアクセス制限は重視されないこととなったのであり、裁判例もそれに追随している。(106) もっとも、単に認識さえできればよいわけではない。何の秘密管理措置もなされていない場合には秘密管理性要件は満たさないという立場は、なお維持されている。

ＣｈａｔＧＰＴの話に戻ろう。オープンＡＩ社の利用規約が明記するところによれば、ＡＰＩ経由でＣｈａｔＧＰＴに提供される情報やオプトアウトのリクエストがなされた情報は、システムの能力改善には利用されない。しかし、**オープンＡＩ社が入力された情報を秘密情報として保持することを約束しているような明確な文言はなく、むしろ、オプトアウトしてもオープンＡＩ社従業員および秘密保持義務を負う第三者の受託者がその情報を最大30日閲覧し得るとされている。**(107)

もちろんその趣旨は、何らかのトラブルや利用規約違反の可能性があるという状況において、どのようなプロンプトを入れ、どのような回答が出力されたかを確認したいということである。その意味で筆者は、オープンＡＩ社従業員等がその情報を最大30日閲覧し得るという利用規約の定めが異常だとか危険だ、とまでは考えていない。ともあれこのように、オープンＡＩ社従業員も閲覧す

(102) https://docs.google.com/forms/d/e/1FAIpQLScrnC-_A7JFs4LbIuzevQ_78hVERlNqqCPCt3d8XqnKOfdRdQ/viewform?pli=1

(103) 第1章コラムも参照。なお、Data Controls FAQ によれば、すでにグーグルフォームでオプトアウトしていればそれが尊重されるとしている <https://help.openai.com/en/articles/7730893-data-controls-faq>。

(104) 経済産業省「営業秘密管理指針」<https://www.meti.go.jp/policy/economy/chizai/chiteki/guideline/h31ts.pdf> 6頁。

(105) 同前6頁注6。

(106) 松尾・前掲注（5）第5章第1節1⑵参照。

(107) ＡＰＩデータ利用ポリシー<https://openai.com/policies/api-data-usage-policies>の「不正使用や悪用を監視する目的でＡＰＩのデータを30日間保持します。機密性とセキュリティに関する義務に従う特別な第三者の受託者、及び限定された数の承認されたＯｐｅｎＡＩの従業員が、疑われる不正使用を調査し検証するためだけに、このデータにアクセスすることができます」参照。

るわけであるから情報にアクセスできる者は制限されていない。すると、社内でＣｈａｔＧＰＴに自由に営業秘密を入力してよいとするとか、場合によっては、社内でＣｈａｔＧＰＴに自由に営業秘密が入力されている実態が黙認されているとなれば、そのような情報について秘密として管理している実態がないとして、営業秘密性は否定されやすくなるだろう。

もちろん、この論点は現時点ではまだグレーである。たとえば、**社員が特定のルール（第４章参照）に従ってしかＣｈａｔＧＰＴに社内情報をプロンプトとして入れられない形にする**といった方法で解決できる可能性はあるものの、特にオープンＡＩ社が入力情報を秘密情報として保持することを約束していない点は、大きな懸念点と言わざるを得ないだろう。

エ　社内ルールでの保護

これに加え、各社は情報を「極秘」「秘」「社外秘」などのように区分して管理した上で保護をしている。たとえば、営業秘密に該当するものが「極秘」だとしよう。しかし、そのような営業秘密に該当しないものも、秘密情報として区分して管理されていることが多い。たとえば、「営業秘密」ではないとしても、各社として一定以上の慎重な扱いが必要と判断したからこそ、「秘」や「社外秘」として、社内ルール上で一定の義務（たとえば、社外秘であれば上長の承認その他の手続を経ずに社外と共有しない、など）を課している。そして、雇用契約を締結した労働者は同契約の付随的義務として秘密保持義務ないし守秘義務を負うことになる。実務上は秘密保持誓約書等を提出して、社内ルール上の秘密保持義務を遵守すると誓約していることが多いだろう。

そのような社内ルールによる秘密情報保護との関係では、従業員が勝手にＣｈａｔＧＰＴに重要情報を入力することが秘密情報保護のための社内ルール違反となるかが問題となる。この点は、前記のとおりオープンＡＩ社が入力情報を秘密情報として保持することを約束していないことからは、**ＣｈａｔＧＰＴへの重要情報入力は現在のところ社内ルール違反になる可能性が否定できない**だろう。また、営業秘密やその一部を社外に持ち出したり、第三者に提供したりすることが従業員にとって不正競争防止法違反になり得るところ、社内ルールに違反しても営業秘密をＣｈａｔＧＰＴに入力してしまえば、そのような問題が生じ、民事・刑事の責任を負う可能性は否定できない。もっとも、事前の確認の結果、リスクが許容範囲内であれば、社内ルールで入力を許容する範囲を明記することが考えられる。たとえば社内ルールで社外秘まではＣｈａｔＧＰＴ（正確にはMicrosoft Azure上で提供されるＣｈａｔＧＰＴと同等のサービス）に入力してよいとした会社があると報じられている。(108)自社内で、リスクを許容できる範囲がどこまでかを整理し、特定の情報をＣｈａｔＧＰＴに入力してよいとされた後は、その範囲の情報の入力であれば社内ルール違反にもならなければ、

(108)「対話型ＡＩ、我が社のルールは？ ＭＩＸＩ『社外秘も入力可』」日本経済新聞デジタル版２０２３年５月８日 <https://www.nikkei.com/article/DGXZQOUC14BGE0U3A410C2000000/>。

不正競争防止法違反にもならないだろう。この点は、社内ルールの策定の話であるから、第4章を参照のこと。

オ　競合の場合

自社の事業と、オープンＡＩ社やその株主の事業が競合する場合には、自社の秘密情報を利用されないかという懸念はより強くなるだろう。アップルがＣｈａｔＧＰＴを禁止したと報じられているが、[109]アップルが（オープンＡＩ社の株主である）マイクロソフトとの競争関係に鑑み、情報漏洩リスクが高いと判断したからだと推測されている。自社の情報を利用するニーズがＡＩエンジン提供者にある場合には、通常以上の警戒が必要だろう。

（3）他社との関係の問題

秘密情報を保護し、その情報が不適切に公開されることを防ぐために、秘密保持契約が締結される。たとえばA社がB社と秘密保持契約を締結して、B社から秘密情報の開示を受けた場合、A社は秘密保持義務を負う者として、他方当事者であるB社の同意がない限り、原則として秘密情報を第三者に開示してはならない義務を負う。この場合において、A社がB社との契約上秘密保持義務を負う情報をＣｈａｔＧＰＴに入れることは秘密保持契約に違反しないのだろうか。

もちろん、個別の秘密保持契約ごとの内容次第ではあるものの、一般論としては、秘密保持契約には例外条項があり、委託先への開示など一定の開示が許容される旨の条項が含まれることが多い。こうした例外条項の内容はそれぞれの秘密保持契約の文言次第ではあるが、開示が許可される範囲や条件が詳細に記載されることが一般的である。そして、委託先等に対する情報の開示については、委託先等であっても事前の開示者の（書面による）承認が必要とされる場合もある。そして、仮に事前承諾は不要だとしても、開示先が当該秘密保持契約に基づくものと同等の秘密保持義務を負う場合等に限るとされているケースが多い。

すでに述べたとおり、オープンＡＩ社が入力された情報を秘密情報として保持することを約束していないため、仮に問題となる秘密保持契約上、オープンＡＩ社を委託先と解することができても、開示先が当該秘密保持契約に基づくものと同等の秘密保持義務を負う場合に限るとされている状況でＡ社がＢ社との契約上秘密保持義務を負う情報をＣｈａｔＧＰＴに入れることは、かかる秘密保持契約に違反する可能性が高い。

加えて、こうした秘密保持契約にはしばしば目的外利用の禁止に関する条項が入っている。そこで、当該情報をなぜＣｈａｔＧＰＴに入れるのか、すなわちＣｈａｔＧＰＴに投入する目的次第で

(109) "Apple Joins a Growing List of Companies Cracking Down on Use of ChatGPT by Staffers—Here's Why," *Forbes* 2023/5/19 <https://www.forbes.com/sites/siladityaray/2023/05/19/apple-joins-a-growing-list-of-companies-cracking-down-on-use-of-ChatGPT-by-staffers-heres-why/amp/>.

は、目的外利用禁止条項に違反する可能性もある。

(4) 実務対応の方向性

以上のことから基本的には、(営業秘密を含むがそれに限られない)社内ルールおよび社外の第三者との契約に基づき秘密を保持すべき情報はChatGPTに入れない、というのが実務対応とならざるを得ないだろう。この点は、もちろん、社内ルールの作り方にもよるところである。また、「生のChatGPT」では懸念が大きくなるものの、ベンダがChatGPTを組み込んだプロダクトであれば懸念が減る、という面もあり、たとえば、「生のChatGPT」では秘密情報は(それが営業秘密でなくても)入れてはならないが、リスクがコントロールされたベンダのプロダクトなら社外秘情報までは入れてよい、といった整理もあり得る。この点については、後述5および第4章も参照されたい。

5 ChatGPTとセキュリティ

（1）セキュリティに完璧はない

オープンAI社の情報漏洩が報じられたり、韓国サムスン社がChatGPTの利用を通じた情報漏洩事案を生じさせたと報じられたりするように、[110]ChatGPTとセキュリティをめぐる問題は大きな話題となっている。

情報セキュリティの世界では、いくら頑張っても「完璧」というものはない、と言われる。たとえば、金庫の前に警備員を1人配置しても、数で勝る2人の強盗が襲ってくれば金庫は破られてしまう。では強盗が2人が来ても大丈夫なように警備員を2人配置すれば安心かというとそんなことはなく、強盗が3人来ればやはり破られる。要するに警備員がn人、強盗がm人いれば、nをいくら大きくしたところで（たくさんの警備員を配置したところで）n＜mの強盗が来れば（つまり、配置した警備員の人数を超える人数の強盗が来れば）金庫は破られてしまうのである。これはあくまでも比喩であるが、たとえば「当社はセキュリティに1億円をかけているから絶対に大丈夫ですよね？」

(110) 前掲注(100)。

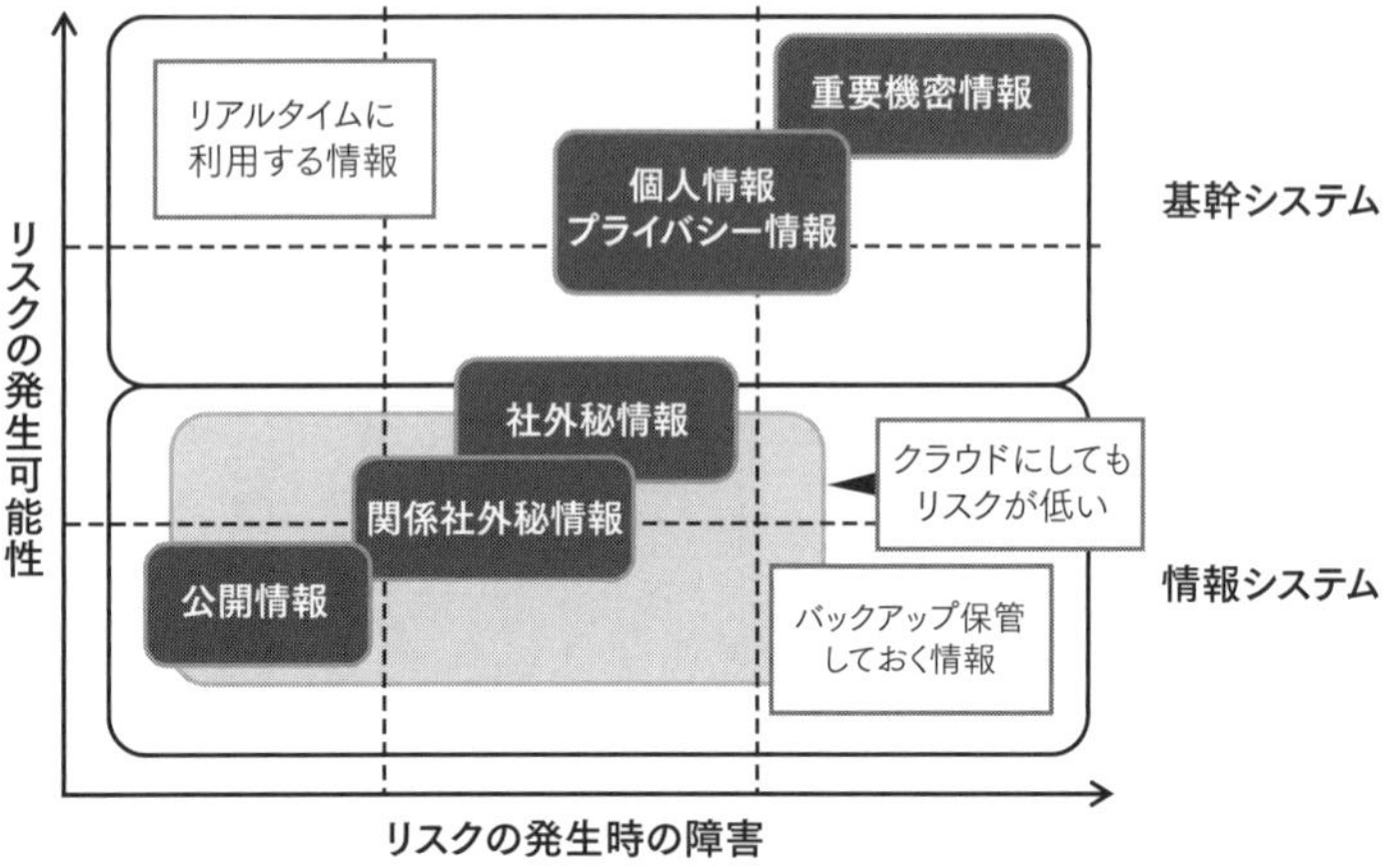

図表3　情報資産に関するリスク評価の一例
（出典）金丸浩二ほか『クラウドセキュリティ』（翔泳社・2014 年）44 頁をもとに作成

	脅威								
	1			2			3		
	脆弱性								
資産価値	1	2	3	1	2	3	1	2	3
1	1	2	3	2	4	6	3	6	9
2	2	4	6	4	8	12	6	12	18
3	3	6	9	6	12	18	9	18	27
4	4	8	12	8	16	24	12	24	36

図表4　リスク値早見表の一例
（出典）JIPDEC「ISMS ユーザーズガイド」（2015 年 3 月 31 日：https://m-p-o.co.jp/mpo/wp-content/uploads/2020/05/b823443df9d0ab703dd07bd352244f1d.pdf）47 頁をもとに作成

というような質問はナンセンスであり、多額の費用をかけてもセキュリティが破られることはある。ただ、多額の費用をかけて価値の低い情報を守るというのは不合理である。

だからこそ、どのような価値のある情報に対しどのような脅威が存在するのかをきちんと明確にした上で、費用対効果を考えて、それを前提に合理的な費用で有効に守るためにはどうすべきかを考えるべきである。具体的には、「漏洩などの問題が起こったらどれだけ困るか」に「その問題の発生確率」を掛け合わせて脅威の重大性を分析し、一定以上の脅威に対してはその重大さに応じた措置を講じることになる（前頁の図表も参照）。

以上を前提に、ここではセキュリティをめぐる問題のうち4ですでに取り上げた営業秘密・秘密情報を除く点を検討する。(11)

情報セキュリティはいわゆる「CIA」として、Confidentiality（機密性）、Integrity（完全性）およびAvailability（可用性）の三つを守っていかなければならないとされる。たとえば、不正アクセスや従業員のミス等で情報が漏洩するのが典型的な機密性の問題、不正アクセスその他の攻撃によりデータが改ざんされるというのが典型的な完全性の問題、システムがダウンして利用できない

(11)　セキュリティについては、さまざまな法令がそれを裏打ちしている。前述した不正競争防止法の営業秘密に関する規制も、もし特定の態様で特定の要件を満たす情報に対するセキュリティ侵害を行えば、それに対し民事・刑事の責任を課すという形でセキュリティの保護を裏打ちしている。その意味で、不正競争防止法・営業秘密の問題はセキュリティの問題と密接なものであるが、以下ではそのような具体的な法律の条文の解釈・適用の問題ではなく、セキュリティ全般、特に機密性の保護全般について検討していきたい。

というのが典型的な可用性の問題である。ＣｈａｔＧＰＴおよびそれを利用したプロダクトについては完全性と可用性の問題もあるにはあるが、このふたつの問題は比較的従来のシステムと議論が類似するので、ここではＣｈａｔＧＰＴ特有と思われる機密性にフォーカスする[112]。

また、責任の分界点も重要である。つまり、オープンＡＩ社その他ベンダの方で講じるべきセキュリティ対策と、ユーザーの方で講じるべきセキュリティ対策とがあるわけだが、以下では、ベンダの対策が完璧ではないことを前提に、そのなかでユーザーとしてどう対応すべきかに力点を置く。

なお、クラウドをめぐっても、かつては「本当に機密情報をクラウドに入れてよいのか？」と言われていたのが、「クラウドファースト」と言われるように状況が変化している。同じことがＣｈａｔＧＰＴでも起こると筆者は予測しており、いわば「ＣｈａｔＧＰＴファースト」としてＣｈａｔＧＰＴなどＡＩでの処理をまず検討するようになるという未来像は、かなりの程度あり得ると考えている。ただ、それはあくまでも将来の話であって、以下では２０２３年時点の実務対応を検討する。

（2）ＣｈａｔＧＰＴに学習をさせることによる機密性の問題

まず、ＣｈａｔＧＰＴの学習機能をＯＮにすると、プロンプトとして入力された情報をオープンＡＩ社がＣｈａｔＧＰＴの学習に使ってしまい、その結果、かかる情報が意図せぬ第三者に表示される可能性があるという問題がある。この点は前述4のとおり、学習機能をオプトアウトして対応すべきである。

（3）オープンAI社などAIベンダにおける機密性の問題

問題はオープンＡＩ社その他のベンダの側での漏洩リスクである。すでにオープンＡＩ社で漏洩事件が発生している(113)ところ、かかる漏洩リスクはゼロにはならないだろう。

ＣｈａｔＧＰＴ導入の際に、自社に交渉力があれば、「万が一の漏洩時には全額賠償せよ」という条項を契約書に入れられるかもしれない。しかし、オープンＡＩ社は少なくとも「生のＣｈａｔＧＰＴ」の利用に関して契約交渉を受け付けていない。つまり、オープンＡＩ社は利用規約を公表しており、ユーザー企業はその利用規約を受け入れるか受け入れないかを判断するしかない。そして、9で述べるとおり、その利用規約には免責条項が含まれている。その結果、オープンＡＩ社における漏洩についてオープンＡＩ社に対して十分な補償を求めることも容易ではない。

この点は、オープンＡＩ社のビジネスの本質が（ＡＩによって生成した）情報を第三者に提供す

(112) なお、「生のＣｈａｔＧＰＴ」の場合には時間当たりのＧＰＴ－４の質問件数が限られるという可用性の問題に直面するが、この点は、上限まで利用するヘビーユーザーならばＡＰＩ利用などにより解決すべきとオープンＡＩ社は想定しているのだろう。

(113) 「ＣｈａｔＧＰＴで個人情報漏洩　オープンＡＩが原因と対策を説明」ＩＴｍｅｄｉａ ＮＥＷＳ２０２３年３月25日 <https://www.itmedia.co.jp/news/articles/2303/25/news051.html>。

ることだと考えれば、従来からクラウドなどで言うところの「第三者ベンダに情報を預ける事案」とは本質的に状況が異なる、と見るべきかもしれない。しかしオープンＡＩ社も、学習をオプトアウトしていない情報でモデルの精度を向上させる意図はあれど、オプトアウトされている情報は学習や第三者提供に使うつもりはないとしている。そうであれば、第三者ベンダに情報を預けるという従来型の状況における「そのベンダは果たして信用できるのか」といった問題の延長線上にあるという考えも、十分あり得るように思われる。

（4）実務対応

最善かつ基本のセキュリティは、「本当に重要なデータはＣｈａｔＧＰＴに入れない」ことである。そして、それぞれの会社のビジネスの相違などから、それぞれの会社で許容できるリスクの範囲は異なるだろう。また、費用対効果からは、「**そのデータを入れないことで得られる便益と、そのデータを入れることで得られる便益はそれぞれどのようなものでどの程度のものか**」という問題を考えるべきだろう。

そこで、単に「公開情報しかＣｈａｔＧＰＴには入れない」という判断もあり得るが、非公開情報のなかにもさまざまな内容がある。たとえば会社であれば、情報を「極秘」「秘」「社外秘」に分類するといったランク付けをしているところが多いだろう。そして前述のとおり「社外秘」までは

ChatGPTに入れると公表している会社もある。要するに、本当に重要な「極秘」などの分類の情報は入れないが、非公開情報のなかでも「社外秘」などの比較的重要性が低いものは入れる、という判断をする会社も出てきている。

この点は、各段階におけるChatGPTの有用性や、その会社でChatGPTを使いこなすことができているかどうかとも関連するだろう。つまり、「多くの従業員のChatGPTリテラシー（AIリテラシー）が高まり、ChatGPTを便利に、かつ責任を持って利用しているから、〈社外秘〉情報であっても一定の措置を講じた上で利用したい」という声が上がっている会社なのか、そもそもChatGPTを使いこなせておらず、まだChatGPTがどのようなものかを学んでいるような段階の会社なのかで、判断は異なるだろう。

また、一般の従業員にとって、非公開情報と公開情報の区別は比較的つきやすいが、「社外秘」など社内の分類を厳格に守ることは必ずしも容易ではない。「社外秘まではOK」というのが、「その情報の重要性（ランク）にかかわらず秘密情報をChatGPTに入れてよい」といった誤解を招いてしまうような会社であれば、それはセキュリティリスクの増大につながるだろう。

さらに、仮に何らかのデータ（たとえば「社外秘」までのデータ）をChatGPTに入れてよいと判断したとしても、よりセンシティブな部分をマスキングしてから入れるなど、その有用性を享受する上で特に必要がない部分をあらかじめ削除してからChatGPTに投入することは、良い

プラクティスである。(114)

いずれにせよ、社外秘の情報を入れてもよいとする企業がマイクロソフト経由でAPIの提供を受けているように、一定以上重要な情報をChatGPTに入れるにあたっては、「生のChatGPT」よりも安全に利用するための措置についても検討すべきであろう。その観点からは、セキュリティリスクが顕在化しないように工夫されたベンダのChatGPTプロダクトについては入力可能な情報の範囲を広げる、というのは、利便性を享受しながらセキュリティリスクを最小化するための、あり得る実務対応であろう。

6 ChatGPTと独禁法

(1) 公取委の見解

ChatGPTをはじめとする生成AIと独禁法との関係については、公正取引委員会(以下「公取委」という)が、生成AIがデジタル市場において競争に与える影響について注視していく旨の方針を公表している。

少し長いが引用しよう。(115)

生成ＡＩについての御質問かと思いますけれども、今、いろいろと実装され始めているところかと思いますし、実際に生成ＡＩを実装していこうという会社があるなど、いろいろな動きがあるということは承知しております。このような動きは、生成ＡＩや、生成ＡＩを扱った検索サービスなどが実際にあるわけですけれども、基本的に、これら生成ＡＩや検索等の市場における競争を促進するものではないかと考えておりまして、直ちに独占禁止法や競争政策上の問題を生じさせるものではないと考えています。ただ、たとえば、仮に、デジタル・プラットフォーム事業者が、生成ＡＩを通じて膨大なデータを獲得し、それによって、競争優位性が築かれた場合には、新たにそういった分野に入っていこうという事業者の参入が困難になるなど、有効な競争が働かなくなるといった問題が生じる可能性はあるのではないかと思っております。まだ具体的にこういうことが起きているという認識ではないんですけれども、今、申し上げたような観点も含めまして、引き続き、生成ＡＩがデジタル市場における競争に与える影響については、注視していく必要があると思っております。

(114) もっとも、センシティブなところをマスキングしても、マスキング箇所以外の文章全体からセンシティブな情報がうかがえる場合には結果的にセンシティブな情報が漏洩してしまうかもしれない。その意味では、本来は入れてはいけない情報もマスキングすれば大丈夫、という対応ではなく、まずは入れることができる情報が何かを社内で決め、ルール化した上で、「その情報は社内ルール上入れることができる情報であるが、念のためマスキングをする」という対応が正しいだろう。

(115) https://www.jftc.go.jp/houdou/teirei/2023/apr_jun/230510.html

すなわち、将来的に特定のデジタル・プラットフォーム事業者がＣｈａｔＧＰＴのような生成ＡＩを通じて膨大なデータを獲得することにより大きな競争優位性が築かれた場合において、当該分野への事業者の新規参入が困難になるなどの形で競争が阻害される可能性を踏まえて競争への影響を注視している、というわけである。今後はＣｈａｔＧＰＴと独禁法の問題が顕在化する可能性が否定できない。

（2）プラットフォームと独禁法の問題との共通点

公取委が「プラットフォームによる」生成ＡＩの利用を問題としていることに注目されたい。つまりこの問題は、プラットフォームと独禁法をめぐる問題とある程度以上、近接性が認められる。すなわち、二重のネットワーク効果[116]を背景として特定のデジタルプラットフォームへ顧客や情報が集中しやすく、独占・寡占に至ることもあり得る上、高いスイッチング・コスト（乗り換えコスト）が生じ、ユーザーがそのプラットフォームから離れられないという、いわゆるロックイン効果が働くことがあるなど、競争法上悪影響が生じ得る。

そしてこの理は、オープンＡＩ社などのＡＩエンジン提供者についても当てはまる。特定のＡＩ企業が多数のデータとユーザーを獲得すると、学習が進んでよりエンジンの精度が高まり、そこにますます多くのデータとユーザーが蓄積する――。つまり、ネットワーク効果類似の状況が存在するのである。このモデル構築には多額の費用がかかるから、普通の企業が自らそのようなモデル構築を行うことは到底不可能である。そして、モデル構築を行う一部の企業により寡占状態が生じやすい。仮にオープンＡＩ社がＣｈａｔＧＰＴのＡＰＩの価格を2倍に引き上げたとしても、翌日からすぐにグーグルのＢａｒｄに切り替えるわけにはいかない場合も多いだろう。ＣｈａｔＧＰＴを利用し、そこに独自データを加えてファインチューニングをしていれば、オープンＡＩ社のＡＰＩの価格が上昇した、というだけで、すぐに別のエンジンに切り替えることは不可能だろう。

このような観点からは、プラットフォームと独禁法をめぐる議論はＣｈａｔＧＰＴにもかなり当てはまるように思われる。有力なプラットフォームがユーザーとの関係で優越的地位に立って優越的地位の濫用の問題を引き起こすという問題があるが、たとえばオープンＡＩ社がユーザーとの関係で、前記のようにオープンＡＩ社との取引を簡単にはやめられないという形で優越的地位に立つ状況は想定される。もしそのような状況が将来的に発生するのならば、今後オープンＡＩ社がユーザーに対して行う具体的な行為が優越的地位の濫用と評価される可能性自体はあるように思われる。

---

(116) ネットワーク効果（間接ネットワーク効果）をゲームを例にとって説明してみよう。たとえばゲームメーカーが取引の場（プラットフォーム）を提供し、ソフトウェア企業のサイドと消費者のサイドが取引の場として利用するところ、ソフトウェア企業がより多く参入すればより多くの消費者を惹きつけ、より多くの消費者を選択すれば、より多くのソフトウェア企業がそのプラットフォームに集まってくる。このような現象をネットワーク効果という。曽我部真裕ほか『情報法概説〔第2版〕』（弘文堂・２０１９年）82頁参照。

（3）アルゴリズムと独禁法

カルテルなど不当な取引制限の文脈で、アルゴリズムを通じた意思の連絡等が問われていることが独禁法上の問題となり得る。この点、ＣｈａｔＧＰＴでも同様の問題は生じ得る。たとえば、競争関係にあるＡ社とＢ社が同じＣｈａｔＧＰＴを利用し、同じデータを入力して、あるべき価格について尋ねたところ、ＣｈａｔＧＰＴがＡ社およびＢ社の双方に対して値上げを示唆し、その結果客観的には、協調値上げのような状況が生じる、といったケースである[117]。

また、アルゴリズムを利用した不公正な取引方法の問題もある。これについては、筆者が原告代理人のひとりを務め、アルゴリズムについて優越的濫用を認めた食べログ事件[118]で示されたように、アルゴリズム（やその変更）が一定の場合に独禁法違反になり得るとされていることが重要である。特に、独禁法において不公正な取引方法として禁止されるものに差別的取扱いが含まれるところ、アルゴリズムを利用することで、①アルゴリズムの設計に起因する差別、②学習するデータに起因する差別、③集団の属性に基づく判断に伴う差別、④（本当は差別を行っているのは人間であるにもかかわらずＡＩのせいだとする）責任転嫁といったように、さまざまな問題が生じ得ると論じられている[119]。また、前述の優越的地位をオープンＡＩ社などが持てば、優越的地位の濫用の可能性もある。そこで、このようなアルゴリズムによる差別的取扱いや優越的地位の濫用を含む行為が独禁法違反になる可能性に留意が必要である。

（4）実務対応

公取委はあくまでも「まだ具体的にこういうことが起きているという認識ではない」と表明している。したがって実務対応においては、ＣｈａｔＧＰＴをめぐる独禁法違反の問題については具体的なオープンＡＩ社の行為が名指しされる段階にはいまだ至っていない――つまりいまだに不透明な状況である――ということを認識しておくのは重要であろう。

ひとつ指摘できるのは、独禁法の特徴として条文が抽象的だ、という点がある。前出の食べログ事件では優越的地位の濫用が問題となったが、それを規定する独禁法2条9項5号は「自己の取引上の地位が相手方に優越していることを利用して、正常な商慣習に照らして不当に、次のいずれかに該当する行為をすること」とし、同号ハは「……その他取引の相手方に不利益となるように取引の条件を設定し、若しくは変更し、又は取引を実施すること」としている。このような昔から存在し、かつ、極めて抽象的な文言が、飲食店プラットフォームによるアルゴリズム変更といった新し

(117)「アルゴリズム／ＡＩと競争政策 報告書」（令和3年3月）<https://www.jftc.go.jp/houdou/pressrelease/2021/mar/210331_digital/210331digital_hokokusho.pdf> 11頁以下参照。
(118) 東京地判令和４年６月16日ＬＥＸ／ＤＢ２５５９３６９６参照。
(119) 成原＝松尾・前掲注(97)。

くかつ具体的な事案に適用され得るのである。だからこそ、ＣｈａｔＧＰＴのような新しくかつ具体的な事案であっても、状況によっては右のような抽象的な規定が当てはまる可能性は十分あるという点を十分に意識することが必要である。

とはいえ、前述の食べログ事件でも、公取委がすでに「飲食店ポータルサイトに関する取引実態調査報告書」を公表しており、それに基づき裁判所からの求意見に応じて意見を出したことが、一審での我が国司法における初のアルゴリズム違法という判断に大きく影響したように、将来的には、ＣｈａｔＧＰＴその他の生成ＡＩを想定した報告書やガイドラインなどによる具体化が望まれるだろう。

7　不正検知のためのChatGPT利用

(1)　AIの活用(120)

不正検知や監査業務の分野においてもＣｈａｔＧＰＴの活用が期待される。実際に、この分野においてはすでに各種ＡＩが活用されている。(121)というのも、自社のすべての業務フローや取引についてそれぞれのリスクの高低を人間の目で選別するのは、マンパワーの点で非現実的である。ＡＩアルゴリズムがビッグデータに基づいて統計的に高リスクの取引を選び出すことで、人間の目でレビューすべき対象を選別すれば、効率的に不正を検知し、監査を行うことができる（ただし、アルゴリズムを逆手にとってリスクが低いように見せかける、すなわち「ゲーミング」に留意が必要である）。金融機関においては、たとえば、アンチマネーロンダリング(122)やインサイダー取引防止(123)などをめぐって、ＡＩが利用されている(124)。

すでにさまざまなＡＩが利用されているところ、ＣｈａｔＧＰＴにも活用の余地がありそうである。たとえば、大量のデータを要約する、リスクが高いと思われるやりとりがあると想定されるデータを抽出する（レッドフラッグ）、隠語などのわかりにくいやりとりをわかりやすい言葉に変更する、といった形で、不正検知にＣｈａｔＧＰＴを利用することが期待される(125)。

---

(120) 以下、成原＝松尾・前掲注(97)および松尾剛行「アルゴリズムに対する透明性・公平性・公正性等の観点からの法的統制―食べログ判決（東京地判令和4年6月16日）に基づく検討（仮）」Law & Practice２０２３年9月頃掲載予定参照。

(121) 公認会計士・監査審査会「令和４事務年度監査事務所等モニタリング基本計画」２０２２年7月15日<https://www.fsa.go.jp/cpaaob/shinsakensa/kihonkeikaku/20220715/2022_kihonkeikaku.pdf>1頁参照。

(122) 一般社団法人全国銀行協会「ＡＭＬ／ＣＦＴ業務の高度化・共同化に係る新会社の設立について」令和4年10月13日<https://www.zenginkyo.or.jp/news/2022/n101302/>参照。

(123) 株式会社ＳＢＩ証券・日本電気株式会社「ＳＢＩ証券、ＮＥＣと共同で、国内で初めてインサイダー取引の審査業務にＡＩを導入～不公正取引度合いのスコアリングで一次審査時間を約90％短縮～」（２０２１年9月14日）<https://jpn.nec.com/press/202109/20210914_02.html>。

(124) ただし、現時点で実用化されているのはいわゆるルールベース（第1章参照）が多く、ＣｈａｔＧＰＴのような学習型の利用は限定的である。

(125) 将来的には、ＡＩを「利用して」不正を検知するだけではなく、ＡＩ「による」不正を検知するという問題も出てくる。この場合「ＡＩによってＡＩを監視統制する」といった議論も存在するが、その場合には、「ＡＩを監視統制するＡＩ」自体をきちんと監視統制する必要があり、「監視統制するＡＩ」のチェーンが延々と連なるだけではないか、といった批判もある。

（２）冤罪の可能性

ただし、**不正検知にＣｈａｔＧＰＴを利用する場合は、冤罪の可能性に留意すべきである。**不正検知の結果によっては当事者に対して懲戒や刑罰などの厳しい結果が生じ得ることから、万が一冤罪が生じれば、その被害は重大である。オランダでは、社会保障や税の不正受給・還付等を特定するための機械学習アルゴリズムが、貧しい地域に住む人びとに対し不当に育児手当を返還させることになったといった問題を起こし、大きな問題となった。[126] また、日系企業が買収した英国のコンピュータ企業が提供した郵便局システムの欠陥により、７００人以上の郵便局長らが横領や不正経理の無実の罪を着せられたとされる事案も報告されている。[127]

ＣｈａｔＧＰＴはhallucination、すなわち「誤り」をおかすことが知られている。そこで、ＣｈａｔＧＰＴを利用する場合に、そのような誤りによって深刻な冤罪を生じさせてしまう可能性がある。第２章**２（３）**で述べた少し古いバージョンのＣｈａｔＧＰＴの例だが、たとえば、ＡＩに判決を要約させると、確定している判決なのに、「本判決に対する控訴がされており、現在控訴審で審理中である。」などといった文言が出てくることがあった。その理由は、大量に学習したケース・サマリーにこのような文章が頻繁に出現したので、より「本物らしく見える」と考えたのだろう。もし、そのような問題が不正検知に利用したＣｈａｔＧＰＴにおいても生じるとすれば、たとえば、

ＣｈａｔＧＰＴが整理した重要資料を閲覧したところ、ＣｈａｔＧＰＴが不正確な要約や存在しない文言の追加をしてしまい、それを信じて不正を認定する、といったケースが想定される。

（3）説明・透明性

不正検知においてＣｈａｔＧＰＴを活用することは、説明義務や透明性の面で問題を生じさせる。横領などの不正を理由に従業員に刑事罰を科す場面（刑事訴訟法３３５条参照）や、不正を理由に従業員を懲戒解雇する場面（労働契約法16条参照）などにおいては、その根拠について説明することが法的に要求される。ここで、**単に「ＣｈａｔＧＰＴが不正があると述べたから」では、そこで求められる理由としては、到底不十分である。**刑事責任などの重大な結果を招来する以上、それに応じた、程度の高い説明が求められており、ＡＩとりわけ機械学習型のＡＩの説明をそのまま人間が利用したのでは不十分な可能性が高い[128]。

ＣｈａｔＧＰＴは、さまざまなデータに対して分析を行ったり、要約や内容をわかりやすい形で

---

(126) 有限責任あずさ監査法人「ＡＩの適切性検証への取組み」２０２２年２月15日 <https://www.soumu.go.jp/main_content/000826719.pdf> 5頁および岩佐淳士「突然、詐欺犯のぬれ衣…オランダ、ＡＩが標的にした２万６０００人」毎日新聞２０２２年６月１日 <https://mainichi.jp/articles/20220530/k00/00m/030/196000c> 参照。

(127) Mariko Oi, "Fujitsu : How a Japanese firm became part of the Post Office scandal," *BBC* 2022/10/14 <https://www.bbc.com/news/business-61020075>.

(128) 松尾剛行『ＡＩ・ＨＲテック対応 人事労務情報管理の法律実務』（弘文堂・２０１９年）39頁。

提示したりすることができるわけであるが、ＣｈａｔＧＰＴを単なる不正の兆候を探知する契機として、あるいは大量の資料を選別する際の支援ツールとして利用するのであれば、大きな問題はないだろう。すなわち、兆候自体はＣｈａｔＧＰＴを利用して検知するが、それを踏まえて人間が調査をし、その調査結果をもとに人間が説明するのであれば、従来から求められていた程度の説明を行うことができる。しかし、前述のようなケースにおける説明の場面において「ＣｈａｔＧＰＴが不正があるとした」と説明するとか、あるいはＣｈａｔＧＰＴの作った資料をそのまま利用するのは望ましくない。ＣｈａｔＧＰＴは支援にとどめ、あくまでも人間が説明する——ＣｈａｔＧＰＴの作成する説明案を参照することは可能としても——ことが重要である。

（４）実務対応

以上のことから、不正検知対応においてもＣｈａｔＧＰＴは有効に活用できる可能性が高いと言える。しかし同時に、ＣｈａｔＧＰＴの特徴から、その不適切な利用がマイナスの効果を生じさせる可能性も否定できない。だからこそ、ＣｈａｔＧＰＴの特徴を十分に理解した上で、ＣｈａｔＧＰＴはあくまで支援の範囲にとどめつつうまく活用することで、不正検知対応の効率化や高度化を実現すると同時に、リスクのコントロールを行うべきである。

8　ChatGPTと名誉毀損(129)

ChatGPTの出力結果にはさまざまな問題がある内容が含まれることがある。そのうち、個人情報（2）、著作権（3）などの問題についてはすでに説明してきたところである。そのほかにも、たとえば「3Dプリンタを使って拳銃を作る方法」などの違法行為を助長する回答を提示する、医療など生命・身体・健康に関する虚偽の情報を含む回答をする、フェイクニュース（たとえば、公職選挙の候補者に関する誤情報）を流布する、優良誤認となるような広告コピーを提示するなど、さまざまなものがあるが、ここでは名誉毀損に限定して検討を行う。

（1）ChatGPTにおいて名誉毀損が問題となるシチュエーション(130)

名誉毀損については民事と刑事があるが、ここでは民事、つまり名誉毀損による不法行為および人格権侵害を考えよう。民事名誉毀損は、事実の摘示または意見論評により、公然と対象者の社会

(129)　米国ではすでに訴訟が起こっているそうである <https://www.theverge.com/2023/6/9/23755057/openai-chatgpt-false-information-defamation-lawsuit>。

(130)　松尾剛行「ウェブ連載版　最新判例にみるインターネット上の名誉毀損の理論と実務（第43回）」けいそうビブリオフィル2023年5月23日 <https://keisobiblio.com/2023/05/23/matsuo43/>を参照している。

的評価を低下させることによって成立する。たとえば、ＣｈａｔＧＰＴが「Ａさんは犯罪者である」[131]という出力結果を表示したとしよう。少なくともここにおける「Ａさんは犯罪者である」という内容はＡ氏の社会的評価を低下させ得る。そこで、それが公然と行われたかどうかであるとか、誰（オープンＡＩ社なのか、プロンプトを入力したユーザーなのか等）がそれを行ったかなどによって、誰が名誉毀損の責任を負うか（負わないか）が判断されることになる。

ここで、ＣｈａｔＧＰＴに関する名誉毀損については、オープンＡＩ社などのＡＩエンジン提供企業（「オープンＡＩ社」という）、ＣｈａｔＧＰＴを利用したプロダクトを提供する企業（「ＡＩベンダ」という）、当該プロダクトを社内業務に利用する企業（「ユーザー企業」という）および従業員であったり消費者であったりするエンドユーザー個人（「エンドユーザー」という）の四者が関与しているということが重要である。そこで、「誰」が責任を負うかという点が重要となる。また、具体的な状況によってその判断が異なり得るため、以下では具体的な状況を三つ設定し、それぞれ場合分けをして論じよう。

【状況１――「本人のみ表示」型】　ユーザー企業がオープンＡＩ社またはＡＩベンダと契約して、従業員であるエンドユーザーがＣｈａｔＧＰＴ等を利用できるようにしてあげたという状況において、エンドユーザーである従業員がプロンプトを入力するとエンドユーザーの画面上だ

けに「Aが犯罪者である」というChatGPTの回答が表示される場合

【状況2――「社内共有」型】 AIベンダの提供するユーザー企業の業務システム（社内情報共有システム）にChatGPTが組み込まれ、ユーザー企業の従業員であるエンドユーザーが入力したプロンプトに基づく「Aが犯罪者である」というChatGPTの回答内容が、自動的にまたはエンドユーザーの判断によって、他の従業員にも示される場合

【状況3――「消費者への提供」型】 ユーザー企業が消費者向けに、AIベンダの提供するChatGPTを組み込んだチャットボットシステムを利用し、そのためにユーザー企業がAIベンダにデータを提供し、AIベンダにおいてファインチューニングを実施した場合（その結果として、特定の質問を消費者であるエンドユーザーが行うと、当該特定の質問に対しては「Aが犯罪者である」という同じ回答がなされるが、当該回答はあくまでも質問をしたエンドユーザーにしか表示されない場合）

なお、すべての状況に共通する「抗弁」についてここで付言しておきたい。たとえば、事実摘示

(131) なお、単純に「犯罪者」というだけの抽象的な内容で社会的評価低下として十分か、という問題があるが、ここは「もし同じ内容がSNS等で投稿されれば、社会的評価低下が認められる程度の内容」と理解していただきたい。たとえば、「2023年5月X日にAが銀座で強盗をして逮捕された」という程度の具体性があるものであれば、社会的評価低下が認められるという結論に争いはないだろうが、毎回そのように記載すると長くなるのでそのような趣旨を「犯罪者」という形で端的に示す趣旨である。

による名誉毀損であれば真実性・公共性・公益目的という要件が充足すれば真実性の抗弁が成立し、また、相当性・公共性・公益目的という要件が充足すれば相当性の抗弁が成立する。また、たとえば、意見論評による名誉毀損であれば前提事実の真実性または相当性・公共性・公益目的・意見論評の域を逸脱していない場合という要件が充足すれば公正な論評の抗弁が成立する。[132] そして、そもそもhallucination（誤り）であれば真実性はない。ＣｈａｔＧＰＴの表示内容を信じたとしても通常は相当性はない。[133] 公共性・公益目的の有無については具体的な状況次第であろう。

（2）状況1――「本人のみ表示」型

まず、エンドユーザーについて見てみよう。エンドユーザー本人がＣｈａｔＧＰＴに何らかのプロンプトを入力し、その結果、ＣｈａｔＧＰＴが「Ａさんは犯罪者である」という出力結果をエンドユーザー本人のみに表示させたとしよう。この段階では――それがオープンＡＩ社またはＡＩベンダの利用規約等やユーザー企業の社内ルールに違反するかは別論――公然性がないので、少なくともその段階では、Ａに対する名誉毀損は成立しないだろう。しかし、エンドユーザーがその記載内容をＳＮＳなどにアップロードすれば、そのような内容であると知った上でアップロードをしたことをもって名誉毀損となり得るだろう。[134]

なお、ＣｈａｔＧＰＴはユーザーの入力したプロンプトからも学習するという点に留意をすることが必要である。悪意あるエンドユーザーが何度も何度も「Aは犯罪者だ」というプロンプトをChatGPTに入力することで、ChatGPTにそのような内容を学習させ、たとえば「犯罪者について教えてください」といったAとはまったく無関係のプロンプトを入力した多数のユーザーに対し「犯罪者とはAのことである」といった趣旨の回答が表示されるようにしたのであれば、そのようなエンドユーザーによる（ChatGPTの学習能力を）悪用した行為についてエンドユーザーが責任を負う可能性がある。この点で想起させられるのは、いわゆるTay事件である。これは、マイクロソフトがリリースしたSNS上で学習をして対話するAIチャットボットであるTayに対し、エンドユーザーが悪意ある学習をさせ、実際にSNS上でヒトラー礼賛などの発言をさせたというケースであった。名誉毀損とヘイトスピーチという相違点はあるものの、状況1におけるエンドユーザーの責任とTay事件におけるエンドユーザーの責任とは、類似した側面がある。

次に、ユーザー企業の責任についてである。ユーザー企業が会社業務のためにChatGPTやChatGPTプロダクトに関する契約を締結し、従業員等に使わせていたところ、従業員等がこ

(132) 松尾剛行＝山田悠一郎『最新判例にみるインターネット上の名誉毀損の理論と実務〔第2版〕』（勁草書房・2019年）199頁以下および302頁以下。

(133) 「しかしながら、ChatGPTの回答は、それだけでは誤信を正当化する『相当の根拠』には当たり得ないだろう」とする、田中ほか・前掲注(68) 76頁も参照。

(134) たとえばChatGPTにまるでAが犯罪をして逮捕されたかのような虚偽の新聞記事風の文章作成をさせて、それをSNSに投稿する場合が考えられる。

れに対して何らかの悪意あるプロンプトを投入して「Aさんは犯罪者である」という出力結果を出させたとしても、ユーザー企業の寄与というのはあくまでも、業務でエンドユーザーがＣｈａｔＧＰＴを利用できるよう、契約を締結して費用を支払っていたというだけであって、それだけで直ちに出力結果について「ユーザー企業」が責任を負うとされる可能性は低いように思われる。そもそもエンドユーザーの責任について検討したように、単にエンドユーザー自身がその回答を見ることができるというだけでは、公然性がなく何ら名誉毀損は成立しないので、ユーザー企業も責任を負わない。これをＳＮＳに投稿した場合に、その投稿がもともとユーザー企業が契約したＣｈａｔＧＰＴによって生成されたというだけでユーザー企業が責任を負うとはなかなか考え難い。そして、エンドユーザーが悪意を持って学習させたことによってエンドユーザー自身が責任を負う場合のユーザー企業の責任は問題となるが、たとえばエンドユーザーに対し社内ルール（第4章3参照）で不当な利用を禁止していたのに、それに違反してエンドユーザーがそのような不当な利用をしたということであれば、ユーザー企業が責任を負う可能性は低いように思われる(135)。

さらに、オープンＡＩ社やＡＩベンダについてはどうだろうか。特定のプロンプトを入れると（回答の詳細は毎回微妙に違ってくるものの）概ねＡさんの社会的評価を低下させる回答が出るというような汎用的文書生成ＡＩプロダクトを提供している（もしくは、ユーザーの悪意ある悪用の結果としてそうした回答が出る状況が継続している）ことにつきＡに対する責任が発生するかが問題となる。

この点に関しては、①公然性の問題、②社会的評価低下の有無、および③責任主体の問題を検討すべきだと思われる。

順に説明しよう。①公然性の問題というのは、個々のエンドユーザーとの関係ではあたかも個別チャットのやりとりと同じようにエンドユーザーとオープンAI社が個々にやりとりをしているだけで、そのような一対一のやりとりには公然性がない、という議論である。このような議論については2点、留意が必要である。ひとつめはいわゆる伝播性の理論[136]である。すなわち、その内容が今後他人に伝播され得るようなものであれば公然性が認められる、ということである。たとえば、ChatGPTがユーザーとの間で、出力内容につきユーザーにおいて商業利用を含む自由な利用を認めていることなどはこの判断に影響するだろう。ふたつめは、「(毎回微妙に回答は違うものの) 同じようなプロンプトに対しては同じような回答が出力されることが多い」ということをどう考えるかである。たとえば、「Aさんについて教えてください」と聞くとほぼ毎回「Aさんは犯罪者である」という出力結果になるとか、「犯罪者について教えてください」と聞くとほぼ毎回「Aさんは犯罪者である」という出力結果になるとかであれば、まさにインターネット上に「Aさんは犯罪者である」と投稿したことと同視できるのではないか、というわけである。この点はいまだにオープンで

(135) とはいえ、ユーザー企業の従業員が会社の事業の執行について行ったものと評価されれば、ユーザー企業が使用者責任を負うかもしれない（民法715条）。
(136) 松尾＝山田・前掲注（132）142頁以下。

あるが、これまでも「Aの名前で検索すると検索結果として〈A　犯罪者〉と表示される」という問題について議論がなされてきたところである[137]。そして、今後検索がＣｈａｔＧＰＴなどに代替されていくことで、ますます「Aの名前をＣｈａｔＧＰＴに入れると犯罪者と出てくる」という状況と右の検索をめぐる状況との類似性が高まってくることが、重要なように思われる。

②社会的評価低下の有無とはどのような問題だろうか。これはつまり、ＡＩが生成したものは「一見もっともらしい」ように言葉をつなぎ合わせただけのもの、言い換えれば「言葉遊び」のようなものであって、そのなかにhallucination（誤り）があることは誰もが知っている、よって、その内容をもって社会的評価は低下しないのではないか、というような議論である。ただ、いわゆる「東スポの抗弁」――つまりいつも信憑性のない報道しかしていないから、今回虚偽の報道をしたとしても、読者はそれを信用しないので、名誉を毀損しないという主張――について裁判所が否定的な判断をしていること[138]や、ＣｈａｔＧＰＴがますますその正確性を高める努力をしており、またＡＩベンダがＣｈａｔＧＰＴの組み込みの過程でプロンプトエンジニアリングやファインチューニングによって誤った回答が出ることを防ぐための努力を続けていることに鑑みれば、少なくとも将来的にはこの論点を強調して責任を回避しようとすることは、ますます困難となるだろう。

③責任主体の問題というのは次のようなものである。たとえば、「Aさんについて教えてください」と聞くと学習内容に基づいて「Aさんは犯罪者である」と出力される場合、学習データにそのよう

な内容が入っていることが問題なのであって、オープンＡＩ社やＡＩベンダの責任ではないのではないかとか、そもそも「Ａさんが殺人をして逮捕されたことについて新聞記事風の文章を書いてください」というプロンプトが入力されたのであれば、それを入力したエンドユーザーこそが責任を負うべきで、オープンＡＩ社やＡＩベンダには責任はないのではないか、という問題である。この点についてはまだ明確な答えはない。もっとも、著作権侵害の刑事責任に関するツール提供者の幇助責任に関する前記のＷｉｎｎｙ事件の議論（前述**3**参照）が参考になる。また、いわゆる逮捕歴の削除に関し、グーグル事件決定[139]が次のように述べて検索事業者の責任を限定する方向の判断をしていることも参考になる。

> 検索結果の提供は検索事業者自身による表現行為という側面を有する。また、検索事業者による検索結果の提供は、公衆が、インターネット上に情報を発信したり、インターネット上の膨大な量の情報の中から必要なものを入手したりすることを支援するものであり、現代社会においてインターネット上の情報流通の基盤として大きな役割を果たしている。そして、検索事業者による特定の検索結果

(137) 最決平成29年1月31日民集71巻1号63頁。
(138) 松尾＝山田・前掲注(132) 105～106頁。
(139) 前掲最決平成29年1月31日参照。

の提供行為が違法とされ、その削除を余儀なくされるということは、上記方針に沿った一貫性を有する表現行為の制約であることはもとより、検索結果の提供を通じて果たされている上記役割に対する制約でもあるといえる。

要するに、検索事業者の役割と同じような積極的な役割をオープンＡＩやＡＩベンダが果たしているると評価されるかという点がひとつの重要なポイントだろう。特に、現在ＣｈａｔＧＰＴのＷｅｂブラウジング機能を利用するとＣｈａｔＧＰＴが何をしているかがリアルタイムで表示されるのであるが、それによるとＣｈａｔＧＰＴは、基本的にはＢｉｎｇで関連しそうなキーワードを検索し、検索順位の上のサイトを閲覧して、その内容をまとめていることがわかる。要するに、ウェブ上で検索を行い、その検索結果の見せ方としてチャット形式を採用しているものにすぎないのであって、ある意味では検索エンジンと相当の類似性があることには留意すべきと思われる。

(3) 状況2――「社内共有」型

同じくエンドユーザーの責任から見ていこう。この状況2においては、たとえ社内の同僚であってもA氏の社会的評価を低下させる内容を多くの人が見られるようにした以上、エンドユーザーの行為について名誉毀損が成立する可能性が高い。なお、悪意あるプロンプトではなく、たとえば、

Aさんについて本当に何も知らないので、純粋に「Aさんについて教えてください」というプロンプトを入力したところ結果として「Aさんは犯罪者である」との回答が多くの同僚のところに広く表示された、という場合には、エンドユーザーに故意はない。しかし現在検討している民事責任に関し、不法行為（民法709条）は過失でも成立し得る。そこで、過失が問題となり、注意義務違反が問われる。過失の判断は容易ではないものの、エンドユーザーが社内のChatGPT利用ルール（第4章3参照）を遵守していたかなども問題となると思われる。

次に、ユーザー企業の責任である。社内において情報共有が必要な場面は多々存在し、そのために社内SNSなど情報共有が可能な業務システムを利用すること自体は十分あり得る。ただ、その場合において、エンドユーザー（たとえば従業員）がデータを入力し、そのデータを共有するという形で設計をするのか、それとも、ユーザー企業自身が運営するサービス自身が（AIを利用し、エンドユーザーの入力したプロンプトに応じて）直接情報を表示するのかというのは設計上重要である。後者であれば、ユーザー企業自身がいわば投稿者本人の立場に立つ。たとえば、状況2をできるだけ状況1に近づけ、リスクを減らすための工夫として、「従業員として、他の部門に対して〈良い質問〉[140]

(140) たとえば、営業担当者が法務に質問する場合、前提事実等が明確ではないといった理由で不明確な質問となり、法務が何度も聞き直すといったことが生じる。ChatGPTを利用することで、営業担当者の意図が伝わり、法務として答えやすい質問文の案が表示され、営業担当者がその文案を参考に質問をする、といったことが考えられる。

ができるようにするＣｈａｔＧＰＴプロダクト」を個々の従業員に提供し、個々の従業員は、そのＣｈａｔＧＰＴプロダクトの表示結果を社内ＳＮＳにコピペして適宜修正の上、従業員自身の判断で投稿する――という形であれば、投稿したのはエンドユーザー（個々の従業員）だと抗弁しやすく、免責の余地が大きくなるだろう。

オープンＡＩ社やＡＩベンダの責任については、状況１の場合と異なるところはなさそうである。

（4）状況3――「消費者への提供」型

状況３におけるエンドユーザーの責任については、状況１と同様であろう。悪意あるプロンプトを利用すれば、自らに表示される回答として対象者の社会的評価を低下させるものを表示させることが可能であるとしても、それはあくまでも自分に対してしか表示させられないため、原則として公然性がない。そこで、状況１と同様にエンドユーザーは責任を負わないことが原則であるが、状況１と同様に悪意あるプロンプトを入力し、学習をさせることについてエンドユーザーが責任を負う余地があるだろう。

ユーザー企業の責任はどうだろうか。ユーザー企業が一般の消費者に対してチャットボットを提供し、ユーザーが「Ａについて教えてください」と聞くと当該チャットボットが「Ａは犯罪者です」と必ず答えるといった場合、まさにユーザー企業が状況１におけるオープンＡＩ社やＡＩベンダの立場に立ってしまうことになる。特にこの事例では、ユーザー企業がデータを提供してファインチューニングをしており、単に「一般的に使われているチャットボットプロダクトについてそれをそのまま業務に利用できるようにＡＩベンダと契約しただけ」という話ではない。そこで、状況１ではユーザー企業は単にオープンＡＩ社やＡＩベンダと契約をしてエンドユーザーがＣｈａｔＧＰＴを使えるようにしているだけの立場であったが、状況３では、まさにチャットボットというユーザー企業自身のサービスをエンドユーザーに提供する立場になっている。

状況３におけるオープンＡＩ社やＡＩベンダの責任は、状況１と同様と思われる。

（５）実務対応

ここまでの議論を踏まえて、各当事者の名誉毀損をめぐる実務対応をまとめよう。

まずオープンＡＩ社およびＡＩベンダは、プロダクトの質を上げて名誉毀損が発生する可能性を減らしながら、そのプロダクトの有用性を高めることで、裁判所に（前記グーグル事件における検索事業者のように）「情報流通の基盤として大きな役割を果たしている」などと評価されるよう、努力をすべきであろう。また、利用規約などを通じて問題のある利用を防ぎ、必要に応じて利用規約違反に対する対処をすべきである。

そしてユーザー企業は、状況１においてこそ直ちには重大リスクに直面するわけではないものの、状況2や3においてはリスクが増大する。そこで、まずは状況1に近づける建て付けにできないかを考えるべきである。また、たとえば、状況2において、できるだけ不適切な情報が社内で流布しないよう、当該サービスに関する社内ルール（第4章**3**参照）をどうすべきかといったことを真剣に検討すべきである。

最後にエンドユーザーは、社内ルールなどを遵守するとともに、hallucination（誤り）があり得るというChatGPTの特徴を踏まえて、出力内容を鵜呑みにしないようにすべきである。

9 ChatGPTと責任

(1) ChatGPTは責任を負わないのか？

ChatGPTをはじめとするAIは責任を負わないと言われる。もちろん、自然人や法人と違ってAIには（法）人格が認められていない。[141] したがって、現行法において「AIの責任」として問題となるのは、ChatGPTそのものの責任ではなく、あくまでオープンAI社などのAI提供者の責任であろう。そして、結論から言えば一定の場合にはAI提供者もなお責任を負うものの、その範囲は狭い。重要なのは、それがどの範囲かである。

ここで、ＣｈａｔＧＰＴの責任を考える上では、契約関係にある当事者としての話なのか、それとも、第三者の話なのか、という点が重要であるように思われる。よって、まずは契約関係における免責条項について検討した上で、第三者の話を含め、どのような場合にＡＩ提供者が責任を負うかについて検討したい。

（2）契約関係における免責条項

ＡＩベンダは利用規約で免責を謳っている。たとえば、オープンＡＩ社利用規約7条(b)項は「当社のサービスは『現状有姿』で提供されます。法律によって禁止されていない範囲内で、当社および当社の関連会社およびライセンサーは、サービスに関して明示的、黙示的、法的またはその他の保証を一切行わず、商品性、特定の目的への適合性、充分な品質、非侵害性、平穏な享受などの保証を含むがこれに限定されないすべての保証を否認します。また、当社は、サービスが中断されることなく、正確であること、またはエラーがないこと、あるいは任意のコンテンツが安全であること、または失われたり変更されないことを保証しません。」とする。(142)

(141) 立法論としてＡＩ自身が責任をとるとするのであれば、特定のＡＩについて法人格的なものを与える旨の社会的合意を日本において形成する必要がある。村田健介「ＡＩと契約、不法行為、人格権」法学教室４７９号（２０２０年）38頁以下なども参照。

(142) https://openai.com/terms-of-use/. 本文はＣｈａｔＧＰＴによる仮訳を手直ししたものである。

このような免責文言によれば、少なくともＡＩ提供者としては善意で「良い回答を示そう」としたものの、hallucinationによって結果として誤った回答となったような場合には、免責条項の対象となることが多いと思われる。また政策的にも、「善意」の設計者が作成したアルゴリズムが結果的に間違った結果を表示した場合については、「ユーザーの自己責任」という方向に進んでいくのではないかと筆者は予測している。

もっとも、無条件でそのようなユーザーの自己責任を問うわけにもいかないだろう。そのためには、たとえばそのＡＩが学習型であるかルールベースであるかといったそれぞれの性質を踏まえ、ユーザーが利用にあたって気を付けるべきことなどについて一定程度の説明をする必要はあり、ＡＩ（またはその提供者）に対し、そのような「使い方の説明」の義務を負わせることは考えられるだろう。

（3）ＡＩ（またはその提供者）が責任を問われる場合

そうすると、ＡＩ（またはその提供者）が責任を問われる場合としては、ふたつの方向性があり得る。

ひとつは、契約関係で意図的な行為や違法行為がある場合である。筆者が共同代理人のひとりを務めた食べログ事件(143)は、まさにそのような特定のグループに不利になるようにアルゴリズムを調整した（元のアルゴリズムで出てきた結果より点数が低くなる調整をした）ことが問題となった事案であった（前述6(3)参照）。

もうひとつは第三者との関係である。免責条項は原則として第三者との関係では適用されない。そこで、不法行為の成立要件（それ以外にも人格権侵害を理由とする差止めなどが考えられるが、ここでは立ち入らない）を満たすか、という観点が主に問題となるだろう。

加えて指摘しておきたいのは、法規制やガイドラインその他のルールによって、AIの安全性等の確保が求められるという点である。この例としては、個人情報に関する義務やセキュリティに関する義務がある。

現在この点をめぐって国際的ルールメイキングが行われているところ、AI開発・サービス提供に対する適切なインセンティブと権利利益の保護とのバランスを考えていく必要がある。もちろん、立法論として、AI提供者に重い責任を負わせること自体は可能である。しかし、日本だけが極めて重い責任をAI提供者に課すとなると、日本においてだけサービス提供がされなくなる可能性があるだろう。実際オープンAI社は、ChatGPTがGDPR（EU一般データ保護規則）に違反するのではないかというイタリア政府の懸念を踏まえ、イタリアでのChatGPTの提供を一

(143) 前掲東京地判令和4年6月16日。

時停止した（その後提供を再開した）。このようなサービス提供停止は十分にあり得る。もちろん世界主要国が一斉にＡＩ提供者に対して一定以上の重い責任を負わせることに合意するという方法はあるが、すべての国を合意に参加させることはやはり不可能である。そうすると、その合意に参加しない国においてＡＩの研究開発が飛躍的に伸びることになりかねず、国際的なＡＩ開発競争の観点から懸念がある。

そのような観点からも、「使い方の説明義務」をＡＩ提供者に課し、そのような義務が尽くされている限りでユーザーの自己責任も認めるという前述のアイデアは、バランスのとれたひとつの処方箋になり得るのではないだろうか。いずれにせよ、この点は現在国際的ルールメイキングに向けて激しく状況が動いているところであり、最新情報に注視すべきである。

column

実は一貫している!?——筆者の研究テーマ

読者の方々のなかには、筆者がこれまで執筆してきた著書や論文を読んでくださったことのある方もおられるかもしれない。また、本書のここまでの論述においても、筆者自身のこれまでのさまざまな研究に言及したりそれらを引用したりしてきたが、「とっ散らかっているなぁ…。」と思われる向きもあるかもしれない。そこからすると、そんな筆者がＣｈａｔＧＰＴに関する著書を一人で書いているということについて、やや意外に思われるかもしれない。

筆者はこれまで、『ロボット法』（勁草書房・２０１８年）の共訳、『ＡＩ・ＨＲテック対応　人事労務情報管理の法律実務』（弘文堂・２０１９年）というＨＲテック関連の単著出版、『紛争解決のためのシステム開発法務：ＡＩ・アジャイル・パッケージ開発等のトラブル対応』（法律文化社・２０２２年）の共著など、「ＡＩと法」関連の研究は精力的にこなしてきた自負がある。ただ、あくまでも過去の研究対象は法学・法務領域を中心としており、本書のように「ＡＩが弁護士や法務担当者の業務をどのように変えるか」というテーマにダイレクトに斬り込んだものは、これまでなかった。

なお、本年6月に中央経済社から出版した共著『ChatGPTの法律』に寄稿した「ChatGPTの未来」では本書と類似するテーマを書いているものの、ビジネスパーソン一般に向けたものであり、その意味では、筆者自身としては本書との棲み分けをしているつもりである。

しかし筆者の大きな、かつ一貫した研究関心は、次のようなものである。すなわち、「AI技術を含む新技術が普及するなかで、人々の働き方や生き方がどう変わるか」という問題を、法律やそれに関係する仕事に携わる弁護士・法務担当者という観点から追究すること、である。

そして、本書はそのうちの「働き方」に関するものである。

筆者は、2015年には研究報告「ロボットと労働法」をロボット法学会設立準備研究会にて発表し、2019年には前出の著書『AI・HRテック対応　人事労務情報管理の法律実務』のなかで、AI時代の働き方の変化とそれに対する法律のあり方を論じたが、これらの議論は本書につながっている。また、2022年には『キャリアデザインのための企業法務入門』(有斐閣)を執筆したが、同書では全体としてキャリアデザイン(変わりゆく働き方にどう対応するか)という問題意識を盛り込みながら、テクノロジーと法務(同書第11章)などのテーマを扱っており、これも本書につながっている。加えて、本書と同じ弘文堂から大内伸哉『AI時代の働き方と法―2035年の労働法を考える』（２０１７年）が出版されているが、筆者はこれを出版直後に読んで感銘を受け、２０２３年には大内教授の主宰される研究会で「ＣｈａｔＧＰＴ時代の働き方と法−キャリア権、キャリアデザイン等をふまえ、２０４０年の労働法を考える」という口頭発表もさせていただいている。

言いたいことは要するに、あくまでも本書はこれらのような研究の延長線上にあるのであって、筆者としては——一見「とっ散らかっている」と思われるかもしれないが——一貫して研究をしてきている（第８章３参照）つもりだ、ということなのである。

ポリシーを持って臨むことによってこそ、さまざまな可能性が拡がるというのは、ここで述べたような情報法分野に限った話ではないだろう。読者の方々におかれてもそうしたポリシーを持つということが今後のＣｈａｔＧＰＴ時代においても強みになるということを念頭に置いていただき——場合によってはＣｈａｔＧＰＴとの対話もひとつの方法として——前向きにポリシーをご検討いただきたい。

第4章 ChatGPTを最大限に活用するために

1 リスクを踏まえた活用を

第1章4で述べたとおり、2023年時点の「生のChatGPT」には信頼性その他のさまざまなリスクがある。また、第2章2で述べたように、法律業務での活用においても、ChatGPTをはじめとする学習系AIの技術的制約をしっかりと踏まえる必要がある。欧州AI規則案附属書Ⅲ8(a)も、「司法当局が事実と法律を調査・解釈し、具体的な事実に法律を適用することを支援することを目的とするAIシステム」を「ハイリスク」に分類している。

ある意味で、2023年のChatGPTはいわば「じゃじゃ馬」のようなものであって、リスクもあることを踏まえつついかにこれを法務で使いこなすかは、ひとつの大きな課題だろう。本章では、プロダクトへの組み込みが可能であれば非常に有用であると思われるものの、それがいまだ試行段階にすぎないということを踏まえ、2023年の「生のChatGPT」の利活用を念頭に、説明をしていこう[1]。

2 ChatGPTを法務分野で利活用するには

(1) 法務分野の特徴から考える

法務分野を特徴づけるものとして、**「守秘義務」**と**「根拠」**の重要性が挙げられるだろう。その観点から、ChatGPT活用にあたっては、一般のビジネスにおける以上にこれらへの留意が必要である。

まず、守秘義務である。たとえば、弁護士は法律上の守秘義務を負っている(弁護士法23条)。また法務部門には、社内の他部門などからまだ開示されていないような秘密情報が入ってくるし、情報を利用して長期的リスク管理を行うわけであるから[2]、情報を渡しても大丈夫だと依頼部門から信頼をしてもらうことが命であり、守秘はその源泉である。そうすると、秘密保持については法律上の要求よりも厳しく考えざるを得ない(第3章参照)。

次に根拠である。法務部門こそ根拠が重要な部門である。要するに、違法・適法といった結論も重要ではないとまでは言わないものの、むしろ「依頼部門とコミュニケーションをとっていく上でどのようにすればいいか」を考える上で、適法であればなぜ適法なのか、違法ならばなぜ違法なのか、その根拠が肝心なのである。たとえば、単に「業法の規制があるので違法です」という回答だけでは何の意味もない。たとえば、その業法が特定の行為にライセンスを要求し、ライセンスがないと違法だという話なのであれば、「この業法はＡＢＣの要件をすべて満たした場合にのみライセンスを要求します。そこで、Ａを回避するために○○という形に取引内容を変えること、Ｂを回避するために○○という形に取引内容を変えること又はＣを回避するために○○という形に取引内容を変えることをご検討ください。いずれも回避できないのであれば、ライセンスが必要になってきます。ライセンスの取得の容易性と取得後の負担は○○です」といった形で「根拠」が示されるからこそ、法務部門は依頼部門とコミュニケーションをして、どのように取引内容を設計して適法としていくか、または正面からライセンス取得に向いて動くかを、依頼部門とともに検討することができる。だからこそ、根拠を示さない学習系ＡＩがたとえば「これまで蓄積したデータによれば違法な可能性は85％である」というようなことを述べるだけでは、そのようなニーズに応えることは

（1）「生のＣｈａｔＧＰＴ」とプロダクトへの組み込みとの区別については第1章参照。
（2）松尾剛行『キャリアデザインのための企業法務入門』（有斐閣・２０２２年）10頁。

できない。

(2) クライアントのデータをまだChatGPTに入れないという筆者の判断

ア 2023年の議論

このようなリスクに鑑み、2023年現在、いまだに筆者は守秘義務[3]を負うクライアントのデータをChatGPTには入れていない。

第3章でもセキュリティに関連してすでに言及したが、リスク評価においては有用性を踏まえた費用便益分析を行うことになる。すなわち、そのようなリスクを賭すだけの価値(有用性)がなければ、リスクをとらない方が合理的だ、ということである。このような観点からは、2023年の「生のChatGPT」に弁護士として守るべきクライアントのデータを入れるというリスクを賭するだけの便益は、まだないと言わざるを得ないだろう。

イ まだ入れない、ということの意味

本書は2040年の法律業務を展望するものであるところ、今後のどこかでクライアントに頭を下げて、守秘義務の対象となるデータをChatGPTに入れさせてもらう時代がくると思われる。

つまり、ChatGPTの特徴やリスクは、今後ChatGPTの性能向上や、ベンダによるプロダクトへの組み込みによって解決する可能性がある（第1章参照）。もちろん、これらがある日突然解決するというよりは、時の経過のなかで徐々に利便性が向上していくというものだろう（第5章参照）。そして2040年までの長期的な技術発展を展望すれば、リスクを踏まえてもなおChatGPTに顧客データを入れたい、という未来は必ずくると思われる[4]。

その場合には、**①最低条件としての法律上の対応、②リスク低減策、③技術革新への期待**という3点が重要である。

まず、①最低条件として法律上求められる対応をするべきである。つまり、当たり前ではあるが、違法なことはしてはならないということである。この点は第3章を参照されたいが、顧客データを学習のために使わないことや、個人情報保護などの法令遵守の確保といったことが最低限必要である。

次に、②顧客データをChatGPTに入れざるを得ないとしても、そのなかでも「入れるデー

(3) なお、水井大＝角川正憲「AIによる契約書レビューと弁護士法・弁護士職務基本規程に関する考察」ビジネス法務2021年9月号40頁は、弁護士法23条、弁護士職務基本規程23条、18条等との関係を議論していることから、この関係で参考になる。

(4) クラウドサービスが出始めた際には「クラウドを使っていいのか？」といったことが問題となっていたが、その後弁護士情報セキュリティ規程などが整備され、現在ではそうした守るべきルールを遵守した上でクラウドを利用する法律事務所も増えている。そのような歴史がChatGPTでも繰り返されると予想している。

タ」と「入れないデータ」をリスクベースで選別するべきである。たとえば固有名詞を除去した上で入れるといった対応は、(それでも顧客データであることに変わりはないものの)リスクを減らすための方法として有益であろう。

最後に、③技術の発展によって顧客データを暗号化したまま処理(秘密計算技術等)できる未来がくることに対しては期待感がある。この点については、そのような技術が発達するのが先か、一定のリスクが残るとしても顧客に「頭を下げて」それ以上の便益があることを説明してそのデータを入れさせてもらう時期が先かはわからないものの、将来に向けて一定の技術革新は期待される。

ウ　ChatGPT法律事務所

小規模の、しかしエッジのきいた法律事務所が「ChatGPT法律事務所」などと称して、「ChatGPTを使うことで弁護士費用を半分にする」などということをキャッチコピーに大々的に売り出し、実際に顧客データをChatGPTに入れる――。そのような方向性自体はまったくあり得ないとは思っていない。

当然のことながら、これには顧客の理解・納得が必須である。すなわち、そのような他の一般の法律事務所と異なる特別な顧客情報の取り扱いをする旨、および、それによってリスクはあるもののそれ以上のメリットが提供できる旨を具体的に説明し、納得を得て初めてそのような対応が可能となる。また、そこにおけるリスクに関する説明においては、リスクとメリットに関して的確かつ顧客が容易に理解できるような説明をすべきである。特に、ＣｈａｔＧＰＴを安易に法律業務に適用することで手痛い失敗をする弁護士も出てきている。[5] ある意味では、「安かろう悪かろう」にならないように、どのような工夫をしているかを説明すべきであるし、逆にその説明どおりの工夫を凝らすことが必須であろう。

（3）タスクの分解と分担

クライアントのデータを入れないという「縛り」をかけられて、「いったい法律業務でＣｈａｔＧＰＴをどう使えというのか？」という疑問が生じるのも、無理はない。これに対する筆者の答えとしては、**一連の業務をそのままＣｈａｔＧＰＴに代替させることは、少なくとも現時点においてまったく不可能であることを重要な大前提とした上で、その業務のうちの一部のタスクを支援させられないか、という観点で考える**ことである。

ここで、**タスク分解・分担**が重要になってくる。すなわち、業務を多数のタスクに分解した上で、それらのタスクについて「このタスクは人間だけで行う」「このタスクのうちここまでをＣｈａｔ

（5） https://www.bbc.com/news/world-us-canada-65735769

GPTにやってもらって、残りは人間で行う」といったように、AIと人間の役割分担に関する検討を行うのである。[6]

このようなタスク分解・分担は、新しい技術を採用して業務の一部を機械化・自動化する場合においては、常に発生するものである。たとえば、オフィスにおける繰り返し業務の自動化ソフトウェアであるいわゆるRPA（Robotic Process Automation）導入などにおいても、類似する問題が発生している。[7]

(4) プロンプトエンジニアリング

ア　プロンプトエンジニアリング10の基本テクニック

プロンプトエンジニアリングの工夫をすることも、現時点では必須である。いくつかの基本的なテクニックを挙げよう。

a　立場の明確化

たとえば「レターをドラフトしてください」というプロンプトと「レターを専門弁護士の立場でドラフトしてください」というプロンプトとでは、専門弁護士という立場を明示した後者の方が、質が高くなる。[8]

b　**記載するべき内容の明示**

たとえば、「レターを専門弁護士の立場でドラフトしてください」というプロンプトと「レターを専門弁護士の立場でドラフトし、そのレターには①②③④⑤を盛り込んでください」というプロンプトとでは、具体的に盛り込むべき内容を明示した後者の方が、質が高くなる。

c　**トーンの指定**

「柔らかな文体で、しかし決然と」「誠実かつ丁寧に依頼をする」など、文章のトーンを指定することでニュアンスをイメージに近づけることができる。

d　**想定される読者の明示**

わかりやすい説明のために、想定する読者を指定することが考えられる。たとえば、「法律につ

（6）論文や著書の執筆に関するタスク分解・分担については、筆者の「ＣｈａｔＧＰＴ・ＡＩ時代における法務部門の暗黙知～ＣｈａｔＧＰＴの法務分野における利用に関する暗黙知の研究の一環として～」ｎｏｔｅ（２０２３年３月26日）が参考になる。
（7）松尾剛行『ＡＩ・ＨＲテック対応 人事労務情報管理の法律実務』（弘文堂・２０１９年）80頁以下。
（8）この点は、第１章**2**(**4**)を参照のこと。

いて知識を有さないビジネスパーソンに対して説明する文案を考えてください。」とか「中学生に対して説明する文案を考えてください。」といったプロンプトが考えられる。

e　質より量

アイデア出しのためにＣｈａｔＧＰＴを使う場合には、飽和するまで量を出させるのが効果的である。たとえば、ＣｈａｔＧＰＴに30個のキーワードを出させた結果として面白いキーワードがそのうちの10％であった場合には、三つしか良いキーワードを入手できないことになる。しかし、（人間の部下や後輩にこれをやらせるとパワハラになりかねないものの）ＣｈａｔＧＰＴはＡＩなので、３００個キーワードを出せと言われれば文句ひとつ言わずに３００個のキーワードを――しかも速やかに――提示してくれる。その場合、同様に良いキーワードがやはりそのうちの10％であったとしても、母数が10倍なら良いキーワードも10倍、すなわち30個入手できるのである[9]。

f　ステップバイステップ

端的な結論のみを出させるのではなく、根拠をできるだけ提示させることも重要である。「ステップバイステップでロジックを明確にして回答しなさい」などとすることで、より「根拠」に近いものを出させることができる。特定のテーマについてアイデアをもらいたい場合には、たとえば「そのテーマについての専門家が書く本の章立て」を考えさせた上で、それらの章のうち、ユーザー自身が面白いと思った章の500字要約を提示させ、もっと面白ければ、より詳細な具体化を指示するといった感じで、ChatGPTと対話をしつつユーザー自身も考えながら、ステップバイステップで徐々に前に進む方法も有益である。

g　複数回実施／複数比較

これまでも何度か触れたように、ChatGPTに複数回同じ質問をすると、「類似するものの、少しずつ異なった回答」を提示する。また、異なるモデル（ChatGPTとBardなど）や異なるバージョン（GPT－3.5とGPT－4）でも、やはり異なる回答を提示する。そうすると、これらを比較することで「今回は相対的にこちらが良いからこれを参考にしよう」、といったことが可能になる。また、複数の回答が出揃ったところで、「ほかにこういう回答もあると思うが、そうではなく、なぜその回答が良いと考えるのか。」などと批判的検討を求めることで、より深い議論に至ることができる場合もある。(10)

(9)　なお、一定数を超えると「飽和」する。たとえば、筆者が「キャリア教育」に関する重要キーワードを重要な順に30個ずつ10回出させたところ、10回目からは従前のキーワードをふたつ組み合わせた物を「キーワード」として提示するようになった。
(10)　ただし、複数のあり得る考え方だとか、整理の方法が違うだけで内容は変わらない、といった回答になることもある。

h　質問を変える／より良い質問を提案させる

初回の回答が満足できない場合に、前記gで述べた「複数回同じ質問を繰り返す」という方法を利用するのではなく、似たようであっても異なる角度や表現の質問をすることで、より良い回答を得ることができる可能性がある。この場合には、「回答の際、より良い回答のためにさらに追加情報が必要なら質問してください。」といったプロンプトに基づき、ＣｈａｔＧＰＴにより良い質問を提案させることもあり得るだろう。

i　文体指定

「です・ます調」ではなく「だ・である調」とした上で、文末に「だ」は原則として利用しない、と指定することで、本書にかなり近い文体で出力される。もちろん「です・ます調」にしたければそのような文体を指定すればよい。

j　英語の利用

日本語よりも英語の方が本来の性能を発揮できることが多いため、英語が得意な読者であれば、いっそ英語でプロンプトを入力することも考えられる。日本語で回答をもらいたいなら最後に「please answer in Japanese」と付け加えればよい。英語ができなければ、日本語でプロンプトを書いてChatGPTに英訳させることも考えられる。

以上はあくまでも多数存在するテクニックの一部であるところ、SNSでChatGPTを積極活用する人をフォローするとさまざまな知見が流れてくるので、それらを実際に使って、有益なものを自分のものとするべきである。

このようなプロンプトエンジニアリングは大変なところもあるが、筆者の個人的感覚としては、工夫を凝らせば凝らすほど良い結果が出るので、なかなか楽しい。そこで、読者の方々もぜひChatGPTに触れて、前述の10のテクニックその他を利用しつつ、回答の質の向上を楽しんでほしい。

もっとも、現時点におけるChatGPTの価値は「**本来なら始めるに際して気が重い仕事を気軽に開始し、粗々なたたき台が簡単に作れる**」という部分に負うところが大いにあるだろう。そうだとすると、高精度な回答を得るためにプロンプトについてむやみやたらに時間をかけて工夫を凝らしたり、回答の質を上げるためにひたすら試行錯誤をしたりするというのは、むしろそのようなメリットを大きく減殺してしまうという点にも、(念のため)留意を促しておきたい。

イ　リサーチアシスタントの比喩

筆者は、いわゆる執筆・講演・授業等の弁護士業務以外の活動を行う際には（人間の）リサーチアシスタントに支援をしてもらっている。リサーチアシスタントに依頼する際、良い成果物を出してもらうためには、相応の工夫が必要である。

ざっくりと「良い感じのパワーポイントを作ってください。」と依頼するのではうまくいかない。たとえば、「まずはパワーポイントの骨子を考えてください。」と依頼した上で、出てきた骨子を修正し「この骨子に沿ってパワーポイントの内容を書いてみてください。」と依頼するという方法が考えられるだろう。別の例を出せば、抽象的に「この論点についてまとめてください。」などと依頼するのではなく、「この論点については、AおよびBというサブ論点があります。Aについては甲という最高裁判決があるので、それを端的に示した上で、その後の下級審による下位規範の具体化状況をまとめてください。Bについては、このコンメンタールが少し前までの裁判例と通説をまとめているので、それ以降の裁判例と新しい学者の議論を確認して補充してください。」といったように、できるだけ具体的に依頼するという方法がある。

読者の方々も、日々の業務で後輩や部下とコミュニケーションをするなかでこうした感覚を共有されているかもしれない。そしてその経験は、プロンプトエンジニアリングに役立てることができる。だからこそ、筆者はＣｈａｔＧＰＴを「いつもお願いしている方よりも、だいぶ能力の低いリサーチアシスタントが入ってきたな」というイメージで捉えることにした。その結果、ＣｈａｔＧＰＴを自然に使うことができるようになっている。

たとえリサーチアシスタントに対して指示をした経験がなくても、（法律業務に限らず）後輩や部下、友人あるいは家族に対する依頼の際により良い形にしてもらうために依頼の仕方について工夫を凝らした経験がある人は少なくないだろう。意外と身近なそういう経験が、プロンプトエンジニアリングの際の考え方の基本だったりするのである。

そして、ＣｈａｔＧＰＴに対するより良いプロンプトを考えて吟味することで、対人間的な依頼能力の向上など、新たな発見も期待できるだろう。

（５）筆者のＣｈａｔＧＰＴ活用法

ア　筆者の問題意識

弁護士の守秘義務に反しない範囲でＣｈａｔＧＰＴをいかに便利に使い、いかに業務を効率化させたり、その質を上げるか——。これが筆者の問題意識である。

そしてすでに述べたとおり、現時点ではＣｈａｔＧＰＴに対し、顧客データを入れるだけの価値は見出せていない。むしろ、顧客データを入れない範囲でできて、かつChatGPTが役に立つことは何かという観点で、さまざまな試行錯誤を繰り返している。

その結果、いわゆる「法律事務」の処理に関しては、リサーチやレビューの能力が低いという課題があるためほとんど使うことができていないものの、①**いわゆるざっくりとしたレター雛形の起案といった、顧客の秘密情報を入れる前の「型」を作らせる**、②**英語で作成した文章において、自信がない一文を取り出してネイティブチェックをさせる**、および③**書籍や講演の際のアイデア出しを依頼すると、抽象的な質問に対しては「平均的弁護士が出すであろうアイデア」を出してくれるので、これを「たたき台」として利用する**、ということが主な活用方法である。

イ　英文レタードラフト

英語のレターをドラフトすること自体は、英語がある程度できる弁護士であれば、ChatGPTなどのAIに頼らなくても可能といえば可能である。しかし、やはり外国語なので、日本語の場合とは異なる手順や思考を踏まえて準備をしなければならない。ここで、ChatGPTに「ABCがXYZに対して〇〇というレターを書きたい。ABCの代理人であるこの分野の専門弁護士の立場でレターをドラフトするように。」というようなプロンプトを書くと、一瞬で英語のレター雛形が出来上がる。雛形集を検索するまでもなく、それと同程度かそれ以下の時間で雛形という意味では合格点のもの[11]が手に入るので、初動が早くなり便利である。

ウ　ネイティブチェック

ChatGPTはネイティブチェックにも利用できる。ただし当然ではあるが、ドラフトしたレター等をそのままChatGPTに入れてしまうと、そのなかには顧客の秘密情報が含まれてしまうため、弁護士としては、そのような対応を避けなければならない。

そこで、「この文の運び方には自信がない」というものを文レベルで選択し、必要に応じて情報を消した上で、「専門家らしく、自然に（"professional and natural"）」なるよう、変更を指示する。なお、その際は、なぜその変更をしたのかについてひとつひとつ理由を示すように（"Please explain to any and all changes you make, why such changes are necessary"）指示すること（第1章2(5)参照）も肝要である。

エ　「たたき台」

ChatGPTはアイデア出しに利用するのが最も効率が良いと、筆者は考えている。その場合

(11) 要するに、単にChatGPTの吐き出したものを単にワードにコピーして、依頼者名などを入れれば完成するということではなく、あくまでも「雛形」なので具体的事情を反映するための一定以上の修正は必然的に発生するという趣旨である。

には、「専門家である弁護士」とか「その問題を専門とする大学教授」が本を書くので各章のタイトルを列挙せよ、といった形にすると、体系的にアイデアを出してもらえる。その上で、自分として興味のある章の内容を要約してもらったり、（その章に含まれる）キーワードを列挙してもらったりすることで、自分が興味のある（採用を考える）アイデアについて構想を深めることができる。

また、複数の回答を得たり、質問を変えることで、得られるアイデアの範囲を広げる。さらに、その複数の回答を「反対意見としてこのようなものがあるが、どのように考えるべきか」として相互に検討させることで、よりアイデアを深めていくことができる。

その後は実際の執筆を、文体、トーンといった指定して行わせ、それを「たたき台」とすることもできる。また最後に、てにをはのチェック等の校正をさせることもできる。

実は、本書の一部にはこのような「たたき台」を作らせるという部分についてChatGPTの力を借りた部分が相当程度含まれているのであるが、見分けがつくだろうか。

(6) 将来的な顧客データの投入とリーガルテックプロダクトへの組み込みの期待

ここまでの説明を踏まえ、もしかするとChatGPTに対する期待が萎み、法律業務には使えない、使える程度が低いと思われた方もいるかもしれない。

しかし、繰り返しになるが、このような限定的にしか利用できない状況は遅くとも2040年までは解消され、顧客の理解を得て、顧客データが投入されるという将来像を筆者は予測している。また、ＣｈａｔＧＰＴを利用したプロダクトがＣｈａｔＧＰＴのリスクとその裏返しとしての利用可能範囲の狭さを、解決してくれるかもしれない。

3 ＣｈａｔＧＰＴの利用について組織内でどのようなルールを策定すべきか

(1) 問題の所在

本書において何度も強調しているように、ＣｈａｔＧＰＴにはメリットがあるものの、同時にリスクもある。「普通のビジネスパーソン」が利用した場合においてそのリスクの発現を回避できるようなリスクコントロールを行うために、社内ルールを策定することが重要である。以下では、会社などの業務において従業員がＣｈａｔＧＰＴを活用するにあたって、どのような具体的な社内ルールを策定すべきかを考えていきたい。

(2) 公表済みのルールの例

まずは、すでに公表されている一定の公的なルールの例をふたつほど挙げたい。これらが完璧だという趣旨ではないが、参考となるだろう。

ア　政府の申し合わせ

２０２３年5月8日に日本政府は、「ＣｈａｔＧＰＴ等の生成ＡＩの業務利用に関する申合せ」[12]を策定した。このなかでは次のように述べられている。すなわち、不特定多数の利用者に対して提供する、画一的な約款や規約等への同意のみで利用可能となる外部サービス（ここでは、ＣｈａｔＧＰＴが念頭に置かれる）について原則として機密情報を取り扱うことはできないとした上で、組織の承認を得ずに無断で職員等が外部サービスを利用する（シャドーＩＴ）の利用への懸念から、組織の承認を得るべきとする——。比較的短いものの、取り扱うことができる情報の限定と、シャドーＩＴの問題の解消をすべきという重要な点に触れている。

イ　ＪＤＬＡガイドライン

日本ディープラーニング協会（ＪＤＬＡ）の見解も見てみよう。その「生成ＡＩの利用ガイドライン」[13]では、まず①生成ＡＩを利用してはならない業務を特定した上で、②データ入力に際して注意すべき事項と生成物を利用するに際して注意すべき事項に分けてガイドラインを作るべき、としている。具体的には、前者（①）については、第三者の著作物の入力、登録商標、肖像、個人情報、秘密情報等に留意すべきとし、後者（②）については、生成物の内容に虚偽が含まれる可能性があること、生成物を利用する行為が他人の著作権、商標権、名誉・信用等を毀損する可能性があること、生成物に著作権が発生する可能性があること等への留意が必要としている。なお、このような社内ルールにおいては、実際に利用を認めるサービス（たとえばＣｈａｔＧＰＴ）の利用規約に即した留意点も記載すべきとされている。

最初に挙げた政府申し合わせより比較的長く、また、条文と解説があるので、比較的とっつきやすいとも言える。もちろんこれも完璧ではない（そして、以下の筆者の議論も、同様に完璧ではない）。

（3）その他のルールに盛り込むべき内容

ア　他のプロダクトへの組み込み

ＣｈａｔＧＰＴを直接利用する場合の話だけではなく、そのようなＣｈａｔＧＰＴを組み込んだプロダクトを利用することの問題についても、やはり検討が必要である。

(12)　https://www.digital.go.jp/assets/contents/node/basic_page/field_ref_resources/191f444c-37fe-4c38-9909-09d9ccdb23af/8890de1c/20230508_meeting_executive_outline_02.pdf
(13)　https://www.jdla.org/document/?utm_source=prtimes&utm_medium=referral

基本的には、プロダクトへの組み込みによってリスクコントロールが可能となれば、「生のＣｈａｔＧＰＴ」を利用する場合のルールをそのまま適用するだけではなく、むしろ緩和することさえも考えられる。ただし、すべてのプロダクトが良いとは限らないことから、むしろリスクを増大させるものではないか、という検討は必要である（第1章5(8)参照）。たとえば、一見良さそうに見えても、あまりにもＵＩ／ＵＸがうまくできすぎており、ＣｈａｔＧＰＴのリスクを忘れさせる（つまり、その回答があくまでもＣｈａｔＧＰＴの回答にすぎず、本来はユーザーにおいて検証・吟味しなければならないのに、そのことを看過させる）ものなら、そのリスクに対応する必要があるだろう。

実務上よく使われている類型のひとつは、マイクロソフトがMicrosoft Azure 上で提供するAzure OpenAI Serviceである。提供者が馴染みのあるマイクロソフトであるため、こちらの方がオープンＡＩ社と直接契約するよりも安心感があるとして、大企業が会社として契約する場合に好まれている(14)。

イ　一括承認・個別承認、会社としての契約

ＣｈａｔＧＰＴとのつき合い方は会社によりさまざまである。日本経済新聞の報じるところによれば、「業務に使うな」とした上で一部のチームで試行しているところもあれば、「このデータなら入れてもよいがこのデータはダメだ」としているところ、「社内利用と生成物の社外への提示」に

分けて前者をOK、後者をNGとしているところ、「使いたい場合の報告・承認」を求めているところ、自社で契約をしているところ、などに分かれるという[15]。

たとえばアップルが（オープンAI社の株主であるマイクロソフトが競合であるということをひとつの理由として）リスクが高すぎるのでChatGPTの業務利用を認めないと意思決定している。

このように、具体的な状況を踏まえてChatGPTを利用しないという判断をすることが間違っているとは思わない。しかし、一般的な企業において「永続的なChatGPT利用禁止」を原則とすべきなのかというと、筆者はそのようには考えていない。すなわち、たとえ表向きでは禁止がされていても、そもそも従業員が多数の組織ではこっそり使う人が出てきてしまう可能性が高いし（シャドーIT）、また何よりも、禁止することで将来的に必要なリテラシーを獲得する機会を奪ってしまい、会社としてもDXに乗り遅れるという観点からは、一定範囲でリスクをとって何らかの業務利用を認めるという方向性が望ましいのではないだろうか。その場合、現時点でChatGPTを含むITリテラシーが低い従業員が多いといった状況があるのであれば、現時点では暫定的に禁止した上で、早急にChatGPTの使い方を説明する教育・研修教材などを作成し、それを見

(14) なお、「従業員用文章生成AIシステム」を開発して使わせる企業も一部出ている<https://news.panasonic.com/jp/press/jn230414-1>。

(15) 「対話型AI、我が社のルールは？　MIXI『社外秘も入力可』」日本経済新聞ウェブ版2023年5月8日<https://www.nikkei.com/article/DGXZQOUC14BGE0U3A410C2000000/>参照。

て学んだ人から一定の条件の下でＣｈａｔＧＰＴの利用を解禁するといった段階的アプローチも（当該「暫定的禁止」が永続するといったことにならない限り）あり得る方向性だろう。

なお、原則禁止・個別承認であっても原則許可・個別確認であっても、承認や確認をする部門が必要である。しかし、その部門が本当に実質的な評価・検討を実施することができる能力を有しているのか、判断の際にどのような書式でどのような情報を出させるのかなどについて、事前に検討が必要である。

ウ　ケンタウロスモデル

ここまで述べてきたようなリスクを踏まえると、馬と人が組み合わさったケンタウロスのように、人間とＡＩが協働をしてＡＩのリスクを管理するというケンタウロスモデルが、現時点のベストプラクティスである。[16] ルール作りにおいても、何をＣｈａｔＧＰＴに入力すべきかを人間に検討・吟味させる、ＣｈａｔＧＰＴの出力結果に対する人間による確認・検証を必須とするといった対応を基本として、検討すべきである。

エ　メールアドレス

基本的には、ＣｈａｔＧＰＴに私的メールアドレスで登録をすると、（チャット履歴を残す設定にした場合）会社を辞めた後に、私的メールアドレスでログインして在職時代のデータを抜き取るということができてしまう。そこで、ＣｈａｔＧＰＴに一定の業務用データを入れたり、ＣｈａｔＧＰＴの回答を業務に利用したりするならば、会社のメールアドレスで登録させる方向を検討すべきである。しかし、その場合には当然のことながら、「信頼できないＡＩベンダ等の会社に会社のメールアドレスを渡すことで、攻撃がされやすくなるという」問題も考慮が必要だろう。この点は、信頼できるプロダクトを会社の方で限定列挙すべきだろう。このあたりが、前記のAzure OpenAI Serviceが大企業に比較的好まれる理由のひとつかもしれない。

オ　その他

「ＣｈａｔＧＰＴ自体を使ってもよいが〈ChatGPTが間違えたから〉という言い訳はさせない」とか「ＣｈａｔＧＰＴを利用したことを開示し、上司に対してＣｈａｔＧＰＴをどのように利用したかを説明する（プロンプトの開示など）」といったルールもあり得る。[17]

---

(16) 松尾・前掲注（7）64頁参照。

(17) これによって上司が「こういう使い方もあるのか」としてＡＩについて学習を始める機会になるかもしれない。

(4) ルール策定手順

ア　本来的な策定手順

それでは、実際にそのようなルールをどのような手順で策定していくのかを見ていこう。ルール策定は本来、**①利用状況調査、②射程の決定、③どの範囲で利用を認めるかの方向性の決定、④個々での利用のみを認めるか、自社で契約して利用させるかの決定、⑤抽象的なルールの策定、⑥具体的なマニュアルなどへの落とし込み**（または、⑦目の前で想定されるプロダクトに限定して具体的なルールを策定することでマニュアルに代える）、という手順で進めることになる。以下、それぞれを説明していこう。

a　①利用状況調査

まずはＣｈａｔＧＰＴが現時点でどのように利用され、また、今後はどのように利用される可能性があるか、利用状況調査を行う必要がある。個人情報保護法の文脈では「どこにどのようなデータがあるか」すなわちデータマッピングが行われるが、そのＣｈａｔＧＰＴ版と理解されたい(18)。そして、ＣｈａｔＧＰＴに関するルールは、各社における現実の利用状況を反映したものとしなければばならない。たとえば、本社の各部門（だけ）に尋ねたところ「あまり強い利用意向はないが公開情報を入力する範囲でＣｈａｔＧＰＴを使うことはあり得る」といった話だったので、その前提でルールを作成した後、実は（本社ではなく）研究所においてはすでにＣｈａｔＧＰＴを利用しており、そのようなルールでは困るなどのクレームが入るといった状況は、容易に想定可能である。質問の仕方はいろいろあるだろうが、ＣｈａｔＧＰＴやＬＬＭ（大規模言語モデル）に限らず、それらを組み込んだプロダクトの利用を確認するべきである。

ここで、「大規模言語モデルまたは大規模言語モデルを組み込んだプロダクトを利用していますか、今後利用する意向はありますか？」という漠然とした質問では、質問を受けた現場の従業員にとって、そもそも現在利用されている（または今後の利用予定がある）特定のプロダクトがＣｈａｔＧＰＴを組み込んだプロダクトであるか否かがわからないため回答のしようがない、ということもあるだろう。ひとつの方法は、そのような一般的質問に加え、有名なプロダクトを例示したり、「大規模言語モデルはたとえばチャット形式でやりとりができるものが多いことから、チャット形式でやりとりができるプロダクトについては、明らかに大規模言語モデルではない場合を除き、併せてご回答をお願いします。」などとイメージを与えることである。もちろん大規模言語モデルのエンジ

(18)　個人情報保護委員会事務局「データマッピング・ツールキット（個人情報保護法関係）」（２０２２年10月）<https://www.ppc.go.jp/files/pdf/data-mapping_tool-kit.pdf>。

ンはチャット形式ＵＩの実装と必ずしも結びつくものではないものの、情報収集の網羅性を向上させるための努力として参考になる[19]。

b　②射程の決定

オープンＡＩ社のＣｈａｔＧＰＴのみ利用可能とする、といったようにプロダクトを限定列挙できれば、そのプロダクトに即したルールを作ることができるわけであるから、よりリスクは低くなる。これに対し「大規模言語モデル」「生成ＡＩ」などという広い範囲をとった場合には、どうしても抽象的な「重要情報を入れない」「結果をそのまま業務に使わない」などといった点の指摘にとどまらざるを得ない傾向にある。たとえば利用が具体的に想定される（または自社で利用を許可する）代表的なプロダクトについては⑥具体的なマニュアルなどへの落とし込みを実施することで、それぞれのプロダクトごとのリスクや利用規約に応じた具体的な対応を明示すべきである。

c　③どの範囲で利用を認めるかの方向性の決定

この点については前述（3）イを参照されたい。

d　④個々での利用を認めるだけか、自社で契約して利用させるかの決定

個人でアカウントを開設してよいとするのか、それとも自社で契約して利用をするかという問題である（メールアドレスについては前述**(3)**エを参照）。自社で契約することで、統一的に自社が利用を可能とするプロダクトを利用させることができる（自社契約のプロダクト以外は利用禁止とする）というメリットはある。また、従業員は通常オプトアウト（第3章参照）しない限り学習に利用される「生のChatGPT」を使うところ、いくらルールを作っても、オプトアウトをしない従業員も出てくるという観点からは、会社が学習に利用されないよう、APIを契約することがセキュリティの観点からも優れている。ただ、一定の費用がかかることから、費用対効果の観点から、少なくとも最初は個人での利用を認めるだけという判断も十分にあり得る。

e　⑤抽象的なルールの策定

少なくとも抽象的なルールは（その内容が禁止であれ、条件付き許容であれ）どの組織であれ持っておくべきだろう。会社として何も方針を決めないと、前述した「シャドーIT」、すなわち会社

(19)　なお「AIすべて」とすると、乗換案内アプリなどの幅広いものが含まれるし、そもそもAIとは何かという議論も出てくるので、そのような方向性は個人的にはあまり勧めていない。

の知らないところで業務情報が第三者のサービスに入力され、漏洩などが生じる可能性もある。

f　⑥具体的なマニュアルなどへの落とし込み

しかし、抽象的なルールだけだと具体的場面で何をしていいのかがわからないし、各プロダクトごとに利用規約も微妙に違っている。したがって、具体的な利用の場面場面で従業員自身が「これをやっていいのか」を判断できるよう、マニュアルなどに落とし込むべきである。

g　⑦目の前で想定されるプロダクトに限定して具体的なルールを策定することでマニュアルに代える

前記⑤および⑥については2種類のドキュメントを作成するのが大変という考えもあるだろう。そうであれば、たとえば自社はオープンAI社のChatGPTのみを許容すると決めた上で、それに限定した具体的なルールを1本策定することで、マニュアルを作らなくてもその目的を達成できる。

イ　現実的な対応

もちろん、とにかく一刻も早く何らかのルールを策定しなければならない、という状況はあり得る。その場合の現実的な対応としては、まずは前述（2）で紹介したようなルールの例を参考に、

①入力における注意点、②出力における注意点などの「比較的抽象的なルールを策定し、またはそのようなルールを策定する予定であることを社内で公表して意見を求め、その上で反応を踏まえてより良いものとする」という、いわゆるアジャイル・ガバナンス的手法の応用はあり得るだろう。[20]

(5) 実務対応

以上を踏まえ、実務対応上のいくつかの留意点を最後にまとめたい。

ア　自社が利用することが想定されるＡＩの種類に即した対応をすべきこと

たとえば、ＣｈａｔＧＰＴなのか、Azure OpenAIなのか、それを個人が契約するのか、会社で契約するのかといったように、自社が利用することが想定される各ＡＩとその利用態様に即したルールを策定すべきである。

イ　自社が利用するシーンに即した対応

リサーチに使うのか、翻訳に使うのか、文書生成に使うのか、画像生成をするのかなど、自社の

(20) https://www.meti.go.jp/press/2022/08/20220808001/20220808001.html

従業員が利用するシーンを具体的にイメージし、それに即して何を行うべきかを明示すべきである。

ウ　抽象的な「既存のルールを遵守せよ」では現場は動かない

ＣｈａｔＧＰＴ活用との関係で慎重な配慮を要する個人情報や秘密情報に関しては、すでにルールやポリシーが整備されている会社もあるだろう。そうすると、「すでに存在するルールやポリシーはＣｈａｔＧＰＴの利用においても同様に適用される。それらの社内ルールやポリシーを遵守せよ」と書けば、楽にルールが策定でき、また、内容も間違いではないので最善だろう——、このように考えるルール策定担当者もいないわけではないだろう。

しかし、現場の各従業員がそのルールを守るだけで結果的に自然にルールが遵守される状況を実現するという意味では、具体的に自社の機密情報分類のうちどのランク以上は入れるべきでないのか、プライバシーポリシーに沿った対応として具体的にどこまで対応可能か（たとえば自社のプライバシーポリシーでどこまで分析をするとしているか）、などを明示すべきである。

エ　監視監督

単にルールを作ったら終わりではなく、実際にルールが遵守されているのかを監視・監督すべきである。たとえば、会社のＰＣで利用させるのであれば、接続先の確認などを踏まえて、許容していないプロダクトの利用がされていないかなどを確認するといったことがあり得る。

第5章 ChatGPT時代のリーガルテック①——総論

1 将来の業務に利用される技術は何か

第4章までは、主に現在を念頭に、ChatGPTといったAIがどのようなもので、どのようなリスクと法律問題があり、そのリスクをどのようにコントロールして法律業務のなかで使っていくべきかを論じてきた。そこで本章以降では将来に目を向けて、ChatGPTをはじめとしたAIの技術発展と法律業務への影響を、法律業務と関係の深いリーガルテックを念頭に論じていきたい。

まずは本章および第6章において、ChatGPTを含むリーガルテックの技術発展の動向を説明したい。すなわち筆者は、ChatGPTを含むリーガルテックが、現在または将来の弁護士や法務担当者（インハウスを含む）であることが想定される読者の方々の将来の業務に利用されることになっていくと予測している。つまり、ＣｈａｔＧＰＴを含むＡＩの技術的制約（第２章参照）から、読者の方々の業務が全面的にＡＩに置き換えられることはないものの、ますます便利になるＡＩ（リーガルテック）が、徐々に読者の方々の業務において利活用される範囲が広がり、２０４０年を念頭に将来像を考えれば、ほぼすべての業務が、人間とＡＩ（リーガルテック）の協働によって遂行されるようになるものと予想している。

だからこそ、ＣｈａｔＧＰＴを含むリーガルテックが将来どのように発展するかというのは、読者の方々が将来の業務においてどのような技術を利用するのかを示唆すると考えられる。そこで、本章および第６章の内容は、いわば筆者による読者の方々の業務の未来予測であるとご理解いただきたい。

具体的な分野別の各論については第６章で検討するとして、本章では総論的な技術進展の方向性について論じたい。

2　リーガルテックにＣｈａｔＧＰＴが組み込まれ、業務が変わる

第１章では、２０２３年時点の「生のＣｈａｔＧＰＴ」の課題を解消する方法として、「ベンダによるＣｈａｔＧＰＴのプロダクトへの組み込み」が挙げられると論じた（第１章４参照）。ここで、

リーガルテックこそ、まさにそのようなプロダクトへの組み込みが積極的に行われる分野であることを指摘しておきたい。

リーガルテック企業各社はすでにこの「プロダクトへの組み込み」を発表している。国内では、リーガルオンテクノロジーズ、GVA TECH、MNTSQなど複数のリーガルテック企業が、すでにLLM（大規模言語モデル）技術の利用を公表している。リーガルオンテクノロジーズのプレスリリースによれば、リーガルフォースというその契約レビューサービスにおける修正文例がこれまではアップロードされた契約書がどのようなものであっても同様の文言であったのが、アップロードされた契約書の表記方法（たとえば甲・乙なのか、委託者・受託者なのか）などを反映したものになるようChatGPTを利用して例文を表示する機能を組み込むそうである。[1]

またGVA TECHは、契約レビュー機能向上、ナレッジマネジメントおよびその他の法律業務の効率化にChatGPTを利用する旨を発表している。[2]

さらに、MNTSQの構想は――同社社長が日本組織内弁護士協会（JILA）で行った講演[3]における説明による限り――こうである。すなわち、ナレッジマネジメントを主な内容とする自社の

(1) https://legalforce-cloud.com/news/52
(2) https://prtimes.jp/main/html/rd/p/000000140.000033386.html
(3) https://jila.jp/2023/05/3134/. なお、筆者も登壇し、同社社長と対談している。

プロダクトをＣｈａｔＧＰＴ技術によってさらに効率化させ、雛形の提供といったＡＩでもできるもの（ＡＩにさせるべきもの）はＡＩが直接現場からの依頼に対応するが、契約条項の修正のように専門家（弁護士・法務担当者）の確認・検証が必要なものは、ＡＩがチャット形式で依頼部門と対話し、その結果を法務として利用しやすい「契約審査依頼書」などの形式で出力する。その内容を踏まえ、法務がＡＩの支援を受けながら契約レビューを行い、依頼部門への説明もＡＩの支援を受けながら行う――。このような未来像を想定し、ＭＮＴＳＱはそれに向けたプロダクト開発に努めている。

筆者は、これらのようなＣｈａｔＧＰＴを組み込んだリーガルテックプロダクトは、将来の法務業務を変えていくと確信している。

そして筆者は、第1章で述べたとおり、このようなリーガルテックプロダクトこそが将来法務において利用され、法務の業務のあり方を変えるのであって、「生のＣｈａｔＧＰＴ」が法務の業務のあり方を変えることはないと考える。「生のＣｈａｔＧＰＴ」はもちろん進化を続けるだろうし、オープンＡＩ社がＣｈａｔＧＰＴにおいて最新の機能を組み込んだ後に、リーガルテック企業各社がその最新の機能を活かしてプロダクトをアップデートするだろう。そうすると、ＣｈａｔＧＰＴの最新機能搭載からリーガルテックプロダクトへの最新機能搭載まで一定のタイムラグがあることは間違いない。そこで、いわゆる新しもの好きのイノベーターやアーリーアダプター（第1章参照）

は、最新機能をいち早く利用するため、好んでＣｈａｔＧＰＴを使うのだろう。しかし、それは多数派ではない。２０４０年の多数派の法務担当者は、信頼できるリーガルテック企業各社がリスクをコントロールした形で最新の有用なＣｈａｔＧＰＴの機能をリーガルテックプロダクトへ組み込むのを——最新機能を利用できるまで多少のタイムラグがあるとしても——待ち、その後でそれを利用するのだろう。

3　ある日突然世界が変わるわけではない——業務変革は漸進的

ＣｈａｔＧＰＴの登場は確かに話題になった。しかし、たとえば、ＣｈａｔＧＰＴがリリースされた２０２２年11月以前と以降で読者の方々の業務は大きく変貌しただろうか。筆者は、少なくとも弁護士のなかではＣｈａｔＧＰＴの業務活用に向けた研究を進めている方だとは思うが、それでも、筆者の業務は少なくとも大きくは変わっていない（第4章参照）。それでは、ＣｈａｔＧＰＴが業務を実際には変えていないという現在の状況を理由に、ＣｈａｔＧＰＴによる業務変革は生じない、と結論づけてよいのだろうか。

また、リーガルテックプロダクトにＣｈａｔＧＰＴを組み込んだといっても、現時点ではまだ荒削りである。たとえば「オープンβ」として提供されるプロダクトが行う法務業務の支援の程度は低く、少なくとも中堅以上の法務経験者なら「これならばまだまだＡＩは大したことがない、これならばリーガルテックを利用せずに対応しても問題がない」と判断する程度のものかもしれない。そうであれば、リーガルテックプロダクトは将来的にも業務を変革しないのだろうか。

少なくとも長期的（２０４０年想定）に見ればこれらふたつの質問いずれに対する回答も、ＮＯである。

新技術の発展による業務変革はいつも漸進的に行われる。たとえば、パソコンの利用、電子メールの利用等々、いずれにおいても、最初は一部の人しか使っていなかったのが、徐々に技術が発展してより良いものとなるなか、利用者数や利用率が徐々に増大し、ついには、「法律事務所・法務部門の業務のあり方の常識」が変わっていった。そして、この理はリーガルテックにも当てはまるだろう。

第１章および第２章では契約レビューテクノロジーの例を出して説明したが、リーガルテックプロダクトは日進月歩で進化していく。筆者が最初に契約レビューＡＩというものに触れた２０１８年と比べれば、２０２３年のプロダクトは確実に進化している。特に、「表記揺れ」への対応能力が飛躍的に向上しており、とりわけ定型的な契約において、自分のレビューに抜け漏れがないかをざっとチェックする際に、有意義な参考情報を提供してくれる。しかし、この２０２３年時点のプロダクトはある日突然出現したのではなく、ベンダ各社がユーザーからのフィードバックなどを踏まえながら、徐々に改善を繰り返してきたことによるのである。

そして、将来的にも、「明日突然、革命的なプロダクトが出現して、法律業務を一変させる」というような事態にはならないと思われる。すなわち、一足飛びに「特定の分野において弁護士と同程度の成果を出すプロダクト」というようなものが突然リリースされるはずはない。むしろ、アップデートで数か月前や1年前よりもより良いプロダクトがリリースされ、また次のアップデートでさらに良くなるという形で、徐々に利便性が向上していくことが予想される。だからこそ、現時点のリーガルテックの能力のみをもって法務業務は変わらないと即断するよりも、2040年といった長期スパンでは法務業務が変わる、ということを前提に、それを見据えてどのように動くかを考える方が有益だと筆者は考える。

4 リーガルテック発展のふたつの方向性――「既製品」と「テーラーメイド」

このように、リーガルテック分野においても技術発展は漸進的に起こっていくことが予想されるが、その技術発展の具体的な方向性としては、まさにシステム開発で論じられているように[4]、「既

(4) この点については、松尾剛行＝西村友海『紛争解決のためのシステム開発法務』(法律文化社・2022年) 514頁以下で詳論している。

製品」型と「テーラーメイド」（オーダーメイド）型のふたつがあり得ると考えている。

まず、既製品というのは、まさに現在のリーガルテックの主流のプロダクトと同様に、ＳａａＳ（Software as a Service：クラウド上で提供されるソフトウェア）のような形で、特定のプロダクトをすべてのユーザーに提供するという方式である。たとえば、契約レビューであれば、リーガルテック企業が当該契約類型一般で必要と理解されている内容を反映するという意味で適切なチェックリスト（第2章3(1)参照）を準備して、当該チェックリストに基づきユーザーがアップロードをした契約と突合・照合する。リーガルテック企業としてのノウハウの蓄積や技術力の向上を反映して、チェックリストの適切性のレベルと自然言語処理による突合・照合の精度は常に高まっていく。特にＣｈａｔＧＰＴなどの学習系ＡＩではデータが重要であるところ、リーガルテック企業にはデータも集中することが想定される。

また、多数のユーザーが同じプロダクトを利用するのであれば、ユーザー1社当たりの費用負担は下がると想定される。ＣｈａｔＧＰＴを組み込んだプロダクトという意味では、リーガルテック企業の提供する最先端のプロダクトを、すべての法律事務所・会社が比較的安価に利用できるという、いわゆる既製品型のプロダクトの発展は将来予測として合理的であろう。

なお、2点付言したい。1点目は、ユーザーのニーズに合わせた一定程度の変更は既製品であっても可能だということである。契約レビューＡＩならば、ユーザーの雛形とアップロードされた契約の比較ができるとか、ユーザーごとにチェックリストの重要度設定を変更することができるなど、一定のチューニングなどは可能である。しかし、基本的にプロダクトとしてはひとつであって、あくまでもそのプロダクトがあらかじめ許容する範囲の設定変更しかできない。その意味で、そのような契約レビューＡＩはなお既製品である。

２点目は、変更できる範囲が一定程度にすぎない以上、自社の特別なニーズがある企業にとってはそれに対して完全に応えてもらうことはできないということである。これは既製品である以上やむを得ないのであって、本当に自社のニーズに応えた製品が必要なのであれば、次に述べるテーラーメイドを選ぶほかないだろう。

次に、テーラーメイドというのは、ユーザーであるそれぞれの法律事務所・会社がベンダ（ＡＩ企業・リーガルテック企業）に依頼して、ユーザーのナレッジやノウハウを活かした自社専用のリーガルテックプロダクトを作ってもらうというものである。これによって、自社のニーズに合致したプロダクトを利用することができる。また、そのようなプロダクトをユーザーのサーバにおいてオンプレミスで提供することで、クラウドを通じて提供する場合よりユーザーの安心感を増大させるという側面もあるかもしれない。[5] すでに既製品型のリーガルテックプロダクトを利用している企業

（5） なお、クラウドとオンプレミスのどちらが安全かについては松尾剛行『クラウド情報管理の法律実務〔第２版〕』（弘文堂・２０２３年刊行予定）第２章第４節１を参照。

のうち、プロダクトの現状に不満があっても、当該プロダクトを提供するリーガルテック企業の行う改善の方向性が当該不満を改善する方向性であれば、一定期間を待てばその不満の程度は減少していくと想定されるだろう。しかし、不満の源泉が自社の特殊なニーズであって、リーガルテック企業としてそれに対応した改修をする予定がないのであれば、将来的にも、その不満は継続するだろう。そして、そのような自社の特殊なニーズを満たすためには、当然のことながら、このような自社専用のリーガルテックプロダクトを作るために相当の費用をベンダに支払う必要がある。

そのため、テーラーメイドでプロダクトを作ってもらうのは、既製品と比較すれば相対的に多額のテーラーメイドのコストを負担できる場合に限られるだろう。ただし、たとえば「全社ＤＸ」の一環として法務を含む全部門の業務のＡＩ化に対して予算がついた会社であれば、十分な費用を支払うことで、自社にとって、まさに痒いところに手が届くようなプロダクトを入手できるかもしれない。

なお、これらふたつの中間的な方向性として、「既製品について追加で仕様変更等をしてもらう」という――いわばセミオーダー的な――方向性がまったくないわけではない。これはパッケージソフトウェアの開発の世界において、いわゆるアドオン開発と呼ばれるものである。そもそも、各ベンダがそのようなアドオン開発を許容するかどうかという問題があるだろう。ベンダとして、アドオン開発をされてしまうことで、せっかくベンダとしてＣｈａｔＧＰＴを含むＡＩのリスクをコントロールしていたのがかえってリスクが増大する結果になるのであれば、アドオン開発に対して否定的に考えることになるだろう。また、リーガルテックベンダとアドオン開発を行うベンダが異なるのであれば、トラブルの際に誰が責任をとるのかという問題が生じることもあるだろう。そこで、そもそもベンダにアドオン開発を拒否されてしまうかもしれない。

また、仮に、リーガルテックベンダが相応の費用負担と引き換えにユーザーのニーズに合わせた特別な変更をすることに応じたり、一定の条件の下、ユーザーが第三者ベンダにアドオン開発を依頼することを承諾してくれたとしても、その既製品を適切な程度の変更にとどめないと、結局は費用が爆発的に増えてしまって、最初からテーラーメイドにしておいた方が安かったという結果になってしまうかもしれない。もっと悪い方向に行けば、結局のところ、費用をかけても適切な開発に成功せず、プロジェクトが頓挫することになるかもしれない。

比喩的に言うと「既製服のボタンを変更する」程度の修正であれば、費用をミニマイズしながら自社のニーズに合ったものが作れるという意味でアドオン開発を肯定的にとらえることもできるかもしれない。しかし「着物をスーツに仕立て直せ」というのではそもそも断られる可能性は高いし、仮にやってもらえるとしても、テーラーメイド並みのコストがかかるかもしれないし、そもそものような大変な作業をするなら最初からテーラーメイドで対応した方がよい、ということである。

ここで、システム開発においては、ユーザー側が簡単な変更だと安易に考えていても、技術的には他の部分にも大きな影響を及ぼし、重大な変更となることがよく見られることも指摘しておきたい。その結果として、ユーザーが真に「この程度はちょっとした変更で、既製服のボタンを変更する程度の修正なのだ」と信じていても、技術的にはそのような程度をはるかに超えた修正になる可能性があることにも留意が必要である。

5 「正解」がある分野のリーガルテックの飛躍的発展の可能性——リサーチ系リーガルテックなど

2023年現在、筆者はChatGPTを「たたき台」作りなどの「正解がない」分野において、あえて活用している（第4章参照）。たとえば、法律業務におけるChatGPTの利用について300個キーワードを出させた場合に、出てきたもののうちどれを「良い」とするのかはユーザーにより異なるだろう。そのような**「正解がない」分野において「下手な鉄砲も数撃ちゃ当たる」の精神で利用するというのが、2023年におけるChatGPTの利用という意味では比較的有益である。**反面、現時点の生のChatGPTが正解を導き出す能力が低いので、リーガルリサーチなどの「正解がある」分野に利用することは適切ではない。近時、米国の弁護士が判例リサーチにChatGPTを活用し、それを鵜呑みにしたために、裁判所に正式提出する準備書面にChat

ＧＰＴの作成した架空の判例を引用してしまい、問題となったと報じられているが[6]、まさにこれが、「正解がある」分野におけるＣｈａｔＧＰＴ利用の怖さである。

しかし、前記のとおりリーガルテックプロダクトにＣｈａｔＧＰＴが組み込まれれば、リスクコントロールがなされ、プロンプトエンジニアリング、データおよびファインチューニングにより有用性向上が期待される。たとえば、リーガルリサーチについて言えば、弁護士や法務担当者が実務で利用しない、インターネット上の資料だけをもとにした２０２３年のＣｈａｔＧＰＴ（Ｗｅｂブラウジング機能を使っても、２０２１年時点のインターネット上の資料が、２０２３年時点のインターネット上の資料に変わるだけである）を利用した場合に良い調査結果を期待することはできない。しかし、弁護士や法務担当者が実務で利用する書籍・論文・判例などの情報を利用できるようになれば、飛躍的に能力が向上する。

個別分野ごとの発展の展望については次章に譲るが、「豊富なデータ」に基づき「正解」が導き出せる分野においては急速な発展が予想されるところ、リサーチ系リーガルテックはその典型である。

データについて言えば、ＣｈａｔＧＰＴは学習型ＡＩなのだから多くのデータから学習をする。

（6） "A lawyer used ChatGPT to cite bogus cases. What are the ethics?" *REUTERS* 2023/5/31 <https://www.reuters.com/legal/transactional/lawyer-used-chatgpt-cite-bogus-cases-what-are-the-ethics-2023-05-30/>.

そこで、そのようなデータが豊富な分野においては高い精度で回答をすることができる。たとえば、弘文堂の法律書籍を全部読み込ませたリーガルテックプロダクトができれば、法律実務においても非常に有用だとして強い期待が持てるだろう。反面、そのような有用なデータを利用することができない場合においては、AIの技術的制約（第2章参照）を踏まえれば、本質的に学習はうまくいきにくいため、なかなか精度が出ないだろう。

また、「正解」について言うと、前記のとおり、十分な精度を出すことができない現時点の「生のChatGPT」は、アイデア出しのような「正解がない」分野の方が、比較的利用可能性が高い。しかし、将来は、ChatGPT（とりわけ法務分野であればリーガルテックプロダクトに組み込まれたもの）が前述のような豊富なデータがある分野である限り、これまでのデータに基づけばこれが正解だった、今回もこれが正解だろう、という形で、正解がある分野においてはその精度がますます高まると予想される。

たとえばリサーチ系リーガルテックにおいて「定評のある法律書のどこに、その質問で聞きたい内容が書いてあるのか」を調べて提示するといった方向性は、（少なくとも潜在的には）データも豊富であるし、また、そこに「正解」はある。したがって、大きな発展が期待されるだろう。その結果、「正解がある」分野については、人間の弁護士や法務担当者が利用するものと同じデータを利用し、それをAIが迅速に検索・抽出・要約するといった方向で、人間と同レベルか場合によってはそれ以上の成果を出し、その結果として人間のリサーチにおいて果たす役割やそのような業務に費やす時間が——2040年といった長期的スパンで見れば——相対的に減少してもおかしくはないだろう。

6 「コミュニケーションは人間の手に残る」のか？

(1) コミュニケーションには「正解」がない

今後の技術開発の発展についてよく言われるのが、「AIは成果物をますます高い精度で作るようになるが、コミュニケーションは今後も引き続き人間の手に残る」というものである。確かに、大きな筋としては「一般にこの場面ではこういう書式で文章を書きましょう」などというようなものはあっても、具体的なその場面で言いたいことをどのように伝えるとそれが相手にうまく伝わるか、というレベルの「正解」は少なくとも事前にはわからない。このような意味においてコミュニケーションに「正解」がないことは事実である。そこで、前述5の観点からすれば、コミュニケーションは少なくとも典型的にAIの顕著な発展が予想される分野ではなく、結果として人間が大きな役割を果たし続けると想定される。

仮に、リサーチ系リーガルテックの精度が上がり、質問さえきちんとしたものにすれば、それに対する「正解」（正しい条文、判例、通説、実務および先例）を表示できるようになったとしよう。しかし、**法律業務の現場で本当に必要な質問が何かを本当に理解するためには、コミュニケーションが必要だろう**。たとえば一般民事を想定すると、依頼者は最初Aと質問するものの、実際に聞きたいことはそれと異なるBだった、という状況もあるだろう。そうすると、依頼者がAと質問するからといってそれをそのままリーガルテックに入れ、Aという質問そのものに対する「正解」が提供されるというだけでは、本当の意味で依頼者の期待に応えることはできないのは明らかである。むしろ依頼者とのやりとり、コミュニケーションを通じて、本当に知りたいのはBなのではないか、という点を解明すべきであろう。

そのような意味で、コミュニケーションについてAIが人間を「代替」することは当面、想定できないだろう。

(2) ChatGPTなどのAIがコミュニケーションを「支援」する

しかし、ChatGPTその他のAIがコミュニケーションを支援するというのは、現時点においても始まっている。そして、将来はその支援の程度が高まることが十分想定される。

まず、2023年時点でも、ChatGPTに対して「こういう趣旨のビジネスメールを作るように」と依頼すれば、ある程度のレベルのビジネスメールはドラフトしてくれる（第1章**1**（**1**）参照）。法律業務においても、たとえば法務の仕事のなかには、契約レビューをした後に、依頼部門に対して、なぜそのような修正が必要かを説明し、当該レビュー済みの内容を自社の修正案とする（その内容が相手方に送付される）ことについて依頼部門の承諾をとることが必要である。そして、そのような目的で、「法務の契約レビュー内容の要旨とその趣旨をわかりやすく依頼部門に説明するメールをドラフトする」といったことは、今後ＡＩが支援してくれるだろう。

また、いわゆるデータに基づく分析はＡＩが得意とするところである。たとえば、前記の一般民事の事例をふたたび例にとれば、もし多くの人が本当はAを知りたいのにBという質問をしてしまい、その後のやりとりのなかでAという質問に変更するという傾向があるならば、ＡＩは、そのようなやりとりのログを踏まえ、Bという質問をした場合に、「関連質問」として、たとえば「この質問をした人はほかにこのような質問をしています」としてAを表示すること自体は、技術的に可能である。

これらは単なる例にすぎないが、前記のようなＡＩによるコミュニケーション支援技術の発展を見すえれば、「コミュニケーションはいつまでも人間に残る」といった単純な話ではない。むしろ**人間の弁護士や法務担当者が、ＡＩを利用することでより良くコミュニケーションをとっていく**というような方向で考えていく方が、将来予測として正確であろう。

(3)「度胸」概念が変わる?

これは一種の思考実験であるが、交渉などのコミュニケーションにおける「度胸」というものの意味が、AIによるコミュニケーションへの支援が進むにつれて変容するかもしれない。すなわち、囲碁・将棋においてAIが「最善手」を示すように、今後は交渉などにおいても「相手の提案がブラフである可能性は90%なので、交渉を打ち切る素振りを見せて断固拒否することが期待値を最大化する」といった形で、AIの支援を受けて交渉をサポートしてもらうことも可能となってくるだろう。

この場合、伝統的な意味における度胸がない人ほど、表面上は「度胸」のある対応をする傾向が生じるかもしれない。これまでは交渉において、相手が強硬に出る場合には、度胸がない人はそれに怖気づいて相手の言いなりになるが、度胸があれば、むしろそれは相手のブラフだと考え、脅しに応じずに成果を勝ち取る、といったように考えられてきた。しかし、将来このように交渉がAIに支援されるとなると、いわば、「AIの表示する最善手とされる対応」を行っておけば安全と考えた(伝統な意味での)度胸がない人が、AIの言うとおりにそのような強硬な対応を実施し、一見「度胸」があるような振る舞いをすることも出てくるだろう。

これに対し、本当の意味で度胸のある人は、まったく逆に、AIの表示する内容を批判的に吟味し、もしかすると「不利であるものの、相手の提案を呑む(7)」という判断をするかもしれない。

つまり、ＡＩ時代には、「度胸があるからこそ一見度胸のないように見える提案ができる」といったような状況が生じ得るのである。これをリスクベースで言えば、小さなリスクのものはＡＩをベースに考えることで足りるが、大きなリスクがあるものはコストをかけてＡＩにプラスアルファの付加価値を与えることができる優秀な人間の弁護士のサポートを得るなどして、ＡＩが提示する「定型的な対応例」を超えた対応をしていかないと、（相手もＡＩを使っていることを想定すると）良い結果を得ることはできないだろう。

(7) たとえば「相手は不合理であり、そのままいくと裁判になるので、裁判費用を考えるとその方が得だ」という判断があり得る。

レビュワー・編集者との「対話」

筆者の書籍の多くは、これまでも、レビュワーの方々および編集者との「対話」の産物であったし、本書もまた同様である。

本書の執筆にあたっては、さまざまなバックグラウンドをお持ちの方にレビューをお願いした。そのことによって、自分自身の気づかなかったことに気づかせていただき、大変ありがたく思っている。

本書はいつもより多めのレビュワーの方々にレビューしていただいたところ、それぞれまったく視点が異なり、本書の内容を多角的な視点からブラッシュアップすることができた。

たとえば、「最初から最後まで三段論法のロジカルな議論が続いているが、それだけだと読者は疲れてしまう。頭を休ませられるコラムを書くように」というコメントである。本書は（第3章を除き）法律論をほとんど書いておらず、筆者としては意図的に法的三段論法を利用したつもりはなかったものの、自然と三段論法を利用した理詰めの議論を重ねてしまっていたようである。このようなコメントは少なくとも筆者一人では到底思いつかないものであり、このコラムも、そのようなコメントを反映したものである。

また、表現の受け取られ方についても、「ここは直した方がよい」というコメントの箇所がそれぞれ異なっており、読者ごとにそれぞれ引っかかるところが異なる、ということを再確認できた（それでもまだ読者にとって引っかかる部分が残っていればそれはすべて筆者の責任である）。

そして編集者の存在は大きい。まさに「最初の読者」として、手取り足取りコメントをしていただいた。筆者は徐々に原稿を洗練させていくスタイルで、少なくとも「最初から完璧なものを出す」タイプではない。本書も、もともとは「はじめに」に記載したとおりｎｏｔｅに公開したものが原型となっているが、その後セミナー用に加筆したもの、原稿バージョン１、レビュー１周目、レビュー２周目……と、最終的な入稿原稿になるまでのワードファイルの段階だけでも、極めて多くの修正を繰り返している。このような執筆スタイルから、個人的には、「てにをは」の誤りにとどまらない、内容レベルのものを含む多くの修正を提案してくださる編集者の方ほどありがたく、そのような意味では、編集者との対話によって大幅なアップデートを繰り返すことを、筆者としてもその思索を深めることができる機会として、心から楽しんでいる。

ＣｈａｔＧＰＴというのは対話形式で思索を深めることができるツールである。そしてまさにこのような形で、本書以前においても書籍執筆の過程でレビュワーの方々や編集者との「対話」の経験を積むことができたというのが、筆者として比較的ＣｈａｔＧＰＴをスムーズに使うことができた理由のひとつかもしれない。

第6章 ChatGPT時代のリーガルテック②——各論

1 類型別のリーガルテック発展の展望

前章においては、リーガルテックの発展に関する総論的事項について説明してきた。このような総論的な事項も重要だが、読者の方々の業務が具体的にどう変わるかという意味では、各論的な、具体的な業務ごとのプロダクトの発展動向について説明した方が、イメージがしやすいと思われる。そこで本章では、リーガルテックの発展に関する各論的事項として、リサーチ、契約レビュー、書面等作成、契約管理（CLM）などのナレッジマネジメント、そして紛争解決（ODRを含む）といった各分野について、2040年を想定した技術発展に関する予測を行いたい。

2 リサーチ[1]

第5章でも触れたが、法律業務におけるリサーチ分野の多くは、「条文は何か」「判例は何か」「通説は何か」「実務・先例は何か」という程度の粒度である限りにおいて「正解」を見出せることの多い[2]領域である。そして、そのような「正解」がある領域である以上、2040年まで見すえた場合には急速な技術発展が予想される。

そしてリサーチ分野において、あるリーガルテックプロダクトが実務で実用に耐えるかどうかは、現時点で人間の弁護士や人間の法務担当者がリサーチをする際に利用する資料がそのプロダクトにおいて利用されるか否かが、鍵になるだろう。現在の「生のChatGPT」はその学習に利用した2021年9月時点のインターネット上のデータに基づいて回答をしているし、Webブラウジング機能を利用することで2023年時点でのインターネット上のデータが利用できるようになっても、それだけでは、現時点で人間の弁護士や人間の法務担当者がリサーチをする際に利用する資料の10%にも満たないのではないだろうか。だからこそリーガルテック企業各社は、インターネット外の書籍データ、雑誌データ、判決データなどの弁護士や法務担当者と共通の資料を利用したリサーチ系ChatGPTプロダクトを開発しようと日々努力をしている。

現在の（つまりChatGPT組み込み以前の）リサーチ系リーガルテックは、いわゆるキーワード検索でデータベースを検索するものである。たとえば、判例検索であれば、そのキーワードが利用される判決を時系列順、審級順などで表示する。UI上も、キーワード検索をすると、そのキーワードの含まれる判決へのリンクとキーワード前後のスニペット（断片）を示すという程度であろう。しかし、比較的多くの検索結果が表示されるような一般的キーワードを利用して検索した場合、自分の問題意識に合致しない雑多な判決が出現することが多い。そこで、自分の問題意識を踏まえて、複数のキーワードが出現するものに限定するといった掘り下げを行うことによって検索結果を絞ることが可能となる。しかし、同時に、掘り下げの結果として「取りこぼし」が出るといった悩みがあるところだろう。また、最近は、「関連度」などを表示したり、関連度順に結果を並べるプロダクトものもあるが、キーワードの出現回数をベースに関連度が高いとして表示するなどのいわば安直な並べ替えをしており、本当の意味でその論点との関連性が高いものが上位に出てこない。要するに、本当の意味でユーザーが「欲しいもの」にはなっていないのである。

リサーチ系リーガルテックにおいてユーザーが欲しいものは、まさにユーザーが直面する問題に対して「正解」を示してくれるものである。そして、将来的には、ChatGPT技術を利用する

（1） ただしナレッジマネジメントは含まない。ナレッジマネジメントについては、5を参照のこと。
（2） 「多い」ということの意味は、要するに例外もあるということである。日本で初めての問題についてリサーチするというのは例外的な分野であろう。

ことでそれにかなり近いものが実現することが期待される。すなわち、自然言語で質問をするとその質問に対して根拠資料のなかで議論されている内容を踏まえた「結論」およびその「根拠」をかなりの精度で提示することが期待される。結論が示されるだけではなく、必要があればその根拠にいつでも飛ぶことができることで、ユーザー体験が改善する。その結果として、ＣｈａｔＧＰＴによる「検索機能の代替」が期待される。ここでいう「検索機能の代替」とは、従来ユーザーがキーワードで検索していたのが、ＣｈａｔＧＰＴなどのＡＩに検索を依頼すると、ＡＩが単に検索をするだけではなく、検索結果をまとめた、いわば「結論」まで提示し、ユーザー体験が飛躍的に向上することを意味する。これこそ、グーグルが「コードレッド」を発動した理由だろう(3)。

そして、そのような発展は、豊富なデータが利用されることによって実現する。よって、どのようなタイミングでどのようなデータが利用可能となるか、という点が重要であろう。たとえば、法令データや判決データは、比較的早期に幅広い利用ができるようになる可能性が高い。実際、全判決データの公開(4)に向けて現在議論が進んでいる。書籍・論文などについては著作権法（第3章参照）だけを考えると学習のみに使うのであれば十分に利用可能なように思われる。そして、弁護士や法務担当者のリサーチにおいては、単なる結論だけでは不十分で根拠が必要だとすれば、そこでいう根拠がたとえば「松尾剛行『ＣｈａｔＧＰＴと法律実務』（弘文堂・２０２３年、初版）２３０頁」といったメタ情報だけでいいのか、それとも当該書籍・論文のある特定の1ページ全部かという点は問題となるだろう。前者、つまりメタ情報だけでよければ、法律書・雑誌の何ページに求めているキーワードがあるかを表示する検索エンジンであるライオンボルトがすでに実現しているように、著作権法47条の5を利用することができる可能性がある。(5) 後者であれば基本的には著作権者からライセンスをもらう必要がある。

2040年のリサーチ系リーガルテックの状況に関する筆者の予測は、「**実務上想定されるほとんどすべてのQと、それに対応するAが揃ったQ&A本が出版され、自由自在に検索して利用が可能となるのと同様の状況が生じる**」というものである。本書の読者の方々であればすでにご存じかと思うものの、Q&A本というのは法律実務書の一類型である。筆者も何冊かそうしたタイプの書籍を執筆したことがあるが、要するに、典型的なシチュエーションをQ（質問）という形で提示した上で、「関連する条文は何か」「関連する判例は何か」「関連する通説は何か」「関連する実務・先例は何か」などをA（回答）という形でわかりやすくまとめたもの、と言ってよいだろう。こうした法律分野のQ&A本はすでに多数刊行されているものの、全体としてまだまだ論点の網羅性は低

(3) "A New Chat Bot Is a 'Code Red' for Google's Search Business," *New York Times* 2022/12/21 <https://www.nytimes.com/2022/12/21/technology/AI-ChatGPT-google-search.html?>.
(4) 民事判決情報データベース化検討会 <https://www.moj.go.jp/shingi1/shingi0900001_00004.html>
(5) この場合、キーワード前後の何文字かをスニペット的に表示することは可能であるものの、当該キーワードを含む1ページ全部を表示するならライセンスが必要だろう。

い。

今後、**リサーチ系のＡＩ・リーガルテック技術の発展に伴い、「実務上想定されるほとんどすべてのＱと、それに対応するＡが揃ったＱ＆Ａ本」が出現し、自由自在に検索できるようになるのと同じような状況になる**と予想される。２０４０年においては、弁護士や法務担当者が直面する事案のほとんどについて、「この事案ではどのような条文が適用されるのだろうか」「この論点について判例・通説・先例は存在したか」「この点について実務ではどのように処理しているのだろうか」といった「正解がある」範囲では——そして、そのような正解がある範囲に限り——、リーガルテックで調べることで一定程度以上、適切な回答が示されるだろう。

さしあたり短期的には、人間の弁護士や法務担当者はこうしたリサーチ系リーガルテックの示す回答に対して、本当にそれでよいのかどうかについて、示された根拠を踏まえて再度確認・検証をすることになるだろう。そして、将来的にプロダクトが進化するとしてもなお一定の確認・検証は必要であるとはいえ、その程度は徐々に低下する。現在、定評あるコンメンタールが存在する分野において、「コンメンタールにはこのように条文・判例・通説・先例実務に関する記載があるが、本当だろうか？『多数説』とされている見解が本当に多数の学者によって支持されているのかどうか、すべての書籍・論文を数え上げて確かめてみよう」ということを実務において行っている人は、おそらく存在しないだろう。[6] これは、オーソリティ（権威）が一定以上認められると、もはや（内容が一見して誤記らしいとわかるといった例外的な場合を除き）確認・検証をしなくてもよいと一般に理解される状況に達しているということである。そこで**２０４０年には、特定のリーガルテックプロダクトが、定評あるコンメンタールと同様に再度確認・検証なく実務上使ってよいと理解されるという意味でのオーソリティを獲得する将来像は、十分にあり得る**と筆者は考えている。

３　契約レビュー

契約レビューＡＩは、技術的に言えばルールベースＡＩでも学習型ＡＩでも開発すること自体は可能であろう。

ここで、ルールベースの契約レビューＡＩとは、まさに現時点において一般的な契約レビューＡＩである（第２章３参照）。要するに、ルールベースでチェックリストを作成し、アップロードした契約書をそれと突合するのである。チェックリスト（論点表）を利用したルールベースＡＩであれば、（一般にあり得る表記揺れなどに対応していることを前提とすれば）一般的な問題に関しては相当程度うまくいく。実際に、２０２３年時点では、一般的な類型の契約書について、一般的に問題となる

（６）　学者であればコンメンタールの記載を批判的に検討することも行うのだろうが、ここではあくまで法律実務を想定している。

事項を抜け漏れなく抽出することに関しては――個別事案における個別事情は別途人間の弁護士や人間の法務担当者がレビューする前提で――ある程度できている(7)。

これに対し、学習型ＡＩは、多少の修正・変更程度は支援することができるものの、その技術的制約として繊細な修正・変更は得意ではない状況が続くと予想される（第２章２(2)参照）。

つまり、正確に契約をレビューするには、少しの文言の違いが生じさせ得る大きな意味の違いを踏まえなければならないわけであるが、その精度を出すには、そのような細かな文言の違いに特化して大量に学習をさせなければならない。学習の努力を相当積み重ねればあり得る未来だが、それが学習系ＡＩの「得意分野」かと言われると、そうではないように思われる。

そして、このような観点から、前章で述べたとおり、ルールベースＡＩとＣｈａｔＧＰＴのハイブリッドによって少しでも契約レビューＡＩの利便性を高めようという方向性での努力が重ねられている。つまり、レビューそのものはルールベースで行うものの、レビューに付随する修正文案提示などの部分をＣｈａｔＧＰＴなどの学習系ＡＩを使うことでサポートするのである。

将来的なＡＩ・リーガルテックの発展により、たとえば企業や個人に関する基本情報を一度入力した後でそのデータをもとに契約その他の書類の「書式を埋める」ような作業や、契約雛形の「です・ます調」を「だ・である調」に直す作業などは、ＡＩがやってくれるようになるだろう。また、一般論に限定するのであれば、前記のルールベース型の利点を生かしながら契約レビューＡＩの精度はますます高まるだろう。たとえば、ベテラン法務担当者が感じがちな、「指摘事項として表示されるものが多いわりには、リスク管理の観点からは大したことがないものが多い」といった課題を、「見落とし、向け漏れをなくす」という現在の契約レビューAIの良さを生かしながら最小化するなど、ユーザーの感じる課題に対しては——それが一般論の範囲である限り——改善が期待されるところである。

しかし、少なくとも2040年において個別事案の個別事情を踏まえたレビューを行うことができるかというと、筆者の見立てはネガティブである。前述した「正解」の比喩で言うと、一般的に問題となる事項については「正解がある」ものの、個別事案の個別事情を踏まえてどうすべきかは「正解がない」話である。そうすると、**人間の弁護士・法務担当者が一切契約をレビューしなくなる未来よりは、契約レビューAIの支援を受けてレビューをする未来の方が将来像としてより正確なように思われる。**(8)

(7)　もっとも、ルールベースAIにはルールベースAIの技術的制約（第2章3参照）があり、その個別事案の個別事情を踏まえたレビューを行うことはできない。

(8)　この点に加え、依頼者から聞いた背景事情をすべてプロンプトに入れることができないこと、弁護士は依頼者から聞いた背景事情について法律的観点から分析し、背景事情を補って検討しており、そのような追加的な背景事情もまたプロンプトに入力しきることは困難であることなども指摘できるだろう。

4　書面等作成

(1) ブレインストーミング

根拠が重要となるリサーチと異なり、抽象的回答でも足りる「検討すべき視点の提示」や「論点出し」、「アイデア出し」などのブレインストーミングにおいては、2023年時点の「生のChatGPT」でも相当程度有用であることはすでに述べた（第4章2(6)参照）。もちろん「一般によく言われている視点や論点をまとめてくれる」という程度のものであることには留意が必要であるが、そうであっても、「対話形式でのやりとりを通じて一人でブレインストーミングをすることができる」ということ自体には一定以上の意味がある。この点の詳細は、第4章を参照されたい。

ちなみに、興味深いのは「なりきり」をお願いすることである。ブレストの「壁打ち」相手として誰（実在の人物、偉人、フィクションの登場人物等）を想定するかを明示し、たとえばそのポリシー、名言やキャラクターなどを明記して依頼すると、ある程度そのキャラクターになりきったやり取りが可能になる。筆者が、勉強会などに登壇して、こういう機能が使えます、誰になりきってほしいですかと聞いたところ、孫正義、イーロン・マスク、マツコ・デラックスなどの名前が挙がった。受講者の方が正しくイメージされたとおり、一定以上キャラが立っていないと「なりきり」の意味がない（一般的なアドバイスを繰り返すだけである）ので、「自分がアドバイスしてほしいようなキャラが立った人で、かつ、そのキャラがどのようなものであるかをＣｈａｔＧＰＴに説明しやすい人」という観点から選ぶとよいのではなかろうか。現時点では「なりきり」の程度はまだ中途半端であるが、今後はその程度がより高まると期待される。

　なお、これと同様のものとして「司会者、賛成派、反対派」の３名を登場人物としてディベートをするよう求めるという方法がある。このようにすれば、特定の論点についての議論の大きな枠組みを容易に理解することができる。自分が特定の観点に賛成である場合において、自分が賛成だからこそ、あえて反対派など、自己の観点と異なる立場からの意見を述べさせることで、いわゆる悪魔の代言人的な立場から、忘れてはいけない観点を教えてもらえる[9]。

　紙幅の関係でやりとりを再現することができなかったので、以上のようなＣｈａｔＧＰＴの機能についてはぜひとも読者の方々自身で試してみていただきたい。いずれにせよこのような方向性は今後ますます発展し、便利になるだろう。２０４０年には技術の発展によって、「平均的な弁護士なら何を考えるか」といった観点からのアイデアが提示されることで、論点落としの防止や、ＡＩの提示する平均的回答を超えるにはどうすればいいかを考えるためのたたき台を得られるといった

(9)　賛成派と反対派だけでもよいが、司会者を入れることで交通整理をやってもらえる。

大きな意味があるだろう。

(2) ドラフト

レターなどの書面のドラフトについては、雛形生成というレベルであれば、2023年時点の「生のChatGPT」でも相当程度有用である。また、より具体的な状況に即した雛形を作成するため、プロンプトエンジニアリングの工夫を行い、当該文書に盛り込むべき内容を指示することで、より有用性は増すだろう（第4章2(4)参照）。

将来的な技術発展により、より多くの雛型データを学習対象とすることで、ドラフトの精度は上がっていくだろう。たとえば、現時点では「権利侵害通告書」の一般的な雛形を作成することができるところ、実際には、侵害された権利というのが知的財産権なのか、人格権なのか等によって、それぞれ工夫すべき部分が変わってくる。また、同じ知的財産権でも、特許権なのか商標権なのか、あるいは著作権なのかでも変わってくるだろう。今後は、そのようなより細分化された類型ごとの雛型データが学習されることで、よりその事案に近い雛形が生成されるようになり、より利便性が向上することが期待されるだろう。

加えて、筆者は、2023年段階では顧客データを入れることは断念しているため、あくまでも雛形、ドラフトといったレベルでしか利用できていないが、2040年以前のどこかの段階で顧客データもＣｈａｔＧＰＴ等に投入されるだろう（第４章２（２）参照）。このような判断がすでにされたことを前提とすると、たとえば、情報管理には十分に留意した上で（第４章２（２）参照）、前回送付したレターをアップロードして分析させることで、相手方や当方の住所氏名を自動的に入力してくれるなど、さらなる利便性向上が期待されるだろう。

ただし、２０４０年の段階であっても、「そのまま送ることができる」レターが自動で作られるようになるのかというと、この点について筆者は懐疑的である。それは、たとえば、権利侵害通告のレターであっても「Ｘ日以内にＹをしなければ法的手続きをとらざるを得ません。」と書くべき事案か「ご事情をご賢察いただきますよう何卒よろしくお願いいたします。」と書くべき事案なのかは具体的事案ごとに異なる。ここでは、レターのドラフトというのは、単に事実として「当方が強い証拠を持っているので裁判所に行けば勝てる」というだけで直ちに強気に出るべきとの判断をできるような、単純なものではないことを強調しておきたい。たとえ強い証拠を持っていても、法的手続を強調することで先方が逆に意固地になってしまうこともある。そのようなリスクを踏まえ、あえて丁寧に「先方の判断による解決」という形を模索することの方が適切な場合もあるだろう。ＡＩによってパターン別の文例はドラフトしてもらえるとしても、２０４０年段階では、「すべてのデータをＡＩにインプットして、すべての文脈を踏まえて、吟味をしてもらう」という段階にはいまだ至らないと考える。その意味でドラフトには「正解がない」のであって、人間がそのような具体的事情を踏まえた加筆・修正をすることは、なお必須だろう。

(3) 文書校正

「てにをは」修正、英文校正や、文章形式の変更(「だ・である調」から「です・ます調」への変更など)といった文書校正については、現時点でもすでにChatGPTが一定以上の性能を発揮する。たとえば、講演原稿がもともと「だ・である調」で作られている場合において、当該講演原稿を雑誌などの媒体に公刊しようとした際に、実際の発表に近い形で「です・ます調」にしたいと言われた場合、文章形式の変更を指示すると、ChatGPTが(時々ミスをするものの)相当程度のレベルの修正をしてくれる。(10) また、ネイティブチェックについても、第4章で述べたとおりである。

もちろん、AIはユーザーの意図を完全に読み取ることまではできないし、あくまでも「もっともらしい」だけで、必ずしも「もっとも」ではない。このことから、AIの提示した成果物については人間が再度確認することが必要である(この点は人間による校正やネイティブチェックについても類似するところがあるだろう)。ただし、人間なら間違えるはずのないところをAIが間違える(11)という点には留意が必要である。

2040年を見据えると、技術の発展によりAI・リーガルテックの精度が高まることで、「正解がある」分野である文書校正などについては、将来的にはますますAI・リーガルテックによって実施されるようになるだろう。

（4）法律翻訳

現在の「生のChatGPT」による翻訳は、いわゆる「内容をざっと理解する」というレベルならばすでに十分であるものの、少なくともそれを「成果物」として外部に提出するレベルのものではない。既存のDeepLなどの機械翻訳と比較した場合、日英であれば、「生のChatGPT」が格段に優れているという印象まではないものの、ChatGPTはたとえばドイツ語の文章を日

---

(10) ひとつ、実際に修正させた場合の例を挙げよう。
プロンプト：《》内の文章を「だ、である」調にしなさい。ただし末尾になるべく「だ」は用いないこと。《「てにをは」修正、英文校正や、文章形式の変更（「だ・である調」から「です・ます調」への変更など）等の文書校正につきましては、現時点でもすでにChatGPTが一定以上の性能を発揮します。たとえば、講演原稿がもともと「だ・である調」で作られている場合におきまして、当該講演原稿を雑誌などの媒体に公刊しようとした際に、実際の発表に近い形で「です・ます調」にしたいと言われた場合、文章形式の変更を指示すると、ChatGPTが（時々ミスをするものの）相当のレベルの修正をします。また、ネイティブチェックにつきましても、第4章で述べたとおりです。》
出力内容（強調筆者）：「てにをは」の修正、英文の校正、あるいは文章形式の変更（「だ・である調」から「です・ます調」への変更など）等の文書校正については、現時点でもすでにChatGPTが一定以上の性能を示している。例として挙げられるのは、講演原稿がもともと「だ・である調」で作られていた場合**だ**。当該講演原稿を雑誌などの媒体に公刊する際、実際の発表に近い形で「です・ます調」に変更したいとの要望があったとする。そのような場合、文章形式の変更を指示すれば、ChatGPTは時折ミスをするものの、相当のレベルの修正を行うであろう。ネイティブチェックについても、第4章で述べたとおりである。

(11) 前注の事例だと「末尾に〈だ〉を使うな」と言っているのに「だ」を使っている。

本語にする場合でも、英語との文章を日本語にする場合と比べて、精度において大きく変わるところはない。これまでの機械翻訳では、日英以外だと（おそらく一度英語を経由しているため）精度が大きく落ちる傾向にあったので、その点はＣｈａｔＧＰＴに分があると言える。

２０４０年を見すえると、「正解がある」分野として、翻訳分野はそのレベルが飛躍的に向上することが期待される。たとえば、法律分野における多数の対訳データなどを利用することで、「法律分野らしい表現」での翻訳が実現することが期待される。ただし、ＣｈａｔＧＰＴはインターネット上の情報を利用して学習していると思われるところ、人間による翻訳も、人間が母語で書いた文章も、いずれもクオリティの高いものと低いものの双方が存在する。そこで、学習対象をうまく限定して、いわば「良い翻訳」「クオリティの高い法律文書」のみを選び出して学習させないとそのような「誤訳」を学習してしまい、精度が出ない可能性がある（反面、厳選に厳選を重ねた結果、データが足りないと、やはり精度が出ない可能性がある）。この点は、ＣｈａｔＧＰＴそのものの技術発展だけを期待するというよりは、厳選された法律分野の「学習させるべき」翻訳データを大量に利用してファインチューニングを実施するリーガルテックベンダに期待したいところである。

（５）要約

大量の情報を処理する際に「何をじっくりと検討すべきか」を考える上で、要約は重要である。

そして今日では、書面のみならず、動画や音声もＡＩで要約することできる。「要するにどこがポイントなのか」を短時間で理解することが難しい動画コンテンツなどをＡＩに要約してもらうことは、特に書かれたものを読む方が動画を見るよりも楽だというような筆者の世代の人間が、すでに到来している動画時代において生き延びる上でも有益である。[12]

また、第4章**2**(**2**)で述べたような「２０４０年までのどこかの時点で顧客データをＣｈａｔＧＰＴに入れられるようになる」という予測を前提とすれば、その要約能力を活かして、デューディリジェンスや危機管理、米国裁判におけるディスカバリー[13]などにおける「重要書類を選別し、重要部分にレッドフラッグを付けて明示する」といったニーズに応えるということも期待される。

ここで、要約というのはまさに「正解がある」分野なのではないか、そしてだからこそＡＩにそれを完全に任せきりにすることもできないのではないか、と考える向きもあるだろう。確かに、「一般的に」重要とされる情報は何か、という意味であれば要約に正解は存在する。文章のロジックを念頭に、その筆者の言いたいことを求められる字数で示すという問題は大学入試等でも問われることがあるところ、「正解がある」からこそ、入試で出題されるのである。そして２０４０年を想定

(12) なお、契約ウォッチ<https://keiyaku-watch.jp/videos/>というサイトに、筆者の動画時代への対応のための努力としての業務委託契約書動画講座がアップロードされている。
(13) 証拠開示手続であるが、日本の文書提出命令等よりも広範囲かつ強力である。

すれば、そういう「一般的に」重要とされる情報を素早く、かつ求められた字数で提示するというようなことについては、ＡＩが素早く確実に「正解」を導き出せるようになるだろう。

しかし、「一般的には重要ではないとしても、自分にとっては重要な情報」という概念にも目を向けるべきである。すなわち、一般的にはＡという情報が重要とされるものの、自分にとってＡは重要ではなく、むしろＢが重要だ、ということがある。たとえば、「法律関係の新書」というものを想定してみよう。新書は通常は一般向けの本であるから、「一般の人は知らないかもしれないけれども法律の専門家なら知っているような内容」を、わかりやすく解説している。そこで、ＡＩにそれを要約させるとどうなるか。おそらく、その要約は正確かもしれないが、法律の専門家にとって「面白い」と思う内容は何も残らないだろう。つまり、大部分はその著者がかつて論文で書いていることなどをわかりやすくまとめただけなので、法律の専門家にとって少なくとも「新しさ」はないことが多い。しかし、その新書には一部、これまでその著者が論文では書いたことがないものの講義では学生向けに話していた内容が書かれていて、その部分は法律の専門家が読んでも面白い、といったことは十分あり得る。そうすると、法律の専門家にとって必要な要約は、まさにそのような「これまでの論文になかった部分をまとめたもの」である。要するに、個人にとっての重要性という観点を含めれば「正解はない」可能性があり、その意味では、要約という作業が完全にＡＩに取って代わられることにはならないだろう。

次は、M&Aの際のデューデリジェンス(14)を例に説明しよう。たとえば、Change of Control条項(15)などのいかなる場合でも重要と思われる条項は、ピックアップしてくれるだろう。特に、生成系AIであるChatGPTは、これらの読み込ませたレビュー用ドキュメントの重要条項の内容をもとにデューデリジェンス報告書をドラフトしてもらえるのではないか、という期待がある。しかし、まさにその具体的な取引で重要であるものの一般に重要とは言えない条項については——プロンプト上で明確に指定すれば別だが——、少なくとも当然にはピックアップされないだろう。また、たとえば「支配権変更をきっかけに解除・通知義務等が発生する条項」をピックアップさせた場合、一般的に「3ヶ月前通知で解除できる」という条項は、仮にそれが支配権変更をきっかけに行使され得るとしても、ピックアップされない可能性が高い。それは、支配権変更がトリガーとなって解除され得る旨は、少なくとも契約書の書面上に書いておらず、あくまでも、契約書外において、相手方の判断で（支配権が変更したから、）「3ヶ月前通知で解除できる」という条項を使って解除しようとするものだからである。そこで、AIがそれをピックアップするには、そのような場合も含む旨をプロンプト上で明確に指定することが通常必要であろう。このように、単純なチェックやピックアップの補助は「正解」があるものとしてAIが適切に対応できることから、大量の書類のなか

(14) 買収監査とも呼ばれる。企業のM&A時において買収対象企業に法的リスクその他の重大なリスクがないかを精査すること。
(15) M&Aなどで支配権が移転した場合において、典型的には相手方が契約を解除することができる旨を定めた条項。

で重要性が高そうなものや人間の弁護士が精査すべきものをピックアップするといったことについては利用可能ではあるものの、専門弁護士と同じレベルに至るかというと、筆者は否定的に見ている[16]。

5 契約管理（CLM）などのナレッジマネジメント

リーガルテック各社がContract Lifecycle Management（CLM）やナレッジマネジメントに力を入れている[17]。つまり、契約は締結してしまえば終わりということではなく、たとえば過去の契約案件における検討の経緯を踏まえて今回の別の契約案件を迅速かつより高い精度で遂行するといった形で、契約締結後も含めてそのデータを利活用することが法務のDXにつながる、と論じられているのである。

現時点において、「生のChatGPT」をそのまま使うだけでは、自事務所や自社の固有のナレッジ（データ）は回答を出力する上で利用されない。もちろん、現在のChatGPTのリスクに対する対応として、固有のデータを入れることには謙抑的に考えたいという向きがあることは十分に理解できるところである（第4章参照）。もっとも将来的に、特にプロダクトへの組み込みによってChatGPTに対する懸念が減少した段階においては、AIベンダと協力することで、「この会社の過去のすべての契約データ」のようなものを学習させ、過去の契約修正内容等を踏まえたナレッジ提示や、ナレッジを踏まえた修正文案作成などが可能となるだろう（第5章5も参照）。そして、この点は、（ＣｈａｔＧＰＴ以外のＡＩではあるものの）すでに同様の趣旨のナレッジマネジメントＡＩなどを利用する企業や法律事務所も出現し始めている。その意味では、ＣＬＭなどのナレッジマネジメントの潮流は、ＣｈａｔＧＰＴなどのＡＩの発展によって、今後ますます高度化していくと言えるだろう。

短期的には、データをどのようにＡＩに読み込ませるかが問題となるだろう。たとえば過去の契約ナレッジを読み込ませる場合において、押印済み契約書ＰＤＦをアップロードした際に、ＯＣＲの精度が低いという問題がある。その結果として「お目当ての条項が紙のファイルにはあるのに、ＰＤＦからテキストに変換する際にたとえば条項のタイトルが文字化けしており、ピックアップで

(16) ここで、大量の書類のなかで重要性が高そうなものや人間の弁護士が精査すべきものをピックアップする作業をさせると、いわゆる「偽陰性」が問題となる。たとえば、人間が見るべき1%の書類のピックアップをＣｈａｔＧＰＴにやらせるという場合、もしかすると、本当は重要な内容の含まれる書類について何らかの原因でＣｈａｔＧＰＴが見過ごしてしまうかもしれない。これが偽陰性の問題である。そして、偽陰性の問題に対応するには下位99%の書類も人間がすべて確認・検討すべきだ、ということになりかねない。しかし、そうであれば結果的にすべての書類を人間が確認することになり、効率化は図れない。この点は、たとえば上位１%は全件しっかりレビューする、上位10%も全件レビューするが、かける時間を短くする、残り90%はＣｈａｔＧＰＴが見逃しやすい類型のものだけを見るといったように、リスクベースで対応することも考えられる。どのようなプラクティスになるにせよ、依頼者の承諾と納得を得て進めることになるだろう。

(17) 奥村友宏編集代表『ザ・コントラクト』（商事法務・２０２３年）18頁以下参照。

きない」という情けない事態もあり得る。こうなれば人力で修正するしかないわけであるが、すでにこの問題に直面し、コストをかけて人間の手で修正するかについて悩んでいる企業があると聞くし、今後も少なくとも近未来までは重要な問題であり続けるだろう。もっともこの問題は、文書の電子化が今後進むにしたがって解決する問題だろう。たとえば、電子契約のファイルをそのまま読み込ませるとか、案件に紐づいた特別なメールアドレスをCCに入れることで自動的にナレッジがAIに蓄積されるようにするなど、各ベンダ・各プロダクトの工夫によって徐々に解決の方向に進んでいくと思われる。

そして、自組織の過去の経緯に関するデータをAIに読み込ませて学習させることで、現在の状況に最も類似する過去の状況において自組織はどのような対応をしたかについて分析させることで、法律業務の遂行が大いに支援されると期待される。過去の最も類似した契約書や契約条項がすぐに取り出せるとか、過去の最も類似した案件の意見書や法務見解がすぐに取り出せるという状態になれば、大変便利になるだろう。少なくとも「類似度が一番高いものはどれか」という程度であれば、これは「正解がある」分野であり、2040年を想定すれば、そのようなナレッジを正確かつスピーディに取り出すことは十分可能となるだろう。

ただし、単に過去事例などのナレッジが取り出せるだけで満足してはいけない。**いかにそのナレッジを目の前の事案でよりよく活用するか**、という視点こそが重要である。「その事案と最も類似するものが3年前の事案で、類似点がこの部分、相違点がこの部分」といったようなことは、リーガルテックが迅速に教えてくれるかもしれない。しかし、それを前提に、過去との連続性を持った対応をするのか、それとも切断するのかというのは人間の弁護士・法務担当者が行うべきひとつの重要な意思決定事項である。

また、たとえば、「事案」そのものはよく似ていても、その事案を取り巻く状況が、過去事例と異なる場合もある。たとえば、会社のなかに複数の部門があって、比較的保守的判断をする部門と、リスクをとろうとする新規事業部門に分かれている場合、保守的判断をする部門の過去事例をそのまま新規事業部門に持っていくと、否定的な反応が出されるかもしれない。新規事業部門の過去事例をそのまま保守的判断をする部門に持っていく場合でも同様である。加えて、3年前であれば法改正によりそのナレッジはアウトオブデートとなっているかもしれない。

また、「最終的にこの内容で締結した」という内容がファーストドラフトとして適切かといえば、そうとは限らないだろう。たとえば、相手方に押し込まれて泣く泣く大きなリスクをとって合意したドラフトを、いくら事案が似ているからといっても、今回の案件で当方のファーストドラフトとして提示することが合理的ではない場合も多いだろう。(18) 加えて、そもそも案件が「類似している」

(18) ファーストドラフトというのは、それが交渉のスタートラインであることから、場合によってはさらに押し込まれてしまうかもしれない。

といってもそれと「同一である」ということとは異なる。そして法律業務においては厳密な意味で「同一の案件」は存在しない。「確かに類似している案件だが、個別具体的なこのような事情からこの条項が入っている／入っていないところ、今回はそれと事情が違うので、この条項は入れるべきではない／入れるべき」ということは、十分にあり得る。そして、そのような判断というのは、まさに個別事情を踏まえた「正解がない」場面である。よって、2040年になってもAIに完全に代替されることはないだろう。

6 紛争解決（ODRを含む）

(1) 事実認定は人間の専権か？

証拠や情報に基づいて事実を認定する部分は人間しかできない、と言われることがある。[19] 確かに、「結果として表示される判決文案等」という意味では、リーガルテックがかなりの精度のものを作る将来像はあり得ると考えられる。たとえば証拠に基づく事実認定過程として、まずは客観的証拠や争いのない事実から「動かしがたい事実」というものを確定した上で、双方のストーリーとその「動かしがたい事実」の乖離を踏まえて事実認定する、といったことが言われる。そして、その具体的な証拠を踏まえて「これは客観的証拠である、この事実は争いがない、よって、これが動かしがたい事実であって、こちらの当事者のストーリーは矛盾がないが、あちらの当事者のストーリーは矛盾しており、こちらの当事者の主張する事実を認定するのだ」というような形で、スラスラとまるで人間の裁判官のような判決文案を表示すること自体は、AIによっても可能であるように思われる。そこで、ODRなどにおいてこのようなソフトウェアの示す文案を利活用することで、人間の調停人や仲裁人が（そして、将来的には裁判官が？）、それによって省力化をし、その分だけ、より説得的な調停条項・仲裁判断（そして判決文？）を作成することにリソースを割けるようになるかもしれない。

しかし、人間の行う事実認定の機序とAIの事実認定が同一かというと、それは異なる。ルールベースであれば、まさに事前に教え込んだルールに基づいて「有罪／無罪」の判断を出すだけである。また、ChatGPTなどの学習型AIは、それまでに学習した多くの判決文等に基づいて統計的に「それらしい」事実認定の文章を生成するだけである。

その意味では、2040年を見すえてその発展を予想するならば、AIは裁判官、調停人、仲裁

(19) 弥永真生＝宍戸常寿編『ロボット・AIと法』（有斐閣・2018年）244頁〔笹倉宏紀執筆部分〕は、「近い将来において可能になるのは、事実認定のプロセスのうち供述の信用性の評価を部分的に代替すること、証拠資料や間接事実から事実を推認する過程を代替することであるが、いずれも、専門的職業人を直ちに全面的に代替するには至らないであろう」とする。

人の事実認定を予測するのに利用したり、あくまでも文案として確認・検証をした上で利用したりといったことには十分活用することができるだろう。ただしそれを超えて、裁判官を代替するといった事態には至らないと思われる[20]。

(2) 判決分析・傾向抽出

判決の分析や傾向抽出にAIが用いられる将来は十分にあり得る。すでに米国では、人間がこれまでの判決と個別意見を分類し、連邦最高裁判事の特徴の分析(リベラル寄りか保守寄りか、など)がされているが、そういったものがやがて人間による分析からAIによる分析へとシフトし、かつますます高度化していくだろう[21]。

また、量刑判断についてもそのような分析の高度化が進むのではないか。量刑相場については、現在はデータベースから人間が推測しているものの、2040年を想定すれば、認定された犯罪事実および「量刑の事情」をアップロードすれば、想定される量刑の幅と過去の関連事例などを自動的に表示するようになるだろう。

量刑はあくまでも幅のある「相場」であり、その量刑が唯一の「正解」というものではない。「正解がない」という意味では、これも裁判官の判断を代替するものではないだろう。しかし、仮に量刑予測AIができれば、たとえば一審で過度に重い判決を受けた被告人が控訴する際、量刑予測A

Ｉが弾き出した「相場」の上限を上回るがゆえに一審の量刑は重すぎる、と主張するといったように、まずは民間で利用されるようになると想定される[22]。そして２０４０年を想定すれば、定評ありとして裁判官がそれを参考として使うような将来像もまた、あり得ると思われる。

ここで試しに、冤罪であることが明らかになり、本書執筆時点で再審が始まっているいわゆる袴田事件と同じ事実関係を入力してＣｈａｔＧＰＴに「被告人は有罪ですか？」と質問してみると、ＡＩは自信を持って有罪判決を出すと言われる。それは、過去のデータ（当該事件の確定判決）が被告人を有罪としているからである。いずれにせよＡＩはあくまでも過去の大量のデータに基づく分析をするにすぎない。その結果として、現状固定的な判断になりがちであり、過去のデータが間違っていればＡＩも間違える。しかも、**司法というのは、そのような大量のデータに基づく多数派の判断ではなく、少数派の人権を守る砦であるべき役割が期待されている。**このことには十分に留意が必要である。

(20)　この点は、西村友海「判決自動販売機の可能性」宇佐美誠編『ＡＩで変わる法と社会』（岩波書店・２０２０年）１３７頁以下も参照のこと。

(21)　日本では、一部補足意見や反対意見を多数書く最高裁判事がいるが、米国ほど多くはないので、あまりこのような観点の分類は多くない。

(22)　とはいえ、刑事裁判でＣｈａｔＧＰＴを用いる場合、出力結果を印刷した紙を証拠として提出するという形になるだろう。この場合、おそらく相手方は、伝聞証拠にあたるとして異議を申し立てる。そうすると、挙証者は原供述者を法廷に呼んで尋問すると思われるが、ＣｈａｔＧＰＴの場合、誰が原供述者となるのは問題であろう。オープンＡＩ社のエンジニアを呼ぶわけにはいかないし、アルゴリズムは企業秘密なので証言に応じてくれない。そこで結局はその「根拠」たる先例を指摘することになる可能性がある。

（3） 訴状・準備書面等の訴訟書類

書面等作成全般についてはすでに4で述べたが、訴訟においても、訴状作成等の定型的な部分はＣｈａｔＧＰＴなどのＡＩが相当程度、支援をすることができるだろう。また、単純な要件事実の観点からの記載であれば、ＡＩが「正解」を提示することもできるだろう。しかし実務上は、裁判官を説得するという観点から事実を「どう見せるか」とか、どうやって依頼者、とりわけ依頼者の依頼部門のメンツを立てながら有害的記載事項を回避するかなどといったことが大事になってくるのであって、要件事実に基づいて書くべき内容が書ければそれだけでよいというものではない。そこで、訴状や準備書面などの作成においてＡＩの支援はなされても、代替までには至らないだろう。

第7章 ChatGPT時代に「生き残る」弁護士・法務担当者とは

1 短期的視点と長期的視点を持つ

第5章と第6章において、ChatGPTを含むリーガルテックの発展のあり得る将来像と、それを踏まえた弁護士業務および法務業務の変革の見取り図を提示してきた。これに対しては、「リーガルテックによって代替される分野は少ないのなら、自分の仕事は当面はなくならないだろう」と安心した読者もおられるだろう。あるいは逆に、「これまでAI利用などが考えられなかった分野も含め、法律業務全般においてChatGPTを含むリーガルテックが活用されていくという形で、大きく法律業務が変わってしまう。それでは一体どうすればいいのだろうか」と、不安になった読者もおられるかもしれない。

本章と次の第8章では、そのような懸念や問題意識に対して、筆者の精一杯の予測（ベストゲス）を示していきたい。まず本章では、ＣｈａｔＧＰＴ時代に「生き残る」、すなわち価値があるとされる弁護士・法務担当者など専門職の姿がどのようなものなのかを述べ、次に、第8章において、読者の方々が将来「価値がある」とされるであろう弁護士・法務担当者等を目指す際に、現時点で心がけるべきだと思われる事柄を説明したいと思う。

なお、**このふたつの章を通じて強調したいのは、「短期的な視点と長期的な視点の双方を持つ」ということである**。すなわち、たとえば5年後の２０２８年など２０２０年代後半を見すえた短期的な視点は、読者自身への影響が最も大きいであろう当面の変化を把握するという観点からは、非常に重要であると思われる。もっとも、20年後を見すえれば、たとえば読者が現在30代であれば50代、40代であっても60代、50代であっても70代というように、特に今後の定年延長の流れを踏まえればまだ読者の方々が現役である可能性は十分にある。また、もし２０４０年にはすでに現役ではないかもしれないと考える読者の方がいらっしゃれば、その世代の方がたとえば法務部門長として今２０４０年に向けていかなる布石を打つかが、法務の将来を左右する。だからこそ、約20年後の２０４０年を見すえた長期的視点での検討にも価値があると考える。

そして、いわゆるバックキャスト思考を利用することが望ましい。すなわち、まずは、先に自分がそうありたいと考える将来像を想定し、その将来像を実現するため現時点で何をすべきかを考え、準備を行うというものである。その観点からは、2040年における自分の未来像を検討し（本章）、それに向けた準備として何をすべきかを、さらに検討する（第8章参照）ことが有益だと考える。

以下ではまずは5年後あたりを想定する短期的視点について説明し、その後約20年後を想定する長期的視点について説明する。

2 短期的視点＝「AIの支援を受ける」

（1）AIの「支援」を受けつつ結果を吟味して効率化・高度化を図る

ChatGPTのようなAIにはさまざまな課題があるものの（第1章、第2章参照）、弁護士・法務担当者自身ができることの「支援」のためであれば現時点でも一定程度の利用が可能であり、約5年後を見すえれば、その支援の程度は飛躍的に高まるだろう。

第4章で述べたとおり、現時点では、ChatGPTは「正解がある」分野よりも、「正解がない」分野での利用の方が見込みがあるかもしれない。たとえば、「下手な鉄砲も数撃ちゃ当たる」でもOKなブレインストーミングについてはAIの出してきた多数のアイデアのうち自分の心に響いたもの——比率は少ないだろうが——をもとに自分の考えを深化させたりする、といったことである。

とはいえ、「正解」があると言える校正・リサーチといった業務であっても、粗い作業を効率的に行うメリットはある。そこで、将来的にはＡＩに一次的なものを作成させてそれを自らが責任を持ってレビューするという形で、弁護士・法務担当者自身ができる業務の支援のために利用していくのだろう。その際には、第２章で述べた技術的制約を踏まえれば、次に挙げるような点に留意してレビューを行うべきであろう。

○その対象はそのＡＩが大量のデータによって適切に学習できている範囲か（新しい問題やデータが少ない分野ではないか）
○（仮に対象分野そのものがポピュラーで大量のデータがあると推測されても、）その具体的な事案の特徴のなかに、「学習がうまくいっている範囲」と異なっているものはないか
○根拠を挙げるＡＩか。もし根拠を挙げないのであれば根拠がないという制約にどのように対応するか。根拠を挙げるのであればその根拠は何か、根拠とされなかった（または重要性が低いとされた）重要な文献や見落としはないか

要するに、限界はあるものの、一定範囲でＡＩを利用し、業務を支援してもらうことは十分にあり得るところ、今後はすでにＡＩを支援のために活用するケースがますます増加するだろう。しか

し、**AIの支援を受けて作成したものをクライアントや上司に提示する「成果物」とするためには、引き続き弁護士や法務担当者による吟味が必要だ、**ということである。

そうすると、このような意味における**「吟味能力」（確認・検証能力）**こそが、次世代の弁護士や法務パーソンにとって重要な能力となるだろう。

（2）「自分自身ができること」だからこそ、AI活用が支援にとどまる

ここで、**AI活用が支援にとどまるのは「そのAIを利用して実施する業務が自分自身ができること」である場合に限られる、**ということを強調しておきたい。すなわち、AI活用が「支援」の領域にとどまるためには、弁護士・法務担当者がAIなしでも自分自身でその業務を遂行できることが大前提である。もし、AIなしではその業務を遂行できず、いわばAIに頼り切りになっているのであれば、それはもはや自分の業務についてAIの「支援」を受けている、という話ではなくなるだろう。

そして、もしAIに頼り切りになっているのであれば、AIの結果を吟味（確認・検証）することについても不十分にしかできない可能性が高いと言わざるを得ないだろう。ケンタウロスモデルの重要性は第5章**2**ですでに述べたところだが、このケンタウロスモデルは、人間が実質的な確認・検証を行うことが前提となっている。このように、その業務が「自分自身ができること」でないの

ならば、ケンタウロスモデルによるＡＩと人間の適切な協働は、不可能である。

このような観点からは、もはや支援ではない――つまりＡＩなしではその業務を遂行することができない――ような場合は、それをＡＩの「支援」と呼ぶべきではない。むしろ筆者は、そのような場合を「支援」ではなく「能力拡張」と考える。そこで次項では、この能力拡張について述べたい。

（３）「自分自身ができないこと」の実施（能力拡張）には限界がある

「自分自身ができないこと」をＡＩに行わせるという能力拡張の典型としては、英語の苦手な弁護士がＡＩを使って英文契約のレビューをしたり、英語でのコミュニケーションをしたりする、といったものがある。確かに、今後ＡＩの精度が上がっていくにつれて、そのような未来もまったくあり得ないことではなくなるだろう。

ただその場合には、本人が「本来どうすべきか／どうあるべきか」をわかっていない以上、実質的な「吟味」ができないために、成果物の品質の「上限」がＡＩの能力に依存してしまうという点が重要である。たとえば英語の苦手な弁護士が翻訳ＡＩを利用して英文契約をレビューするという場合、ＡＩが提供する和訳が正確かどうかを当該弁護士自身は確認・検証できない。そこで、まさに「ＡＩが間違えれば、弁護士が提供する成果物も間違ったものになる」という状況が生じるのである。ＡＩの技術的制約（第2章参照）から、ＡＩの誤りの可能性というのは常に存在し続けるし、また免責条項が存在する以上、ＡＩがいざ間違いを犯しても、弁護士として通常はオープンＡＩ社やＡＩベンダなどに対してその責任を問うことはできない（第3章9参照）。だからこそ、もし能力拡張のために弁護士がＡＩを利用し、結果的に「間違い」があれば、それはまさにそのＡＩを利用した当該弁護士自身の責任になる。

依頼者の立場に立った場合にはどうだろうか。弁護士がＡＩを支援として利用する、すなわち「自分自身ができること」の効率化をするためにＡＩを活用する限りは——当該弁護士が行うレビュー（確認・検証）は実質的であるはずであるから——、あまり心配する必要はないだろう。しかし、「自分自身ができないこと」の拡張のために弁護士がＡＩを活用するような場合には、警戒してしかるべきであろう。そこで依頼者側としては、依頼しようとする内容が当該弁護士自身がＡＩなしで対応できる守備範囲のものなのか——仮に当該弁護士が「業務範囲」として表示しているなかに含まれているとしても——を本人に質問する、あるいは本人の資格・経験などを確認するといったことを通じて、確認・検証すべきである。この点については、将来的に弁護士会などにおいて自主的情報開示ルールなどが整備されるかもしれない。

同様の理は、法務部門において転職者を受け入れる際の吟味においても当てはまるだろう。「英文契約は対応できますか？」との質問に対して求職者が「はい」と答えても、その「はい」の意味が、「ＡＩを利用しなくてもできる」ということなのか、「ＡＩを利用すればできる」ということなのかの確認が必要となる。

　能力拡張の場合には、本人に確認・吟味能力がないことからＡＩが間違えた場合に同様に間違えるという大きなリスクがある。そこで、能力拡張（「自分自身ができないこと」の実施）は少なくとも短期的には主流の使い方にはならないことが想定される。そうであれば、ＡＩの活用範囲を「支援」レベルにとどめるため、結局のところ「自分自身ができること」が一定のレベルにある必要が出てくることに留意が必要であろう。

　つまり、**伝統的なＡＩ・リーガルテックを利用しない業務についてそれを的確に遂行するだけの能力を有していなければ、少なくとも短期的にはＡＩ・リーガルテックの支援を受けて業務を遂行することができず、ある意味ではＡＩ・リーガルテックの便益を享受することができなくなってしまう**のである。

3 技術発展で「支援の程度」が高まり、単なる確認・検証の付加価値が低下

(1) 2040年、「ChatGPT・AI・リーガルテックを使える人材」は引っ張りだこの高付加価値人材か

今後の技術進展を見すえれば、少なくともAIの支援を受ける形で法律業務が大きく変革することは間違いないだろう。そこでしばしば言われるのが、今後の弁護士・法務担当者は「ChatGPT・AI・リーガルテックを使える人材」にならなければならない、ということである。これは一面において正しいものの、いくつか留意を促しておきたい。

たとえば、**単にAIの提示する回答を安易にチェックして提出する程度のことであれば、将来的にはそれができて当たり前の、いわば最低限のリテラシーとなる可能性がある。**そうなれば、努力してそのような能力を習得したとしても、他人との差別化もできないことになってしまうだろう。

すなわち、2040年に向かうにつれ、法律業務にますますAI・リーガルテックが取り入れられるだろう。将来のある一時期――それが2030年になるか、2035年になるか、2040年になるかはともかく――、一定程度のAI・リーガルテックのリテラシーを持つことが、すべての法務担当者の必須の能力とされるのではないだろうか。

すなわち、一定の移行期――現在がすでに移行期である――を経て、リーガルテックを法務部門が用いることが当たり前になる。いまや多くの人にとってパソコンやワードを使うのが当たり前となったように、少なくとも一部のリーガルテックについては「リーガルテックを使う」とか「AIを使う」などといちいち言わなくなり、上司や先輩が「これを調べておいて」と言えば、それは当然に「リーガルテックを使って調べる」という意味になる時代がくると思われる。ChatGPTやAI、リーガルテックを使いこなすことが、現在でいう「六法を引けること」や「ワードで修正履歴付きで契約書を修正できること」といったレベルの最低限のリテラシーになるとすれば、弁護士や法務担当者は各種リーガルテックの基本的な使い方やそれらの限界を踏まえた検証方法などを身につけることが重要である。

たとえば、2023年時点において「パソコンを使えなければならない」ということの意味は、「パソコンを使えないとなかなか転職活動で採用されず、また、業務でも苦労する」という意味であって、パソコンを使えるからといってそれだけでは各方面から引っ張りだこの高付加価値人材にはなれないだろう。そして、ちょうどそれと同様に、ChatGPTやAI、リーガルテックについてもある意味では最低限のリテラシーとして、「ないとマイナスが大きいが、あってても大してプラスにはならない」程度のものになる可能性がある。

(2)「易きに流れ」ないことが大切

将来的な技術発展を踏まえると、支援の程度はますます向上するだろう。たとえば、現在ChatGPTに法律英語、特に難しい文章の翻訳をさせると、誤訳や不自然な部分の発生確率が高いので、それを修正する方がむしろ時間がかかってしまうこともある。そこで、現時点であれば、ChatGPTなどのAIを翻訳に利用するとしても、あくまでも、ざっと意味を把握するのに使うにとどめ、翻訳そのものは自分で行った方が結局は短時間で終わるかもしれない。しかし、今後、法律分野のデータセットをもとにAIが学習することで、あたかも優秀な法律実務家が翻訳したかのような高度な翻訳が提示される将来像が想定される(第6章**4**(**4**)参照)。前述のとおり、翻訳は「正解がある」分野である以上、「A4サイズのワード1ページ当たり修正すべき部分が1、2箇所しかない」といった程度にまでレベルが上がり、たいていの弁護士・法務担当者の行う翻訳のレベルを超えるという将来像は、十分に予想できる。

このような技術発展を想定するときに気をつけたいのが、「易《やす》きに流れ」ないことである。つまり、「確認・検証したふりをする」人材なのか「本当に確認・検証する」人材なのかが、(自分自身はわかっているとしても)周囲から区別しにくいという問題が生じてしまうがゆえに、ついつい努力を怠って、前者の「確認・検証したふりをする」人材になりかねないということである。先の翻訳のケースのような「正解がある」分野では、（今後の技術発展を見すえれば）いわば「十中八九、ＡＩの言うとおり」となる。そうだとすれば、検証した結果として、「ＡＩの出力結果のままでよい」となる可能性もまた高くなるのである。これはある意味、由々しき事態である。たとえば**新人が「検証したた結果、ＡＩの出力結果に異存ない」と述べる場合において、本当に検証しているのか、単に検証したふりをしているにすぎないのか、先輩や上司からは判別できない可能性が高まる**のである。２０４０年を見すえるのであれば、こうした点に自覚的であるべきであろう。「易きに流れる」と、そのような「チェックしたふり」をする人材に、いともたやすくなってしまう――あるいは、そのようにみなされかねない――ということである。

４　「正解がある」領域では、ＡＩと人間の能力が逆転する日がくる

（１）「正解がある分野」については、ＡＩの一人勝ち

すでに、**大抵の「正解がある」分野についてはＡＩの一人勝ちになるだろう、**との未来予測を述べてきた（第５章**5**参照）。そうした「正解がある」業務においては、（２０４０年などの長期的な予測としては）必ずどこかでＡＩと人間の能力が逆転する、いわば人間がＡＩに負ける未来がくると考える。

（2）「正解がある」領域でAIに負けじと頑張ることは得策か

そのような未来がくると仮定した場合に、「正解がある」領域でAIに負けじと頑張る弁護士や法務担当者こそが「優秀な法務専門職」として評価されるのだろうか。これについては、筆者は個人的には否定的に考えている[1]。

たとえば、前記**3**で「A4サイズのワード1ページ当たりエラーが1、2箇所しかない水準にまでAI翻訳のレベルが上がる」という未来像を想定したところである。その状況で「自分はA4サイズのワード1ページ当たりエラーが1箇所未満であるから、AIに勝っている」という「戦い方」をするのは得策だろうか。その段階では、人間が8時間かけてその精度を出しているところ、AIは1分でその精度を出し、それを人間が1時間でレビューすれば結果的にエラーは1箇所未満になるのであれば、やはり、自分の翻訳業務の支援としてAIを使い始めた方がよいのではないか。もし、AIの精度がさらに上がったらどうするのだろうか——。**「正解がある」領域でAIと真っ向から対決することで、かかる悩ましい状況が容易に生じる**と思われるのである。

（1）ただし、講演や勉強会では、「将棋で藤井七冠が〈AI超えの一手〉を放ったと言われるように、AIと正面から戦う道もあるのでは？」などと聞かれることがある。確かにそのような人はゼロではないだろう。問題はその割合であって、そのような戦い方ができるのは、たとえば、上位1％かもしれないし、上位0・01％未満かもしれない。

5　2040年に求められる専門家像：「正解がない」事項をAIのサポートを受けながら対応

(1)「Q&A本」が揃えば弁護士・法務担当者は不要になるのか

法律分野には「正解がない」領域が多々ある。筆者はChatGPT時代の弁護士・法務担当者の付加価値ということを考えるとき、まさにその「正解」がない分野にこそ鍵があると考えている。ここでは、第5章でも引き合いに出した「Q&A本」の使い方を例にとって説明しよう。そこでも述べたように、AI技術がさらに進展すれば、あたかもQ&A本があらゆる法律分野について揃って自由自在に検索できるような時代がくるだろう。そうなると、「適切なQ&A本を探し、そのQ&A本の正しいページを検索する」という昔ながらの能力の希少価値が減ること自体は、否定できない。しかし、「自分がQ&A本を利用して答えを探求すべき質問は何か?」という点であるとか、「Q&A本にはこのように書いているが、本件でそれを実際にどのように落とし込むのか?」といった点に関する能力は、引き続き重要であると考える。

そうすると、「調べさえすれば――またはAIに調べさせれば――わかる知識」の重要性が相対的に低下する一方で、「法律家らしく考えること（Think like a lawyer）」すなわち「リーガルマインド」」が再び注目されるべき時がくるかもしれない。

これを法的三段論法に即して言うと、２０４０年のＡＩは、大前提となる法解釈については、「条文・判例・通説・先例実務」を正確にリサーチして提示してくれるだろう。そして、小前提となる事実関係の把握については人間の弁護士・法務担当者の役割は大きいものの、ＡＩが支援してくれる。さらに、それらを踏まえた「あてはめ案」もＡＩが提示してくれるかもしれない。しかし、**その案どおりでいくかや、その案が仮に「良い案」であっても、実際に「それでいく」となるためにはどうすればよいか、という点は、人間の弁護士・法務担当者等が決めなければならない。**

(2)「自分がQ&A本を利用して答えを探求すべき質問」とは何か

たとえば、依頼部門から「債権は譲渡担保に取ることができますか?」と聞かれた場合において、もし、法務担当者が何も考えずにそのままＣｈａｔＧＰＴなどのＡＩにこの質問を投入すれば、少なくとも２０４０年のＡＩ[2]であれば完璧に債権譲渡担保が可能であること、関係する条文、債権譲渡のための手続き、登記制度などを教えてくれることが想定される。しかし、そもそも「なぜ今回、

(2) ちなみに、２０２３年のＣｈａｔＧＰＴの回答は以下のとおりである。「はい、債権は譲渡担保に取ることが可能です。これは、債権の譲渡という形で行われます。これは、借り手が借金を返済する能力が疑われる場合などに行われます。債権の譲渡には一般的に、債権者（譲渡人）と新たな債権者（譲受人）との間で譲渡契約が必要となります。ただし、これには法律的な手続きが必要となりますので、詳細な手続きや具体的な状況については法律専門家に相談することをお勧めします。」

依頼部門はそのような質問をしているのか？」という点に思いを馳せて依頼部門とコミュニケーションをすると、そもそも本件が、「売掛先が倒産の危機に瀕しており、売掛金を保全するため何か財産はないかということで、第三債務者に対する債権が存在することが判明したので、それを譲渡担保に取りたい」という趣旨だった、という事情が発覚するかもしれない。そうであれば、そこまで事態が悪化している状況において尋ねるべきだった質問は、本当は、「売掛先が倒産の危機に瀕している場合の債権回収の方法その他自社の利益を最大限守るための方策は何ですか？」かもしれない。これはあくまでもひとつの例であるが、仮に「Ｑ＆Ａ本」が全分野で揃ったかのような時代がきたとしても、それにより直ちに弁護士や法務担当者の仕事がなくなるものではないことを示しているだろう。**「自分がＱ＆Ａ本を利用して答えを探求すべき質問」が何であるかは、人間の弁護士および法務担当者自身が依頼者や依頼部門とコミュニケーションを通じて決定していかなければならない**のである。

なお、コミュニケーションなどの人間に残る業務についても、ＡＩの支援を受けることになる。たとえば、「自分がＱ＆Ａ本を利用して答えを探求すべき質問は何か」という点であれば、依頼部門に対して行うべき「更問《さらとい》」案をＡＩが提示してくれるかもしれない。また、「Ｑ＆Ａ本にはこのように書いているが、本件でそれを実際にどのように落とし込むのか」についても、「依頼部門のこの人はこのような質問をする傾向にある」としてＡＩが準備を促すといったように、ＡＩの支援を受ける可能性が十分にあるだろう。

(3)「Q&A本にはこのように書いているが、本件でそれを実際にどのように落とし込むのか」

ＡＩ・リーガルテックに対して本当に探求するべき質問を探求し、それを尋ねた場合、２０４０年の優秀なＡＩ・リーガルテックは「正解」を教えてくれるだろう。「正解がある」領域においてはリサーチへの回答や成果物をきれいに提示してくれるかもしれない。しかし、それですべて用が足りるのだろうか——。筆者の答えは「否」である。

いわば**「Q&A本にはこのように書いているが、本件でそれを実際にどのように落とし込むのか」という問題のように、AIがそのような正解を提示し、良い成果物を提供しても、そこからの活用をうまくできるかが、人間の弁護士・法務担当者の腕の見せどころ**であろう。

その成果物をどのように利用して、どのような意思決定を行い、どのように責任をとるかというのは、あくまでも弁護士や法務担当者が依頼者や依頼部門とコミュニケーションを通じて決定していかなければならないのである。

6　過渡期的業務

（1）一時的に注目されるだろうが永続しないと予想される業務

ここで、アノテーションとプロンプトエンジニアリングについて説明したい。これらは必ずしも弁護士・法務担当者一般の２０４０年の「弁護士・法務担当者」が目指すべき姿としては推奨できない面もあるものの、過渡的には注目されると思われる。

（2）アノテーターとしての業務

過渡的に需要が発生し得る業務としては、「アノテーション」が挙げられる。アノテーションというのは、データに対してラベルや説明を付す行為である。たとえば、画像にその画像の内容を示す「タグ付け」をする作業や、教師あり学習における「正解」の作成などである。法律分野でも、たとえば文献について著者名、タイトル、キーワード等のメタ情報を入力するなど、アノテーション業務は多く発生し得る。ただし、これらの業務は、いわゆるクラウドワークなどにより比較的安価に調達可能である。たとえば、法律関係エンジンの大部分を比較的安価な新興国の弁護士に依頼して構築した上で、そのような一般的な（グローバルな）法律分野の考え方と、日本法の「差分」

に関するアノテーションだけを、オークション形式等で安い費用を提示した日本の弁護士に依頼して支援をしてもらう、といった方向性も考えられる。

その意味では、アノテーターとしての仕事は一定時期に一定量発生すると思われる。しかし、結局のところ「正解」をＡＩに教える仕事であって、どこかのタイミングで不要となる。その意味で、少なくとも「高度な知識を有する者に対する十分な報酬が得られる持続可能な仕事」にはなり得ないと考えられる。[3]

(3) 法律分野のプロンプトエンジニア

少なくとも現時点では、ＣｈａｔＧＰＴに単に質問を入力するだけでは「平均的」な回答しか提供されない。そこで、その質問方法を工夫する――たとえば「弁護士の立場から回答する」と付記する――ことで、より弁護士らしい、より望ましい回答になる可能性が高まる（第４章参照）。このような質問の方法を工夫することを「プロンプト（呪文）をどのように設計するかの工夫をすること」という意味で、プロンプトエンジニアリング（プロンプト工学）（第４章参照）と呼び、それを

(3) なお、第8章3(5)で述べるとおり、ＡＩプロバイダやリーガルテック企業に対する弁護士法をはじめとした法的アドバイスをする仕事は、「正解がない」部分を多分に含んでおり、本文で述べたアノテーターの仕事とはまったく異なっていることに留意が必要である。

行う人をプロンプトエンジニアと呼ぶことがある。

プロンプトエンジニアの持つ優位性は、ＣｈａｔＧＰＴから回答を引き出すコツなどのノウハウを持っていることである。１回の質問だけで終わらせるのではなく、複数回やりとりをして狙った答えに誘導するといったことも含め、目的を達成するためのプロンプト作成にはさまざまなノウハウが必要である。

第４章で述べたとおり、少なくとも短期的には、「生のＣｈａｔＧＰＴ」を少しでも実務で活用するため、このような能力が重視されるのは確かだろう。ただし、この能力が特に一般的な弁護士・法務担当者を想定した場合において、長期的にも歓迎され続けるかは疑問が残る。すなわち、画像生成ＡＩにおいても「いい感じ」の画像を生成するノウハウが――いわゆる「呪文書」などと称して――公開・共有されているように、法律関係の質問回答ＡＩにおいても、そのようなノウハウが広く公開・共有される時代になれば、他人の公開したノウハウに依拠すれば済むようになるかもしれない。また、ＣｈａｔＧＰＴに「○○をしてもらう上で最適なプロンプトは何？」と聞けば、最適なプロンプトを入手できる時代がくるかもしれない。また、そのような手間をかけるまでもなく、そもそもどのような質問でも「いい感じ」に答えるＡＩ技術が進展するかもしれない。

加えて、各リーガルテック企業が自社プロダクトにＣｈａｔＧＰＴを組み込み（第１章**5**（**1**）参照）、そのプロセスのなかで、リーガルテック企業に所属する少数の高スキルなプロンプトエンジニアが、そのプロダクトにとっての最高のプロンプトを考えることになるだろう。だからこそ、もし読者の方が法律分野のプロンプトエンジニアになりたいと考えるのであれば、法律事務所や（リーガルテック企業以外の）企業に所属するのではなく、リーガルテック企業に所属すべきだと考える。そのようなリーガルテック企業専属のプロンプトエンジニアとして、そのプロダクトにとっての最高のプロンプトを考えられる能力を身につければ、将来にわたって戦っていくことは可能かもしれない。とはいえ、その場合には、法律関係の能力に加え、まさにエンジニアとしてのＡＩに関する相当高度な能力を身につけることが必須である。

その意味では、リーガルテック企業所属の高スキルなエンジニアならともかく、プロンプトエンジニアの能力を持った弁護士・法務担当者がたとえば２０４０年においても、転職等で大歓迎され、その能力で他人と差別化ができるかどうかは未知数としか言わざるを得ないように思われる。むしろ、一般的な弁護士・法務担当者にとってプロンプトエンジニアリングは、「２０２０年代前半には重要だったが、２０４０年には不要な技能となる」という可能性すらあるだろう。

７　ＡＩが善管注意義務の基準を変える？

ここで、２０４０年の法律業務という観点からは、ＡＩの普及が善管注意義務の基準を画する可能性についても触れておきたい。

現在でも、何らかのリサーチを行う場合、リーガルリサーチ系データベースで検索するといったことは必要と解されることが多いだろう。また、法分野によっては定評のあるコンメンタールや基本書などがあり、リサーチをする際は、上司や先輩に「きちんと『○○』で調べたのか？」と言われることもある。

そこで、ある種の類型のＡＩが一定以上に普及した場合に、そのＡＩを使ったかどうかを基準に善管注意義務の水準が論じられることになる可能性を指摘できるだろう。すなわち、「弁護士が調査をする以上、この類型のＡＩをこのように利用することが通常は必要であり、それを怠ったために間違った調査をすれば、善管注意義務違反である」というように、**一定以上普及したＡＩが、いわば善管注意義務の水準を構成することになるかもしれない**。

そうすると、読者の方々が仮に「できるだけＡＩを使いたくない」とか「ＡＩを使わなくてもＡＩを使う以上の成果を上げられる」と考えていても、いざ結果的に何らかの不備があったとなれば、ＡＩを使わなかったこと自体をもって非難されてしまいかねない。弁護士であれば、依頼者との関係で善管注意義務違反と判断されてしまう可能性があるのである。もし読者の方々のなかで「できるだけＡＩを使いたくない」と考えている方がおられたら、この点について、ぜひとも留意すべきだろう[4]。

8　繰り返される、「雑務が減ってやり甲斐のある仕事が増える」というパターン

筆者自身は経験がないものの、昔は手書きで文章を書き、タイプを依頼すると、しばらくするとタイプ打ちされたものが出てきたそうである。その後自分でワープロを打つようになり、現在はパソコンを打っている。手書きで書くプロセスを挟むことは、そのぶんだけ時間がかかるし、手書き文字が読めないといったことでトラブルを招きかねない。特に手書きで書くことが好きではない、苦手だという人にとっては、こうした作業は無駄で、かつできればやりたくない事柄ではなかっただろうか。そして、そのような「雑務」は、ワープロやパソコンを自ら利用することで消えた。それでは、その雑務を行っていた時間はどうなるかといえば、多くの場合、そのぶん休憩したりできるわけではない。昔から8時間勤務であることには変わりはなく、技術発展によりそれが7時間、6時間となったわけではない。結局のところ雑務以外の、いわば「やりがいのある仕事」に追われるわけである。高度に技術が発達すればするほど弁護士や法務担当者の仕事のうちの「雑務」が減り、業務時間に占める「やりがいのある仕事」の割合が増える——、このようなことがこれまでにも繰り返されてきたのである。

(4)　ただし、そのように「このAIを使うのが当然」というオーソリティを獲得するレベルに至ると、AIを使った場合であってもあえてAIと異なる選択をする場合、依頼者に対する説明責任は重くなるだろう。

そして、筆者の２０４０年の弁護士・法務担当者の業務に関する将来予測というのは、これまで繰り返されてきた右のような伝統的パターンがまた繰り返される、というものである。ＣｈａｔＧＰＴを含むリーガルテックの発展により、たとえば、「足を棒にしながら重い本を抱えて図書館を駆けずり回ってリサーチをする」といった類型の業務は、２０４０年にはなくなると予想している。これもある種の「雑務」の削減であろう。そして、このような**ＡＩの支援を受けながら、弁護士・法務担当者は人間こそが行うべき「正解がない」仕事というやりがいのある仕事に全力投球する——**。このような未来像を予想している。

もちろん、このような現象に対しては、「雑務はある意味では気分転換になる仕事の〈余白〉のようなものであって、これがどんどん減っていくことで、残るのは大変な業務だけになる」という見方もある。もしかすると、雑務の削減により大変な業務だけが残ることで「８時間労働」の前提となっていた業務負荷の想定を大きく超えるがゆえに、労働時間を８時間よりも減らすべきだという議論も今後は、なされていくのかもしれない。人間が中心となってＡＩを活用すべきであり、ＡＩに人間が振り回されるようではいけない。そこで、そのような観点から今後さらにこの問題が議論されていくことを期待したい。

column

弁護士業務と研究・教育の両立のために

筆者の本業は弁護士である。それと同時に教育・研究関係では慶應義塾大学にて非常勤で特任准教授を務め、中央大学、学習院大学および九州大学の非常勤講師も務めている。そこで、弁護士業でクライアントの期待に応えながらも、迫り来る論文や書籍の締切は守らなければならない。弁護士業務と研究・教育の両立のため、筆者は、大きく三つのことを考えている。

第1に、シナジーである。そもそも弁護士業務と研究・教育がまったく別物であれば、弁護士業務に加えて研究・教育を行うことは極めて大変な負担となるだろう。しかし、幸いなことに、弁護士業務も大きく筆者の研究テーマ（第3章コラム参照）に関連する仕事が多い。よって、研究と弁護士業務とのシナジーを得ることができている。たとえばユーザー側とベンダ側の双方から弁護士業務としてChatGPTに関連する法律業務のご依頼をいただき、弁護士業務としてChatGPTに関する思索を巡らす機会を与えていただいた。本書にはそのような「弁護士業務としての成果物」自体はもちろん含まれていないものの、その業務の過程で行ったChatGPTに関する思索の成果が一定程度反映されている。

第2に、教育研究には期限（締切）が不明確なものと比較的明確なものがあるということである。一番期限が不明確なのは、自分ではない別の人が編者を務める共著である。（約2ヶ月で出版された『ChatGPTの法律』（中央経済社・2023年）は例外として）時には、約5年といったレベルで出版が遅れる。筆者がよく執筆をさせていただく情報法のように新しい状況が常に生じるような分野では、出版が遅れるともはや元の原稿は使えず、新たに書き下ろすレベルの修正をしなければならなくなることもしばしばである。そこで、編集者や編者とコミュニケーションをしながら「本当の締切」をすり合わせる必要が生じることもある。他方で、講演・研究会発表といった、比較的明確な期限があるジャンルの仕事もある。こうした案件では、当日までにある程度以上のものを必ず作らなければならない。授業にしても、授業予定があるわけであるから、レジュメを適切なタイミングまでに完成させなければならない。そこで、このような「強制」の契機がある機会を生かして原稿を書いてしまい、それをもとに論文化・書籍化するというのは、筆者が比較的頻繁に採用する方法である。本書も、多くのセミナーに向けた準備をもとに、それらに大幅な加筆を加えて書籍化したものである。

第3に、細切れ時間の活用である。在宅勤務100％に振り切ることができるのであれば別であるが、通常はまだ多かれ少なかれ通勤などがあり、そこで細切れ時間が生まれる。筆者もその細切れ時間に本を読むこともあるが、メモアプリなどを利用して、少しでも原稿を書き進める。特にスマートフォンにメモアプリを入れておくと、パソコンを取り出すことが難しい状況でも、スマートフォン上で片手で書き進めることができることから、大いに役に立つ。本書の一部はこのような方法で作成されたものである。

本書第4章において言及したとおり、少なくとも2023年の「生のＣｈａｔＧＰＴ」は研究活動分野においてこそ便利に利用でき、その高度化・効率化を促進する可能性がある。今後も引き続きＣｈａｔＧＰＴなどのＡＩも利用しつつ、双方の両立を目指していきたい。

第8章 ChatGPT時代の「価値ある」弁護士・法務担当者にむけて

1 技術は漸進的に進歩する

第5章3で述べたように革新的技術はある日突然起こるのではない。技術は漸進的に進歩し、少しずつ便利になっていく。そして、日々のChatGPTに関するニュースやSNS投稿などに触れるなかで、技術進歩に対してどのように対応していけばよいのか、スタンスを決めかねている読者の方々も多いことだろう。

そして、そのように技術の進歩が漸進的であることを踏まえれば、現時点において読者の方々が行うべき対応のパターンとしてはふたつあり得るだろう。ひとつは「技術発展がある閾値《しきい》まで達するのを待って、その時点から利用を検討しよう」という方向性（**達成度ベース**）と、「現時点からリーガルテックを使い始めて将来に備えておこう」という方向性（**スモールスタート**）である。これらはそれぞれメリット・デメリットがあるように思われることから、これらふたつの方向性のいずれを採用するかは各社や各人の考え方次第であって、どちらが正しいかを一義的に決めることはできない。したがって、いずれの方向性を採用するかについては、それらメリット・デメリットを精査した上で、結論を出すべきである。

なお、実際には、「現時点からスモールスタートで始めるものの、最初は本当に小規模にとどめ、閾値まで達したら大規模に利用する」とか、「スモールスタートで利用を開始するとしても、そもそもどの分野において利用することができるかという問題があるから、利用の候補となる分野別にそれぞれ閾値まで達した段階で利用を開始する」といったこともあるだろう。このように、達成度ベースとスモールスタートは大きな方向性ないしは理念形ではあるものの、実際にはその中間のいわゆる折衷的なものになる可能性が高いことには留意が必要である。

そのような留保が前提となるが、達成度ベースのメリットであり同時にスモールスタートのデメリットとしては、「当面必要な時間と労力」という点が挙げられる。たとえば、第4章においては、2023年時点のなかなか使おうにも使えない「生のChatGPT」をなんとか法律実務で使おうと悪戦苦闘する筆者自身の姿を描き出したところである。新しもの好きの筆者は、個人的に好きでやっているからよいものの、スモールスタートという方法を採用すれば、当然のことながら時間と労力を奪われてしまう。そこで、筆者としても、すべての弁護士・法務担当者の方々に対して、何が何でも今からスモールスタートで始めなければならないとまで述べるつもりは決してない。**ChatGPTは「ダイヤの原石」ではあるが、磨いても磨いてもなかなか光ってくれない**――たまにキラリとした輝きを見せるので、ついつい磨き続けてしまうのだが――[1]。そこで、現時点で大きな労力をかけるよりも、もう少しレベルが上がって「閾値」に達した段階で使い始めよう、というのは十分にあり得る判断である。

次に、達成度ベースのデメリットでありスモールスタートのメリットとしては、達成度ベースならば「常にアンテナを張って、達成度を判断しないといけない」という点を挙げることができる。達成度ベースを採用した場合には、その「閾値」の設定や、果たしてそこに達したか否かの判断が難しく、もし、適時・適切に「閾値」を判断したいというのであれば、結局のところ、閾値に達したかどうかについて常にアンテナを張って情報収集を続けなければならない、というわけである。

閾値の設定の点について言えば、いわば「0か100か」的な思考で「AIが人間の弁護士と同じレベルに達したら利用する、それまでは利用しない」という考え方は、必ずしも適切ではないだ

(1) CICERO2023年5月号13頁参照。

ろう。技術的制約（第2章参照）の観点からは、「人間の弁護士をそのまま代替する」ようなＡＩ・リーガルテックは、少なくとも２０４０年までには出現しないと思われるものの、それ以前の段階でも法律実務が大きく変わり、ＡＩ・リーガルテックが広く利用されるようになり、２０４０年にＡＩ・リーガルテックが２０２３年におけるパソコンのレベルの普及率となると筆者は踏んでいる（第7章3(1)参照）。そのレベルにまで普及して初めて利用を開始するのでは、さすがに遅すぎるのではないだろうか[2]。

そうすると、そのような段階までのどこかに、自分自身が「閾値」として設定すべき段階があるはずである。しかし、それが具体的にどの段階かを考えることはそう簡単なことではないのではなかろうか。また、閾値を設定するといっても、その閾値の内容は、ある程度抽象的なものにならざるを得ない。たとえば「自分はキャッチアップに1年程度はかかるだろうから、過半数の弁護士がリーガルテックを利用するようになる時期の約1年前から利用を開始しよう」という具合である。このような閾値設定をしたとしても、「それでは果たして一体いつ、その水準に達したと言えるのか」と問われれば、その判断を適時かつ的確に行うことは困難だろう。たとえば「過半数になる1年前は利用率が40％程度となると予想されるので、利用率が40％になったら利用を開始しよう」といった形で判断が容易になるような閾値設定をしても、実際には、10％程度の利用率であった時点から急に利用が増え、わずか数か月後には過半数に達してしまうといった状況さえもあり得るだろう。

このように、達成度ベースにもスモールスタートにも、それぞれの難点がある。このように「正解がない」ことを前提に、自分なりにどのようにAI・リーガルテックとつき合っていくかを考えていかなければならない。

2 短期的目標：「AIの支援を受けながらより良い業務を行う」ために

(1) AI・リーガルテックのリテラシー

何よりもまず、AI・リーガルテックのリテラシーを身につけることが重要である。第7章3(1)ですでに述べたように、2040年にはAIを使いこなせなければ、日々の業務においても転職においても困ることになると予想される。それ以前の段階、たとえば5年後といった短期的将来像を見据えても、ますます便利になるリーガルテックを使いこなし、その適切な支援を受けることで、弁護士・法務担当者として、よりよく業務を遂行することができる。したがって、リスキリングを通じてAI・リーガルテックを上手に使うことができる人材となるべきである。

(2) また、第7章で述べたとおり、AI・リーガルテックを利用しないことが善管注意義務違反になるような状況となる可能性さえある。

ここで重要なのは、東京大学が「ＣｈａｔＧＰＴの利用を前提に、あらゆることを見直す方向へかじを切るべきだ」として、ＡＩ利用を前提とした大学教育を打ち出していることである。[3]それ以外の大学においても――それぞれの大学で若干ニュアンスは異なるものの――完全禁止ではなく、ＣｈａｔＧＰＴの生成した文章をそのままレポートとして提出するような不適切な利用を禁止しながらも、ＡＩのリテラシーを学びながら適切に利用するよう方針を公表している。[4]

要するに「**ＡＩを使える若手弁護士・若手法務担当者が今後、続々と社会に登場してくる**」状況が想定されるということである。ＡＩを利用することが当たり前になった若手から、なぜ上の世代はＡＩを自分たちと同程度に上手に利用しないのか／できないのかという、ある種の「突き上げ」を食らうことになる可能性は十分にあるだろう。必然的に、読者の方々は今後そうした若手との競争を強いられるわけである。こうしたことを踏まえながら、社会における「先輩」として努力しなければならないだろう。

(2)「能力拡張」ではなく、あくまで「支援」

第7章2において、（少なくとも短期的には）ＡＩの果たす役割は支援にすぎず、能力拡張ではないと述べた。これを逆から見れば、要するに「**ＡＩを利用しないでもその業務を適切に遂行できるか**」が、**少なくとも短期的には問われる**ということである。

すでに実務に就いておられる読者の方々は、契約レビュー、法律相談、訴訟対応、危機管理などそれぞれの業務について、伝統的なＯＪＴ／Ｏｆｆ－ＪＴによる教育・研修なども経つつ、自分自身で案件を遂行していく能力を身につけてきたはずである。ＡＩ・リーガルテックの技術発展が将来的には著しいとしても、少なくとも短期的には、このような伝統的な案件を遂行する能力が引き続き重要である。したがって、「ＡＩの支援を受けながらより良い業務を行う」専門職になるためには、結局のところ、まさに従来から必要とされていた弁護士・法務担当者としての能力を、研鑽によって習得することが必要だ、ということになるだろう。

そうすると、結果としてＡＩ・リーガルテックに関するリテラシーおよび従来同様の能力というふたつのものを同時に習得しなければならないわけであるから、その意味ではやるべきことが増えて大変だ、という面はあるだろう。しかし、第9章・第10章で述べるように、２０４０年にもなれば、これまで新人弁護士や新人法務担当者がいわば勉強のために行ってきた業務はＡＩ・リーガルテックを利用した方がよいとして、新人弁護士や新人法務担当者に対して従来の伝統的なＯＪＴ／Ｏｆｆ－ＪＴによる教育・研修が提供されなくなる可能性がある。このように考えると、通常の業

(3) 「『ＣｈａｔＧＰＴの利用前提に全てを見直す方向へかじを切る』、東京大学の太田副学長」日経クロステック２０２３年４月24日 <https://xtech.nikkei.com/atcl/nxt/column/18/02423/042300009/>。

(4) 「ＣｈａｔＧＰＴへの主要大学の対応まとめ」データサイエンス百景―未来の解像度を上げるデータサイエンス系大学進学情報サイト（２０２３年５月１日）<https://ds100.jp/report/r-23003/>。

務遂行能力の習得に加え、AI・リーガルテックのリテラシー習得も同時にこなさなければならないという意味でハードにはなるとはいえ、**現時点における若手弁護士・法務担当者であれば、まだ伝統的な教育・研修も受けることができるわけであるから、それはむしろ幸せなことなのかもしれない。**

3　長期的目標：AIが人間を超えても「頼れる」専門職になるために

(1)　ポリシーを持ちつつ柔軟に

ア　「ポリシーを持ちつつ柔軟性も維持する」とは

ここでいうポリシーは、時代が変わっても変わらず継続するもの、といった趣旨である。ただ、思想・信条のような高尚な意味というよりは、さまざまな事案や案件へのスタンス、業務への取り組み方の方針といった実務的なものを想定している。たとえば弁護士であれば、「どのような仕事を受任するか」という受任ポリシーというのもここでいうポリシーに入るだろう。法律業務に携わる者においても、そのような首尾一貫した方針を若手のうちに徐々に形成し、そのポリシーそのものは自体は長期的に（手直しレベルの修正はあっても）維持すべきである。[5] ただし、そのポリシー以外は「柔軟」でなければならない。ここで、「これまでこの方向でこれだけ努力してきたのだから、別の方向には行きたくない」という発想――いわゆるサンクコスト――は、人間誰しもが持ってしまうものである。しかし、もし、残念ながらそれと異なった方向に歩みを進めることの方がよいのであれば、[6] 過去の努力のことは一度忘れて昨日までと異なる対応をすることも恐れない姿勢をとるべきではなかろうか。

イ　AIなどのテクノロジーを学ぶ

その上で、AIなどのテクノロジーを貪欲に学んでいくことが必要である。利用経験や、当該技術の背景に関する体系的知識、あるいは資格等があっても、それらはすぐに古びてしまう。だからこそ「古くならないもの」と、「最新のもの」の双方を習得しなければならない。

(5)　テクノロジーに対する姿勢もまたここでいうポリシーかもしれない。たとえば、世の中がテクノロジー一辺倒に動いている時代だからこそ、あえて「そのテクノロジーに落とし穴がないか？」と、懐疑的な目を持ちながら臨むといったものもポリシーのひとつであり得る（ただ、その場合には同時に、周囲がリーガルテックなどのテクノロジーを便利に使う時代がくる場合にどう対応するべきかも考えるべきであろう）。

(6)　第7章**4(2)**では、「2040年にはAIだと1分でエラー数1つというレベルの翻訳をできるようになる見通しがあるなか、人間の弁護士や法務担当者が8時間かけてエラー数1個未満の翻訳を行えるようになる方向性を目指すべきか」についての私見を述べたところである。たとえば、ポリシー自体が「前向きに進めるべきビジネスの前進をサポートする」ということであれば、その方法として「これまでは国際案件について翻訳を頑張ってきたが、今後は違う方向で付加価値を出す」という選択もあり得るだろう。

筆者が勧めたい学び方としては、「教えることで学ぶ」や「情報を発信することで情報を集める」といった方法が挙げられる。たとえば、筆者は、ＣｈａｔＧＰＴについて２０２３年4月および5月はセミナー・講演・勉強会に毎月10件程度ずつ登壇する機会をいただいたが、話す内容を準備するなかで学ぶことも多いし、複数の登壇者がいれば事前準備の打ち合わせの場でのやりとり――正式なセミナーの場には持っていけないようなものも含む――で学ぶことも多い。また、講演後の質疑や、特に小規模の勉強会の場合には正式な会合終了後のフランクな場でのやりとり等で学ぶことも、多々あった。

また筆者は、ＣｈａｔＧＰＴについて、同年3月23日に「ＣｈａｔＧＰＴ等のＡＩ技術の発展と弁護士実務への影響」と題するブログ記事を公表したところ、望外の好評をいただき、多くのフィードバックを頂戴することができた。そのような情報の発信後のフィードバックを通じて、自分自身が発信したものを大きく上回る学びを得ることができたのである。発信といっても方法はさまざまであり、書籍や論文の執筆に限らず、ブログやＳＮＳにおける投稿の発信からスモールスタートで始めるのがよいだろう。ただし、実務経験に裏打ちされない単なる知識は実務ではあまり役に立たない。そこで、たとえばＣｈａｔＧＰＴであれば、それを社内ルール（第4章3参照）を遵守しながら実務に適用する経験など、できるだけ同時に、関連する実務経験を積むべきである。

ウ　時代を先読みする

さらに、バックキャスト思考（将来から逆算する思考）を行うために時代を先読みする。まずは一定の予想をした上で、それに基づいて現時点においてどのように行動すべきかを決める。もちろん、その予想は多かれ少なかれ外れるわけであるが、定期的に、または随時、当時の予想と最新の予想とを比較して、その乖離を踏まえて改善していく。筆者が将来を合理的に予測するために行っていることを、参考のためいくつか挙げてみよう。(7)

a　技術の理解

とりわけ「技術の発展が社会をどう変革させるか」という点が重要なイシューなのであれば、技術を理解しないまま将来を予測をしても、なかなかうまくいかないだろう。筆者はリーガルテック業界団体の代表理事を務めている関係で各社の動向を理解しやすい。また、とあるリーガルテック企業の（リーガルアドバイザーではなく）プロダクトアドバイザーとして設計や仕様に関する情報を

(7)　たとえば、「はじめに」において、2022年夏に、MidjourneyやStable Diffusionなどの画像生成AIの隆盛を目の当たりにして、2015年に人口に膾炙した予想が外れたと考え、筆者として生成AIの研究を始めたと述べたが、これはまさに予想を見直すきっかけとなる出来事である。

いち早く入手できる立場にある。もちろん、これらの「各社がどうするつもりか」という情報のなかには守秘義務がかかっているものも多いものの（当然のことながら、本書においては公表済みのもののみを記載している）、そのような技術に関する情報に日常的に触れることができるため、将来予測がしやすい立場にある。

これは、技術を理解するために筆者が行っているひとつの努力の例にすぎない。最終的に技術を理解することができれば、その方法は何でもかまわない。たとえば、ＣｈａｔＧＰＴを組み込んだプロダクトのなかにはすでに無償で提供されているものもある。筆者は、積極的にプロダクトに触れるようにしている。たとえばデータを入れられるタイプのプロダクトについては、自分自身が著作権を持つ論文などのデータを利用して安全に「試す」ことを心がけている。このように、技術の背景にある理屈を知るだけではなく、自分で触って確かめるなど、さまざまな方法で技術に肉薄することを試みるべきである。

b　先行指標

筆者は、ＣｈａｔＧＰＴという言語系生成ＡＩの将来予測のため、①画像系生成ＡＩ、②米国の状況、そして③他士業の状況を先行指標としている。要するに「ここで起こっていることは将来、日本の法律業務においても起こるのではないか」という観点で考えるのである。これは、いわば「タイムマシン経営」を経営以外に応用したものである。

①画像系生成ＡＩ(8)が先行指標として有用なのは、いち早く技術革新が到来し、また、それによって実際に社会変革が始まっているからである。たとえば、ソーシャルゲーム企業が、これまではゼロから絵を描いてもらっていたイラストレーター（絵師）に対して、ＡＩイラストの修正を依頼し、その代わりに報酬を減らしたという話題がある。(9)また、週刊誌がＡＩグラビアモデルを起用したが、時期尚早として取り下げた。(10)このような状況のうち、どこまでのことが文章生成ＡＩによって法律業務にも起こり得るのかというのは、有用な視点であろう。

また、②日系ＬＬＭ（大規模言語モデル）はともかく、ＣｈａｔＧＰＴやＢａｒｄは英語を中心に学習をしている。また、米国は判決文の公開が日本より進んでいることから、米国法の学習も進んでいる。そのため、米国においては現時点でも日本よりもＣｈａｔＧＰＴが法律実務にとって有用な傾向にある。そこで、このような米国におけるＣｈａｔＧＰＴの利用動向やこれを組み込んだプロダクトの姿は、将来の日本の姿を予想する上で役に立つ。

さらに、③他士業、たとえば司法書士については、少なくとも登記申請書類の作成だけに限定す

(8) 映像情報メディア学会<https://www.ite.or.jp/annual/2023/program/>における筆者の講演参照。
(9) https://restofworld.org/2023/ai-image-china-video-game-layoffs/
(10) https://www.grajapa.shueisha.co.jp/post/202306/

れば、ＡＩがかなりの業務を行うことができており、すでに「支援」から「代替」フェーズに入りつつある。そこで、司法書士との関係では、国会答弁(11)や司法書士会会長声明(12)においてこれらのプロダクトへの警戒が表明されている。もちろん、士業ごとに業務分野が異なることから、司法書士に関して発生したことが他の分野においてもそのまま発生するとは限らない。そうであっても、今後の予測のためには、他士業の動向にもアンテナを張ることが有益である。

c　検討が生煮えの段階で積極的にほかの人に意見を求める

将来予測というのは、必然的に、「現時点では正解であるか否かがわからない」という性質を有する。前述のとおり筆者は、一般的に「教えることで学ぶ」とか「情報を発信することで情報を集める」とかといった学び方を励行しているが、特に将来予測の文脈では、その一環として、いわばあえて叩いてもらうため、検討が生煮えの段階で積極的にほかの人に意見を求めている。

そこで、ＣｈａｔＧＰＴについても、筆者の勉強会などにおける発表では、やや踏み込みすぎと思われるような見解も、（まだ生煮えの試論であるという留保をつけた上で）先行して披露し、積極的にフィードバックをいただくようにした。そのようなやりとりを通じて、本書に至る重要な示唆を多数得ることができ、感謝している。

エ　ポートフォリオ的に複数の可能性を模索する

将来は結局のところ現時点で正確に予測することはできないし、仮にその予想が正確でも、そのことは現時点ではわからない。だからこそ、複数の可能性を踏まえてポートフォリオ的にいくつかの将来のパターンに対してベットしておく（賭け金を積んでおく）、というイメージもよいかもしれない。たとえば、筆者は主に「ＣｈａｔＧＰＴを含むＡＩ・アルゴリズム」「法律業務へのＣｈａｔＧＰＴの利用を含むリーガルテック」「メタバース・アバター」「個人情報・プライバシー」「インターネット上の誹謗中傷等の有害情報」「システム開発」「医療情報（インターネット・オブ・ブレインズ[13]を含む）」「中国情報法」「ＨＲテック」「クラウド」といったテーマに関心を持ち、各分野の実務対応を経験しながら勉強を重ねている。このなかにはもしかすると、いずれ分野として廃れる、ある

(11)　２０２３年2月21日衆議院予算委員会第三分科会における法務省民事局長答弁。「一般論として申し上げますと、司法書士ではない民間事業者が、登記申請書類の作成に必要な情報を依頼者にインターネット上で入力させて登記申請書類の作成を可能とするサービスを提供するような場合におきまして、依頼者が入力しない、していないような情報を入力したり、あるいは依頼者が入力した情報を加工、修正するなどして、その対応が、民間事業者において依頼者に代わって登記申請書類を作成したと評価されるようなものであれば、司法書士法第3条第1項第2号に違反するおそれがあるものと考えられます。」

(12)　東京司法書士会「民間事業者の登記申請書等の自動生成サービス等について」２０２３年３月６日 <https://www.tokyokai.jp/news/2023/03/post-489.html>。

(13)　脳とコンピュータをつなぐＢＭＩ（Brain Machine Interface）を利用し、脳信号をＡＩで解析して、脳とインターネットをつなぐという構想。『法学セミナー』誌の連載「Law of IoB―インターネット・オブ・ブレインズの法」参照。

いは、それを知っていても特に付加価値にならないコモディティ的なものになってしまうものもあるかもしれない。しかし、このうちひとつかふたつくらいは将来、これまでの努力が報われるものがあるのではないかと考えている。要するに、多くの分野に対して、少しだけであっても「賭け金」を積んでおくことで、技術発展を含む社会の変化に対応しやすくなる可能性がある、ということである。

(2) AIが優位性を発揮しやすい業務分野での「戦い方」

データが多い分野においては、AIが優位性を発揮しやすい。このような分野においてはますますAIの役割が大きくなり、法律分野の専門職といえども優位性が得られにくくなるリスクは高まるだろう。

だからこそ、法律分野のうちの「正解がない」部分が、ひとつの「戦える」領域となる。この点、すでにコミュニケーションなど、法律業務には「正解がない」分野があることについて触れている(第5章6参照)。そこで、たとえば、**リサーチ部分を大幅にChatGPTやAIに委ね、スタッフにそれらの回答を確認・検証させた上で、自分自身はそれ以外の分野で優位性を発揮する**といった割り切りが必要となるかもしれない。

結局のところ、単に「もっともらしい」ことを言うだけであれば、そのような仕事は「Chat

GPTに聞けばわかる」とされてしまうのだろう。しかし、単なる「もっともらしい」を超えた真に「もっとも」な事実やロジックを示す、一般論を超えた個別具体的な応用をする、正論（もっともなこと）を言っても動かない人を動かす——、そういった部分においては、なお人間の弁護士や法務担当者がその価値を発揮する余地があると考えられる。

（3）「平均的回答」ではなく、「あなたの回答」を求められるような弁護士を目指す

すでに述べたように（第4章**2（5）**参照）、大量のデータをもとにしたAIの回答は、いわば最大公約数的な、平均的回答になりがちである。逆に言えば、**「あなたの回答こそが知りたい（Who you are）」と思ってもらえさえすれば、「AIはAと言っているが、私はこういう理由でBだと思う」というようなオリジナルな答えを出す部分において、希少性ないしは独自の付加価値が出てくるかもしれない。**

たとえば「AIが進化するなか、将来の法律業務のあり方はどうなりますか?」と聞いてChatGPTが出力するのは、「平凡」な回答である。少し長いが、これを以下に引用しよう。

> AIの進化により、将来の法律業務のあり方も大きく変わるでしょう。以下にいくつかの変化を挙げます。

効率化と自動化：AI技術が発展することで、文書の分析や作成、契約書の管理、リサーチ等のタスクが効率化・自動化されます。これにより、弁護士や法律事務所はより迅速かつ正確に業務を行えるようになります。

判例分析と予測：AIが過去の判例や法律文献を分析し、新たな訴訟や争点に対する可能性のある判決を予測することが可能になります。これにより、弁護士は戦略的なアドバイスを提供し、クライアントの要求に応えることが容易になります。

アクセスの向上：AI技術を利用した法律相談サービスが増えることで、法律サービスへのアクセスが向上します。これにより、法的問題を抱える一般市民や企業が、より容易に法律的サポートを受けられるようになるでしょう。

新たな法律問題への対応：AIやデータプライバシーに関連する新たな法律問題が増えることで、弁護士はこれらの分野において専門知識を身につける必要があります。また、AI技術が人間の倫理観や法律制度に適応することも、今後の法律業界において重要な課題となります。

法律教育の変革：AI技術の発展により、法学生や弁護士は、従来の法律知識だけでなく、AIやデータ分析の知識も身につける必要があります。これに伴い、法律教育も変革が求められるでしょう。

このように、AIの進化は法律業務のあり方を大きく変えるでしょうが、同時に倫理的な問題や法律制度の適応など、新たな課題も生まれます。法律業界は、これらの変化や課題に対応していくことが求められるでしょう。

――いかがだろうか。筆者はこれを「平凡」でオリジナリティのない、いわば質の低い回答だと考えている。だから、人間の弁護士や法務担当者が同じことを聞かれた場合、ＣｈａｔＧＰＴを利用するか否かにかかわらず、これと同じようなレベルの回答をすべきではないと考える（読者の方々に本書がこのレベルにとどまっていると判断されないことを願っている）。もっとも、少なくとも、普通の弁護士・法務担当者であれば思いつくような論点を落としてしまわないための「たたき台」としては優秀である。そこで、**ＣｈａｔＧＰＴの回答を「たたき台」としつつ、より高度な将来の法律業務のあり方に関する考えを提示するか、少なくとも、そのように努めることが重要であろう。**

後輩や部下のドラフトをレビューした経験のある方はおわかりになるかと思うが、「たたき台」が存在することで、最終的な成果物はより優れたものになる。ＡＩはますます性能を向上させていくだろうが、これはいわば「ジャンプ台が高くなった」ということである。すなわち高くなれば高くなるほど、より高く飛べるのである。

目指そうとする専門分野が仮に大量のデータがある分野、すなわちＡＩ優位の分野であっても、ＡＩを「壁打ち」に使うことで、論点やそれに対する「一般的な回答」を把握した上でそれを「一歩超える」回答を出す能力を磨くことができる。むしろそのようなＡＩとのつき合い方が、将来において抜きん出た専門職となるためには必要になってくるかもしれない。ただし、ＡＩの一般的回答が何であるかは依頼部門や依頼者も容易に把握できるはずであり、それと異なる回答である以上、なぜＡＩの回答をここでは採用すべきではないのか（ＡＩの回答を修正した部分の修正の内容がなぜ正しいのか）についての説明責任は、重くなるだろう。

（4）ニッチ分野を狙う戦略

ＣｈａｔＧＰＴなどの学習型ＡＩは、その技術的制約（第2章参照）から、新しいこと――すなわちデータが少ない事柄――が苦手である。たとえば、改正法について見てみよう。将来の技術発展を想定すると、「過去において存在した、新しいことへの対応に関する先例」についてのビッグデータを読み込むことで新しいことにも一定の対応ができるのではないだろうか。そこで、２０４０年のＡＩ・リーガルテックは、改正法対応についても一定の支援ができるようになると思われる。たとえば、「平成27年の個人情報保護法改正の際、プライバシーポリシーを改訂したから、令和2年改正の際にも改訂が必要ではないか」といった形の類推程度はできるだろう。しかし、それ以上は難しい。

これを一般化すれば、「この新しい話には昔の話のうちこの部分が使える」といったことがままあることから、そのような「昔の話」をきちんと整理して把握する部分においては、ＡＩ・リーガルテック技術の発展とともに、その支援を的確に受けることがますます重要となるだろう。ただ、それはあくまでも従前の対応から類推する、というだけであって、「支援」はできても人間の弁護士・法務担当者を「代替」することはできない。

だからこそ、データが少なくAIの学習がしにくい分野、つまり、新しい分野、あるいはニッチな分野こそ、今後人間の法律専門職がAIよりも優位性を発揮しやすい分野となる可能性がある。

ただし、そもそもなぜそこがニッチなのか、という点を考えるべきである。**将来有望なブルーオーシャンではなく、単に「魚がいない池」なのかもしれない。**また、「ここは新しい／ニッチだから狙おう！」として、多くの法律専門職が参入すると、結局のところそこはレッドオーシャンとなり、またデータも増えてAIが学習しやすくなり、結果としてニッチではなくなってしまう。

そこで、「現時点で新しいか／ニッチか」ではなく、将来においてもAIが引き続き学習しにくい分野はどこか、といった点を想定すべきである。たとえば、常に新しいテーマを模索し続けるという意味では、新規立法や法改正を行うといった形で新しいルールを創出したり、これまでの法令の伝統的解釈では「グレー」であったような内容について一定範囲で「白」であることのお墨付きを新たに得ようと模索したりするルールメイキング（公共政策法務）の仕事は、ひとつの有望分野なのかもしれない。[14]

(14) 松尾剛行『キャリアデザインのための企業法務入門』（有斐閣・2022年）192頁以下参照。

(5) AIベンダへのアドバイス

筆者はリーガルテック企業のプロダクトアドバイザー（法律顧問とは異なる）を務めたり、AI法の問題について研究したり、実務でアドバイスをしたりしている。それは、AIが今後法律の世界でも、それ以外でもますます重要になっていくなか、そのようなAIを開発するベンダ等に対してアドバイスができることが、2040年における弁護士・法務担当者としての重要な付加価値であると考えるからである。(15)

そのためには、法律分野の知識だけではなく、リーガルテックをはじめとするテクノロジーを学ぶ必要がある。筆者も、経産省の情報系の外郭団体であるIPA（独立行政法人情報処理推進機構）の運営する国家試験である情報処理技術者試験を受験し、これに合格してITストラテジスト、情報セキュリティスペシャリスト、そしてプロジェクトマネージャーの資格を取得しており、このような方向性のキャリア発展もあり得るだろう。

(15)　なお、第7章6でも述べたとおり、このような業務がアノテーションなどの業務とは大きく異なることに留意されたい。

第9章 2040年の弁護士業務

1 AI・リーガルテックを「使わない」選択肢は事実上なくなる

第7章と第8章では弁護士と法務担当者を区別せずに論じてきたが、この第9章では事務所所属の弁護士について、次の第10章ではインハウスローヤーを含む法務担当者についてそれぞれの将来像を考えていきたい。

筆者は、2040年の弁護士にとって、ChatGPTなどのAIを「使わない」という選択肢は事実上なくなると考えている。すなわち、AIを使うことがますます一般化するなか、2020年代であればともかく、2040年まで一切AI・リーガルテックを使わないという状況を継続することは、ますます難しくなると考える。たとえば、リサーチにおいてすでに特定のリーガルテックがオーソリティ（第6章**2**参照）を獲得している場合、リーガルテックさえ使えば一瞬で実務上の「正解」にたどりついて、それ以外の時間で「正解がない」事項について対応を考えることができる。そして2040年には、ほかの法律事務所においてもそのような対応が一般的となるだろう。そのような状況において、2023年と同様の昔ながらのリサーチのやり方を業務として継続することが顧客に支持されるのかは疑問である。現在、依頼者とのコミュニケーションのほとんどがメール（一部はビジネスチャット）を何らかの形で利用して行われるなか、「電話とFAXでしかコミュニケーションをしません」という弁護士は新規顧客を開拓しにくい状況にあると思われる。そして、ChatGPTなどのAIの利用についても同様に、2040年にはAIを利用しないと新規顧客を開拓しにくい状況が発生する可能性がある。

そのような状況で、それでもできるだけAIを利用したくないのだとしたら、「ChatGPTを使えるイソ弁・アソシエイトとの協働」が考えられる。ますます多くのAIのリテラシーを持つ若手弁護士がこの業界に入ってくると予想される（第8章**2**(**1**)参照）なか、「自分はAIを使わないけれども部下がAIを使う」というスタイルであれば、チームとして見れば結果的にはAIを使っているので、2040年でも大きな問題はなくなるだろう[1]。

2　AIに顧客データを入れる未来

(1)「AIに顧客データを入れる未来」は必ずくる

第4章**2(2)**で、2023年時点では「まだ」ChatGPTに顧客データを入れるべきではないとしていた。「まだ」という表現の含意は、筆者として「2040年までには一般的な法律事務所が依頼者に頭を下げてChatGPTに顧客データを入れるようになる」だろう、と予想しているということである。将来的には、事務所内のナレッジマネジメント(第6章**5**参照)など、広い範囲でChatGPTなどのAIにさまざまなデータを投入し、それによって、弁護士の業務はますます便利になるだろう。

(1)　ただし、そうしたチームが永続的なものとは限らない。イソ弁やアソシエイトもいつか転職や独立する可能性は十分にあるだろうし、仮にパートナーになってくれるとしても、その後いつまでもAI利用に関する支援の仕事をやってくれるとは限らない。そのように考えると、ChatGPTを自分自身も積極活用することで「部下頼み」にならない人材を目指すというのは、十二分にあり得る方向性ではなかろうか。なお、事務所を大きくして、人は変わっても常に誰かしらAI・リーガルテックの利用を支援してくれるアソシエイトがいるようにするという方向性であればこの課題は一定程度以上解決できるかもしれないが、その場合には、いかに事務所を大きくし、その規模を維持するか、という別の課題が出てくるだろう。

(2) データ量が多い大手事務所が勝つとは限らない

そうすると、結局のところデータ量の多い大手事務所が有利なのではないか、と思われるかもしれない。これはしかるべき疑問である。この点につき、以下、筆者の個人的な考えを述べる。もちろん、筆者としてはできるだけ客観的な見解になるようにと配慮はしているつもりである。ただし、筆者は中堅事務所のパートナーであり、その結果として、意図せずに一種のポジショントークとなっている可能性を完全に否定するものではない。

ＣｈａｔＧＰＴのような学習系ＡＩを想定すると、学習用データの量こそが正義（More Data）という側面は確実にあるだろう。また、ファインチューニングなどを行うためにはさまざまなコストがかかる。そうすると、最後は資源（データ、資本力など）を自分が持つか、または資源のあるところと提携するというのが、基本的な考え方となる。第5章**4**においては、ＡＩ・リーガルテックの将来的なふたつの発展の方向性として「既製品かテーラーメイドか」という議論をした。この文脈では、自分の事務所の持つ大量のデータで学習させた、いわば「自事務所専用ＡＩ」を作るモデルがテーラーメイドである。そして、確かにこのような方向性であれば大手事務所が強いと言わざるを得ない。これに対して、有力なリーガルテック企業がデータを集めてＡＩに学習させ、それを利用するという方法を既製品と呼んだ。そして、そのような既製品であれば、中小事務所であっても最先端のＡＩ・リーガルテックを利用することができるだろう。

加えて、企業法務部門が自らテーラーメイドのＡＩを作成する可能性にも留意が必要である。大企業法務部門だと、そこでテーラーメイドの、自社にとって最も便利なＡＩを作ってしまう可能性がある。要するに、自社の大量のデータを食べさせて自社に最適化したＡＩを構築するというわけである。そのような大企業の全社予算は大手法律事務所を大きく上回るだろう。(2) そうすると、このような、法律事務所の間だけで「大手事務所はリソースが多いが、中小事務所はリソースが少ない」といった比較をすることはナンセンスかもしれない。

いずれにせよ、ＡＩ・リーガルテック時代に対する適切な対応策を考えておかないと大手事務所だからといって安泰ではないだろう。そして、中小事務所でも、対応さえ考えていれば大手事務所より相対的に悪くないところに持っていくことができるかもしれない。たとえば「中堅の独禁法案件に強い事務所間で連携して独禁法に関するデータを集め、ＡＩに読み込ませよう」などといった協力をすることになれば、独禁法案件に限ればもしかすると大手よりも強くなるかもしれない。

(2)　世界最大の法律事務所の売上は３０００億円だという。確かに法律事務所としてはものすごい額だが、トヨタの売り上げは40兆円、ウォルマートは６０００億ドル（1ドル１３０円であれば約80兆円）であるから、大企業と比べてしまうと予算規模が小さいと言わざるを得ないだろう。

3　業務内容は変わっても、弁護士の仕事自体はなくならない

法律相談などを想定すると、これまでも「（Q&A本などの）本に答えが書いてある」ような質問がくることもないわけではなかった。しかし、そもそも法務部門を擁し、「本に書いてある」レベルの話であれば部門内で判断できるようなクライアントを想定すると、そのような企業があえて弁護士に相談するのは、「本に答えが書いていない」部分について知りたいからこそ、という場合が多いと言えるだろう。

ＣｈａｔＧＰＴなどのＡＩやそれを利用したリーガルテックが普及するにつれ、今後は「本に答えが書いてある」ような質問がますます減り、このような「正解がある」部分については、法務担当者自身が弁護士に頼らずにＡＩを利用して回答を引き出す動きがますます進むだろう。

しかしこれまでも述べてきたとおり、これまでの弁護士の重要な付加価値は「本に答えが書いていない」部分にこそあったはずである。そのような「本に答えが書いていない」部分、すなわち「正解がない」部分については、データが豊富で「正解がある」ものに強いＡＩとしては、必ずしも強みを持たない。だからこそ、そのような部分について、ＡＩの支援を受けながら**「これまで議論されてきたことはこの範囲である、この範囲ではこのような理由でこのような結論になっていた。本件を、過去に議論されてきたことと比較すると、この点が共通しているが、この点が異なっている。**

かかる相違点については○○という理由で重要である／重要ではない、そうすると本件も同じ／違う結論を採用すべきである」といった議論をすることが、引き続き求められるだろう。

もちろん、「本に答えが書いてある」ような質問が減り、より大変な業務だけが残る、という側面はあるだろう（第7章8参照）。しかし筆者は、付加価値の高い業務に注力できるということであるというように、前向きになるべきだと考える。

4 AIの利用を前提として業務プロセスを再構築する

業務内容が変わり、ＡＩの支援を受けながら業務をこなすことが一般的になるにあたり、法律事務所としてどのように対応すべきだろうか。この点については、現時点でＣｈａｔＧＰＴを法律業務に活用しようと考える者が始めなければならないタスク分解・分担（第4章2(3)参照）の検討を、将来的にはすべての法律事務所が実施しなければならなくなると考えられる。

すなわちこうである。各事務所におけるＡＩの活用方法を考えるにあたり、まずは自分の事務所でどのような業務を行っているかを明確にし、各業務をタスクベースに分解する。そしてチームメンバーの誰がどのようにそれぞれのタスクを遂行しているかを確認した上で、「このタスクはＡＩに代替させられる」「このタスクはこのようにＡＩの支援を受けながら行う」といったようにタスクの分解と分担について検討する――。このように、ＡＩ導入後の新たな業務プロセスを考え、それを実施するのである。

ここでいうタスク分解を、スタートアップなどから依頼を受けるような、比較的定型的で、かつ、大きな修正が難しい契約レビュー業務（たとえば、大企業がスタートアップに提示したＮＤＡ(3)を想定されたい）を例にとって示すと、以下のようなタスクに分解可能かもしれない。

①　案件受付
②　前捌《さば》き（たとえば、自社が多くの重要な情報を提供するのか、相手が多くの重要な情報を提供するのか、それともほぼ同程度ずつかの確認など）
③　アソシエイト(4)によるレビュー
④　パートナーによるピアレビュー
⑤　完成版の依頼者への送付
⑥　依頼者からのフィードバック対応

これはあくまでもひとつの例にすぎないが、このように各タスクの具体的な内容を精査することにより、たとえば、③をアソシエイトが契約レビューＡＩを利用することで効率化を図れないか(5)とか、②の前捌きは、将来的にはChatGPTなどに支援してもらえないか、などを考えるわけである。

AI導入に伴うこのような業務プロセスの再構築（Business Process Re-engineering）は、多くの弁護士にとって抵抗感のあるところかもしれない。しかし2040年を見すえれば、いつかはやらなければならない。そこで、一度やると決めたら最後までやり抜くしかないだろう。

ここで興味深いのは、AIの利活用のためには**これまで「職人芸」としてあまり明らかになってこなかった業務の詳細を可視化しなければならない**ということである。もちろん、そのような業務の詳細の明確化については、抵抗を感じる弁護士も存在するだろう。しかし、「具体的にどのようなタスクをどのようなステップで組み合わせてその〈業務〉が成立しているのか」という点を明らかにしなければ、AIの効率的な使い方は明らかにならないのである。その結果として、業務の可視化がなされ、非効率的な部分や、進め方を改善すべき部分なども発見できることになる。つまり、

(3) NDAにつき第2章**2**(**2**)参照。なお、実務上は中小企業庁の「知的財産取引に関するガイドライン・契約書のひな形について」<https://www.chusho.meti.go.jp/keiei/torihiki/chizai_guideline.html>をもとに交渉するなど、交渉を希望する場合に方法がないわけではない。

(4) そもそも、案件受付段階でどのアソシエイトにアサインをするかを確認する業務などもあるかもしれない。

(5) ここでは、「スタートアップ等から受ける、比較的定型的で、かつ、大きな修正が難しい契約レビュー業務」であることが前提となっていることに留意されたい。社内でこのような定型的案件であれば対応できる人材が揃っている大企業からは、まさにテーラーメイドの複雑な契約書を依頼されることが多く、少なくとも現時点では契約レビューAI活用の余地は限定的と言わざるを得ず、筆者もスタートアップからの依頼の場合以外には契約レビューAIを用いていない。

ＡＩを使う必要性がますます高まるということは、今まで「どこかでやらないといけない」と思いながらなかなか進まなかった業務の可視化や、それに基づく業務改善の契機にもなるのである。

5　悩ましい弁護士報酬のあり方

これまで企業法務では「タイムチャージ」という、1時間当たりの単価を合意し、それに実際にかかった時間を乗じて請求をする方法が一般的であった（もちろん着手金・報酬金制度も使われていないわけではない）。

しかし、ＡＩがますます活用されていくにつれて、「時間をかければかけるほど高額の請求になる」というタイムチャージの合理性が問われる状況が生じ得るだろう。たとえば、「Ａ法律事務所は人間がすべての業務を実施するので100時間かかるところ、Ｂ法律事務所はＡＩの支援を受けることで10時間でＡ法律事務所以上のクオリティを出す」といった状況は、2040年に向けた過渡期的状況として現実に生じ得るだろう。そうすると、人力で100時間かけて頑張ったＡ法律事務所に対しＢ法律事務所の10倍の報酬を払うべきだろうか。逆に「Ａ法律事務所が1か月かかった業務がＢ法律事務所ならば（同じクオリティであることを前提に）1週間で済んだ」ということになれば、Ｂ事務所の方が大きな利益を依頼者に与えているると言えるのではないか。このような状況を踏まえれば、将来の弁護士報酬のあり方は悩ましいところである。

そこでB事務所としては、「当事務所はＡＩをフル活用しているため事件対応にかかる時間が他の事務所より短いのでその分だけ大きな利益を依頼者に提供できる。だからこそ、1時間当たりの報酬は（A事務所の10倍とまではいかないとしても）他の事務所よりも高いレートに設定しています」という説明をした上でタイムチャージによる請求を継続する、という方法があり得るだろう。ただ、そのような対応が過渡期的には可能であっても、結局のところ将来的にはA事務所を含むほぼすべての事務所がＡＩを使うようになるだろう。そして、その時にはもはや高レートが正当化できなくなるのではないか。そうすると、まさに「ＡＩを利用することは、報酬が安くなってしまう結果をもたらすのではないか」という悩みを発生させるところである。[6]

もうひとつの方法としては、B事務所としては、「A事務所をはじめとする多くの事務所が、一般的にこの業務に対してX円の報酬を取っているところ、それはとりも直さず、この業務というのがX円の価値を持つ業務だということを意味する。よって、当事務所においてもこの業務の報酬はX円である」と説明してX円を請求する、という方法がある。これは、ある意味でタイムチャージ

(6) なお、「A事務所のやり方だとこれまで一度にクライアント1社の仕事しかできなかったが、B事務所のやり方によってクライアント10社分の仕事ができるのだから、報酬は10分の1でもよい」という考え方も、ひとつのあり得る考え方ではある。とはいえ、企業法務サービスの市場（パイ）が劇的に大きくならないのであれば、時間が空いたからといってクライアントが10倍に増えるかは疑問である。

による報酬計算を放棄することになるわけである。確かに、「この業務というのがX円の価値を持つ業務だ」として業務ごとの定価のようなものを決めることができるような定型的な業務であれば、大きな問題はないだろう。しかし、非定型的な業務であれば、たとえば、事務所によって2倍や、時には5倍程度の費用面の差が出てくる可能性がある。そして、現在タイムチャージという方法が企業法務事務所で多く利用されている理由は、まさにそれぞれの個別の業務において一体いくらが「定価」なのかの算定が難しいため、擬似的に合理的な報酬を算定するためなのだ、という見方もあるだろう。そうすると、その事案における「定価」の算定が難しければ、この後者の、当該事案にかかる合理的費用を（タイムチャージを利用せず）計算するという方法には大きな限界があるように思われる。

結局のところ弁護士の付加価値の本質は、時間をどれだけかけたかとか、書面がどれだけ厚いか、というところには存在しない（筆者は**〈クライアントの悩みを解決したか〉**こそが本質であると考えているが、ここは異論があるかもしれない）。もっとも、説明としてのわかりやすさとして、タイムチャージにおける「時間」や書面における「ページ数」といった基準は優れている。タイムチャージがこれまで採用されてきたというのはそのような理由によるのかもしれない。そこで今後、ＡＩが目で見える成果を一瞬で大量に作れるようになると、このような従来型の「時間をかけているから価値が高いはずだ」「書面が分厚いから価値が高いはずだ」という誤解は徐々に解けていくだろう。そうすると将来的に、弁護士としては、「本当の価値」をどのように合理的に依頼者に説明するかが問われるようになるだろう。米国では「タイムチャージが非常に高いことが本当の価値を示唆する」という方向性があるとも聞くが、個人的には、日本でそうなること——たとえば米国のように1時間当たり1000ドルや、1500ドル等がパートナーの標準単価になったりすること——が健全だとは思わない。そこで、いかにそれ以外の価値の示し方を考え出すかが問われるだろう。

6 一般民事弁護士の実務

筆者は一般民事業務を行っていないが、司法修習生時代は一般民事事務所において修習をしていた。そのような限定された経験からすると、一般民事は法律論よりも、いかに依頼者とコミュニケーションをするかが重要であると理解している。いわゆるカウンセラー的に、これまでの人生において初めて法的紛争という非常にストレスフルなものに直面した依頼者の相談に乗るわけである。そうした依頼者とのコミュニケーションは「正解がない」部分なのであるから、一般民事は2040年においても安泰だというのも、ひとつの合理的な考え方だろう。

もっとも、カウンセラー的なコミュニケーションも相当程度AIによって支援されるはずである。いずれ法律事務所向けカウンセリングAIのようなものが構築され、依頼者とのコミュニケーションに対して「このコメントをしている依頼者は一般にこのような心理状態と思われるので、その心理状態への配慮として、このように返してはどうでしょうか」といった支援をすることはあり得る。その意味では、一般民事すらも——少なくとも2040年には——AIと無縁ではないのではないだろうか。

7 企業法務弁護士の憂鬱？

ここで企業法務に目を向けてみよう。「インハウスローヤーを含む法務担当者には、2040年になってもまだまだできることがある」——、筆者はとある講演のなかでこのような話をした。その際に、ある法務担当者の受講者の方から次のようなコメントをいただいた。「われわれ法務担当者は確かに大変だけれども、なんとかなりそうだとわかりました。でも、弁護士の先生はもっと大変なのでしょうね」——。

すなわち、これまでも企業の法務担当者と企業法務弁護士は「二人三脚」で協力し合って、法務の仕事である「長期的リスク管理」(7)の実現を図ってきた。すなわち、主に企業法務弁護士が「難しい契約書の作成」「意見書の作成」といった成果物作成を担当し、企業の法務担当者が「何をインプットするか」「出力された成果物をどのように利用するか」「そこでどのようにコミュニケーションをしていくのか」といったことを担当する、というような役割分担をしてきたのである。

ここで、本書においてここまで展開してきた議論をよく思い出していただきたい。**「今後、ＡＩによって真っ先に消滅の危機に陥るのはどういう業務か」と言われれば、前者、すなわちまさに先ほど弁護士の担当として挙げた成果物作成の仕事がそれに当てはまるのではないだろうか。これをもしかすると「企業法務弁護士の憂鬱」と呼ぶことができるかもしれない。**

この「企業法務弁護士の憂鬱」について筆者個人としては、企業法務弁護士は２０４０年においても――２０２３年とは異なる形であろうが――果たすべき役割はなお残ると考える。要するに、従来の弁護士の仕事や役割に安住してはいけないという意味では、右の質問をくださった受講者の方のコメントは非常に的確に本質を突いている。

しかし、である。筆者としては、仕事や役割を柔軟に変えることで、変化にも適応できるはずだと考える。たとえば、適切な成果物を得るためには、適切な情報をＡＩ・リーガルテックに法務担当者がインプットする必要があるところ、法務担当者に対しどのようなインプットをするかを考える上での支援をすることが考えられる。また、ＡＩ・リーガルテックが提供する成果物をどのように利用するかというのも法務担当者の悩みどころであるが、その点を支援することも考えられる。

(7) 松尾剛行『キャリアデザインのための企業法務入門』（有斐閣・２０２２年）７頁以下。

これらはあくまでも例示にすぎないが、より企業の実情に踏み込み、法務担当者の悩みに寄り添った対応をするなど、時代に即し変革をすることで一定以上の対応は可能であると思われる。

8 AI・リーガルテック発展と新人教育

法律事務所や弁護士にとって、AI・リーガルテックの発展に伴う新人教育の変容の問題には無関心ではいられない。要するに、これまで新人にやらせていた「簡単な案件」こそ、AI・リーガルテックが得意とするところであり、AI・リーガルテックにやらせることが業務効率化に資するだろう。だからといってこれをAI・リーガルテックにやらせてしまえば、新人は勉強の機会を失う――、このような問題である。もっとも、この点は第10章で述べる企業法務の場合とおおむね同様のことが言えることから、詳細は第10章に譲りたい。

ただし、法律事務所の場合には、新人教育をめぐって企業内の場合よりも厳しい状況に立たされることがあるかもしれない。たとえば、「(AIに下準備をさせるよりも時間がかかるとしても)あえて教育のため新人にやらせる」という場合、そのような新人が対応することによって余計にかかる時間に対応する追加費用を負担したくないというクライアントの気持ちは十分に理解できる(タイムチャージについては前述5も参照のこと)。また、仮に追加費用は法律事務所で負担するので新人教育に使わせてくれ、と依頼者にお願いするのだとしても、「ＡＩを使えば5分で下準備が完了し、中堅弁護士によるレビューも1時間後に終わるので、依頼の翌営業日には回答が返ってくるが、新人に頼めば下準備に1週間かかるので、依頼の8日後にならないと回答が返ってこない」となれば、これは単なる費用だけの問題ではないとして「優秀な中堅弁護士がＡＩを使う以外の仕事の方法であれば依頼しない」というようなクライアントがいたとしても、その心情自体は理解できるところである。

つまり、ＡＩが進展することで特に法律事務所においては、新人教育の機会が失われる可能性が高いのである。もちろん、このままでは新人教育は実現できず、事務所として持続可能ではなくなってしまう。だからこそ、何らかの方法で新人を教育しなければならない。――さて、どうするべきだろうか。

まずは依頼者に頭を下げて優先度が低い事案について（場合によっては無料対応とすることと引き換えに）新人教育に使わせてもらうことが考えられる。

次に、過去事例の教育目的での（再）利用である。つまり、すでに中堅弁護士がＡＩを利用してレビューを完了し、案件としては終了しているものについて、たとえば契約であれば新人に（中堅弁護士のレビュー結果を隠して）レビューをさせるとか、リサーチをさせるなどによって、新人を教育するということである。

さらに、ＡＩ・リーガルテックを使って新人教育を実施することも考えられる。たとえば、契約レビューＡＩの示すチェック結果においては、同時に、その点に関連する秘密情報を定義することの意味や、定義をする場合の文例といった類の一般的・抽象的な法律情報が提示されることが多いのであるが、それを読んで勉強するといったことである。

いずれにせよ、本書の読者のうち、法律事務所で新人教育を受ける／受けた方の多くは、すでに弁護士であるか、遅くとも２０２０年代までに新人弁護士になるような方であろう。そうであれば、まだ伝統的なＯＪＴ／Ｏｆｆ－ＪＴによる教育・研修を受けられると考えられるので、さしあたっては心配無用である。もっとも法律事務所としては、現時点でまだ本書を読めないような年齢層の人が新人弁護士になる頃の新人教育対応につき、長期計画として今から考え始める必要があるだろう。

9　弁護士資格は未来を豊かにしてくれる

もし、弁護士の将来像について悲観的になっている読者がおられたら——本書で述べてきたことがその原因でないことを願う——、それについて筆者としてはこうお返ししたい。弁護士資格は未来を豊かにしてくれるものであり、ポジティブなものだ、と。

もちろん、2023年における弁護士の姿とまったく同じものを2040年において継続することはできないという意味で、心配に思う読者の方もおられるかもしれない。しかし筆者は、通常のビジネスパーソンも含め、「究極的にはAIによって日本で働くすべての人の業務が変革される」と予想している。つまり、弁護士もその例外ではないというだけのことである。言い換えれば、将来の業務変革の問題に直面して悩むのは、決してあなたが現在弁護士だから／これから弁護士になるからではない、ということである。

むしろ、（次章で述べる法務担当者としてのインハウスローヤーに加え、）2023年にはすでに、弁護士資格を持ちながら、従来型の弁護士の仕事に限定されず、法務責任者・法務担当者、公務員（任期付きを含む）、会社経営者、国会議員、国会議員政策秘書、公共政策コンサルタント、エンジニア、大学教授、キャリアコーディネーターといった、さまざまな役割を果たす先人が多数存在する。若手弁護士である読者の方々には、一般民事や企業法務等の弁護士をしながらその業務のあり方を変革させるという選択肢以外にも、右に挙げたようなさまざまなキャリアがあり得るということを意識し、是非広い視野を持って「ChatGPT時代のキャリアデザイン」を考えていただきたい。

キャリア教育の重要性

本章8でも述べたが、少なくとも本書の読者として想定される法学部生、ロースクール生、司法修習生、若手弁護士、および（インハウスを含む）若手法務担当者の方々は、伝統的な職業訓練を受けることができる、ある意味では幸せな時代を生きていると言えるのではないだろうか。

しかし、その下の世代、たとえば現在の小学生やそれ以下の世代の若者については、もしかすると伝統的な職業訓練を受けることができず、教育・訓練の方法が様変わりしているかもしれない。もちろん、そのような様変わりした後の教育・訓練の方法の方が有効・効率的で素晴らしいという状況は、ひとつのあり得る姿である。いわゆるエデュテック（教育分野へのテクノロジーの導入）によってより良い教育を試みる動きも広がっており、筆者として一定程度の期待をしているところである。

しかし同時に、そのような新たな教育・研修が少なくとも何らかの側面において伝統的な職業訓練よりも劣る部分があり、なかなか上の世代（つまり読者の方々の世代）と伍していけないような部分が出てくる可能性もまた、否定できないところである。

これは、将来生じ得る不明確性のひとつの例であるが、これ以外にもＡＩ・ＣｈａｔＧＰＴのような新技術がもたらす不明確性は多い。そのなかで、本書は「ベストゲス」すなわち現時点で筆者として可能な精一杯の予測を書いているものであるが、その予測は外れるかもしれない。

このような不明確な時代だからこそ、とりわけ若ければ若い人であるほど、ますます将来のキャリアについて考える必要性が高まっていると考える。もちろん、ある程度年齢を重ねるなかで、キャリアについて思索する必要性を感じ、その段階で自発的に考えるということも重要である。ただ、選択肢が広いうちに考え始めた方が有利という意味で、あるいは右に述べたとおり若ければ若いほど不確実性が高いだろうという意味で、キャリア教育を行うことの重要性が高まっていると考える。筆者はすでに『キャリアデザインのための企業法務入門』（有斐閣・２０２２年）を上梓して自分なりにその問題意識に答えたつもりであるが、今後も、「ＡＩ技術を含む新技術が普及するなかで、人々の働き方や生き方がどう変わるか」という問題意識（第３章コラム）の延長線上で、引き続きキャリア教育について考えていきたい。

第10章 2040年の企業法務

1 他部門と比較されにくい企業の法務部門

法務部門はその性格上、新しい技術革新との関係ではある意味でチャレンジングな部門だと言えるだろう。すなわち、法務部門は各企業に通常ひとつだけしか存在しない。そこで、事業・経営サイドからすると他部門との比較がしにくい面がある。そこで、特定の企業の法務部門が、仮に新しい技術革新を取り入れない、有効活用しないという判断をしたとしても、直ちに経営陣等から指摘を受けたり、改善を要求されたりする可能性は高くはない。(1) この点は、自部門がどうあるべきか

(1) もちろん、全社でDXを行う際に「そういえば、法務はどうなっているのか?」と聞かれることはあるだろう。もっとも、「法務の特殊性からあえてAIは利用していない」と説明すれば、経営者において特に法務の専門性がない場合が多い以上、専門家の法務部門の判断に従う、ということになる可能性が高いのではないか。

――たとえばどの程度新技術を取り入れるべきか――を自部門の状況に応じて決定することができるという意味で、メリットではある。もっとも、これは、**そうこうしている間に他社と差が開いてもそれに容易に気づくことができない、というリスク**でもある。

たとえば、２０４０年までのどこかの時点において、すでにかなり多くの企業が法務部門でリーガルテックを採用している状況が生じているとしよう。しかし、読者の会社はリーガルテックを使っていないとしよう。このような場合において、転職希望者から「御社ではどのようなリーガルテックを使っていますか？」と質問された場合に「何も使っていません」と答えることは、良い法務人材を採用する上で大きなマイナスになる可能性があるだろう。これを多少大げさに、かつ現時点に置き換えて言えば、「御社では、ノートパソコンの貸与を受けて在宅勤務をすることが可能ですか？」という転職希望者からの質問に対して「当社はパソコンを業務に使っていません、紙と鉛筆だけで業務を遂行しています」と答えることと同様かもしれない。

また、あと10年ほど経てば、リーガルテックを使わない企業の法務部門に勤務していることがキャリアデザインにおいて足かせになってしまう状況が生じるかもしれない。優秀な法務担当者でも、そのような職場にいたのでは、リーガルテックを使った最新の法務業務プロセスに対応できないと判断されるおそれがある。また、転職の際に現職でリーガルテックを使っているかが重要視される時代がくるかもしれない。(2)

その意味では、常に他社法務部門の動向を探ることが重要であり、転職者からの前職における組織運営、オペレーション、リーガルテック活用状況の聞き取り、弁護士会の委員会、日本組織内弁護士協会（ＪＩＬＡ）や経営法友会といった、他社との意見交換の機会などを活用することが有用であろう。

2 企業法務の役割と、ＡＩとの協働

(1) 情報を利用した長期的リスク管理

筆者は、拙著『キャリアデザインのための企業法務入門』のなかで、企業法務の重要な役割は、情報を利用してリスク管理を行うこと、およびそのリスクについて長期的視野を持って管理することであると述べた。(3)

ここで「情報を利用する」ということについて補足したい。たとえば、取引を行うという情報を

(2) もちろん、あえてリーガルテックを利用しないことで現時点で自社にいる優秀な人材が転職しにくくなるというメリットを享受するとの判断はあるかもしれないが、それ以上に、将来そのような状況になることを見越した優秀な人材が転職してしまうリスクや、今後のキャリアを心配して良い人材が来てくれないというデメリットの方が大きいだろう。

(3) 松尾剛行『キャリアデザインのための企業法務入門』（有斐閣・２０２２年）10頁。

持っていなければそもそもリスク管理を行うことができない。そこで、たとえば、契約を締結する際に法務の契約審査を受けるというルールを策定することで、法務への契約審査依頼を通じて、実施される予定の取引の情報を把握し、リスク管理につなげることができる。また、取引の存在自体を把握した後の具体的なリスク管理のなかでも、どのような契約を締結することで最適のリスク管理を行うことができるかは、具体的事情によるだろう。そこで、依頼部門から具体的事情に関する情報を聞き取ることで、当該事案で最も適切なリスク管理を行うための契約内容の検討等を行う。

このように法務部門の業務に情報が利用されることは、ある意味では法務部門とＡＩ・リーガルテックによる情報処理が親和性が高いと評することもできるだろう。そして、だからこそ、筆者は将来的には法務部門とＡＩとの協働が大きく発展すると予想している。

（2）企業法務においても「正解がない」領域が鍵

本書で何度も登場する「Ｑ＆Ａ本」の喩えであるが（第7章5など参照）、この視点は企業の法務部門の役割を考える上でも有用である。いや、むしろ企業の法務部門においてこそ重要であるように思われる。すなわち、２０４０年を見すえれば、「正解がある領域」である限り、ＣｈａｔＧＰＴのようなＡＩがかなり詳細かつ正確に回答をできる時代がくるだろう。しかし、そのような代替される領域、つまり「正解がある」領域は、かなり狭いと理解される。法務部門にとっても、「正解がない」領域が鍵なのである。

この「正解がない」領域は、そもそも企業内部の法務部門が外部の弁護士よりも大きな役割を果たしていた。ふたたびQ&A本の比喩を思い出していただきたい。まずは、「自分がQ&A本を利用して答えを探求すべき質問は何か？」である。その場面において最も適切な質問をAIに尋ねなければ、「その質問に対する最高の回答（正解）」を提示することができるAIであっても、当該AIの回答は不適切なものと言わざるを得ない。

また「Q&A本にはこのように書いているところ、本件でそれを実際にどのように落とし込むのか？」についても、これまでも法務部門が「違法です」と言ってもビジネス部門が対応してくれないといったことがままあるように、たとえ法律的な「正解」があるとしても、それを前提にどのように実務に落とし込んで「実行」まで持っていくのかについてはまた別問題であり、法務担当者の方々は頭を悩ませてきたことだろう。第7章**5**ではこれに関してコミュニケーションの重要性を述べたが、**これまでも「顧問弁護士が違法と言っていました」だけでは解決しないことが多かったところ、それが「ChatGPTが違法と言っていました」に変わっても同じである。**このような「実行（execution）」とそのためのコミュニケーションは、まさに引き続き法務部門が果たすべき重要な役割だろう。

（3）「代替」される分野は比較的狭い

逆に言えば、「正解がある」分野はＡＩ・リーガルテックに代替され得る面が大きいと言わざるを得ない。ただ、重要なことは、そのような完全に「正解がある」部分はこれまでも、そしてこれからも、法務部門の業務のなかでは1割、あるいはそれ以下の非常に小さな割合にすぎないはずだ、ということである。もちろん、法律書やデータベースを利用した「リサーチ」という業務は一定程度あっただろうが、さすがにそれが業務時間の半分を占めていたという法務担当者はいないだろう。また、リサーチを伴う質問への回答の作成といった大きな括りとしての「リサーチ」に相当の時間をかけている担当者が存在するとしても、それは「判例はこうである」「通説はこうである」といった点を把握するのに時間をかけているということよりは、それらの点はたとえばコンメンタールなどを利用して理解した上で、「それらをどのように本件に当てはめるか」といった面に時間をかけていたのではないだろうか。いずれにせよ筆者としては、あくまでも「代替」までいくのはせいぜい従来の業務の1割やその程度にすぎず、大部分は「代替」されないと考える。

（4）非常に広範な支援を受ける分野

代替される部分が少ないからといって、法務担当者に対するＡＩやリーガルテックの影響が少ないということではない。代替されない大部分の分野においては、法務担当者は、ＡＩやリーガルテックによってますますハイレベルな支援を受けることになる。

たとえば契約レビューである。これについてはすでにプロダクトが存在することから、容易に想像ができると思われる。現時点では、契約レビューの際に提示される修正文案のサンプルというのは、一般的な状況に基づくサンプル文言にすぎない。そこで、法務担当者においてサンプル文言に対する大幅な修正を行うことが必要であるものの、今後はＣｈａｔＧＰＴ技術などを利用して、より実務に即した文案が示されることが期待される（第6章3参照）。

このようなすでにプロダクトが存在する分野以外、たとえばコミュニケーションについても、将来的にはＡＩやリーガルテックに支援されるであろうことには、留意が必要である。ただし、コミュニケーションの完全な「代替」には至らず、あくまでも「支援」にとどまる。特に、ＡＩはいわば「優等生」的な対応の提案はしてくれても、現実にはそれだけでは足りない部分もあるだろう。[4]だからこそ、コミュニケーション等においても、ＡＩを鵜呑みにすることなく、とはいえＡＩが支援

(4)　そもそもＡＩが法務の仕事の方法に関する書籍をもとに学習したり、データを読み込んだりした場合、通常は「書籍に書ける範囲」ないしは「読み込み対象データとして設定できる範囲」の内容を学習する。そうすると、どうしても優等生的な方向に学習が進まざるを得ないと推測される。また、ＡＩが仮に「素の回答」としては必ずしも優等生的ではない回答を出し得るものであったとしても、読者の方々が所属するような企業において利用してよいとされるＡＩは、倫理面の制約その他の制約をかけたＡＩであることが通常であり、その結果として、優等生的な回答しか表示されないことになるだろう。

してくれる部分はＡＩの支援を受けながら、よりスムーズに進めることになるだろう。

(5) アウトソーシングマネジメントの枠組みにChatGPTを位置づける

従来から法務部門は、事業部門が法的課題に直面し、解決を依頼された際に、「この部分は自部門で対応する」「ここは顧問弁護士に依頼する」「ここは外国の弁護士に依頼するが、フィーマネジメント（報酬管理）とクオリティコントロール（品質管理）を実施する」など、どの部分を自部門内で対応してどの部分を「外出し」するかを決めてきた。そして、その際には、外出しをした部分について期待したクオリティのものを期限までに予算内で獲得できるためにはどうすればいいか、という観点での管理を行ってきた。このような外出しをめぐる管理を「アウトソーシングマネジメント」と呼ぶ。このようなアウトソーシングマネジメントは、これまでも法務部門の重要な役割であったし、今後もそうあり続けるだろう。

ＣｈａｔＧＰＴによる一部業務の自動化（オートメーション）とは、機械へのアウトソーシングにほかならない。よって、このようなアウトソーシングの一種としてＣｈａｔＧＰＴを理解することで、まさに法務が従来から得意としているアウトソーシングマネジメントの枠組みに、ＣｈａｔＧＰＴを位置づけることができる。ＣｈａｔＧＰＴの利用が、（部下や同僚に対する依頼と同様の）「依頼」の一種であるという点についてはすでに第4章**2(4)**イで述べたところであるが、**現時点で**

法務部門内において行われている業務をタスクに分け、そのうち、一体どのタスクをChatGPTなどのAIやリーガルテックに任せるか、そして、任せたとしてどのように管理をすることで、そのメリットを最大化させ、リスクを最小化させるか――。これは、前記のアウトソーシングマネジメントの応用問題として対応すべきである。

3 2040年のリーガルオペレーション

(1) リーガルオペレーションの変革

法務部門という組織全体としては、リーガルテック・AIの発展によるリーガルオペレーションへの影響にまず目を向ける必要がある。要するに業務遂行方法や新人の教育方法が変わるということである。たとえば、業務を遂行する際に、どのようなリーガルテックをどのように業務に組み込んでいくかという点については、法務部門の業務設計として法務部門責任者が検討を進めていかなければならない。たとえば、**法律相談、契約審査、調査、訴訟等の業務類型ごとに利用可能なリーガルテックとその利用方法のベストプラクティスを知る**ということは、このような検討のための準備として重要であろう。

（2） マニュアル化やデータ化の重要性

たとえば、ＡＩに自社基準で契約審査をさせたいと思っても、そもそも自社の審査基準が何かが決まっていなければ、ＡＩとして自社基準での審査を行うことはできないだろう。近時、リーガルテックを念頭に置いたものではなく、むしろ新人教育などの別の目的のために審査基準等のマニュアル化を行う企業も増えていると聞く。そして、ＡＩ時代には、マニュアル化の背景事情が何であれ、審査基準等がしっかりしていれば、その情報をＡＩに投入することで、ＡＩに自社基準を利用させることが容易になるだろう[5]。

これをより一般化すると、ＡＩをよりよく利用するためには、これまで担当者レベルの暗黙知になっていたものを一つひとつ炙り出して形式知化し、データ化することが重要だ、ということである。このような対応には確かに骨が折れるが、２０４０年までを想定すれば、今後の技術の進展により、将来的に必ずどこかで対応しなければならなくなるだろう。

（3）「正解がない」分野でＡＩに業務を「代替」させてはならない

ＡＩ技術の進展によって支援の程度は上がる。また、ナレッジマネジメント（第6章5参照）として自社データを入れて自社でＡＩを育てることで、さらに支援の程度は高まるだろう。しかし、結局のところＡＩは「正解がない」分野においては人間による意思決定の代替ができる程度には至らないし、責任もとらない。そしてだからこそ、そのようなＡＩに本来人間の行うべき判断を代替させてはならない。

たとえば、「あの部長はあの時、渋い顔をした」、「会議の際にこの契約条項を飲むと決めた理由は実はこうだった」といったデータ化されていない「暗黙知」のようなものが、実務、とりわけ「正解がない」分野における対応では重要である。テクノロジーが発達することで、それらしい説明をできるようになるとしても、**本当にその説明をその目の前の案件に当てはめていいのか、ＡＩが想定していない重要な事項が別途存在するのではないか、という問題意識は残るだろう。そして、そこにこそ、法務担当者の価値は引き続き残る**だろう。

もちろん、このような問題意識に対しては、「将来的には社内外で発生する森羅万象すべてを数値化・データ化してインプットし、ＡＩでビッグデータを処理することで、より高度な支援をしてもらう」という方向の対応もまったくあり得ないわけではない。しかし、プライバシー(6)の問題がある上、そのように大量のデータを投入してＡＩを高度化させる方向で突っ走ることによって、いわ

(5) なお、自社基準審査といってもあくまでもそれは一般的状況に関するものであり、個別具体的な状況に応じたものではないことは、第２章をはじめとしてすでに何度も繰り返しているとおりである。

(6) ＨＲテックとプライバシーの関係につき松尾剛行『ＡＩ・ＨＲテック対応 人事労務情報管理の法律実務』（弘文堂・２０１９年）参照。

ば「ＡＩ万能主義」や「ＡＩ信仰」のようになってしまい、その技術的制約（第２章参照）のためにＡＩが抱えている限界やリスクに対し、適切な対応ができなくなるのではないかといった疑問は残る。

（２）で前述したとおり、一定程度はデータ化をすべきことは当然であるが、ただ単にデータ化を広く推し進めればすべての問題が解決する、というものではない。むしろ、このようなＡＩに対する過剰信頼などの弊害を回避するため、少なくとも２０４０年を見据える限りは依然として人間の法務担当者が対応する部分が残るし、残すべきであると筆者は考える。

（４）法務知識を持たない現場の人によるＡＩ利用

なお、法務知識を持たない現場の人たちがＡＩを利用し、法務部門を頼らなくなってしまうのではないか、という点はひとつの論点ではある。そして確かに、法律に関する分野でも一定範囲で法務知識を持たない現場の人たちがＡＩを利用することそのものは発生するだろう。

ここで従来、法務部門はイントラネットにＦＡＱを掲載することで、定型的な質問への対応をしていたところ、現在はチャットボットに回答させようという試みなども見られる。要するに、定型的でかつ低リスクの部分について、むしろ「法務の監督の下」で現場にＡＩを使ってもらうことで法務担当者の負荷軽減をする、という方向性は十分あり得るだろう。

たとえば、これまでもイントラネット上（社内掲示板やマイクロソフトのシェアポイントなど）に雛形を掲載し、雛形そのままであれば法務審査なしで契約をしてよいとしていた会社について、従来はそれでもなお営業部門などから、「雛形はないですか」「雛形をください」という質問があり、その場合には人間の法務担当者が対応していた、という状況があるのではないだろうか。今後は、そのような単に「雛形が欲しい」というだけの質問であれば、チャットボットがその雛形を現場の人に提供してくれる。それによって現場は迅速に雛形を入手できるし、法務担当者はいわば「雑務」と言っていいような、雛形の置き場所の問い合わせ対応に割く時間を節約できる。

とはいえ、AIは「間違える」。したがって、どこかで専門知識のある法務担当者の目を入れて確認・検証する必要があり、法務知識のない現場の人たちにAIを利用させて本来法務部門の実施するべき業務を最初から最後まで行ってもらう、ということは通常は許容できないリスクを発生させかねないだろう。法務部門が関与しない形で現場がAIを利用して対応してしまってもよいのは、前記の雛形提供のような、法務自身としてそれによって生じ得るリスクが相対的に軽微であるとしてAI化が可能と判断した、比較的狭い領域に限定されるだろう。だからこそ多くの分野においては、引き続き人間の法務担当者が、法務知識のない現場の人たちとコミュニケーションをしながら、そしてAI・リーガルテックの支援を受けながら、業務を遂行することになるだろう。

とはいえ、そこでいうコミュニケーションについても、AIの支援を受けることに留意が必要である。たとえば、先ほど述べたチャットボットの事例において、雛形を受け取った現場の人が相手方と契約取り交わしなどのコミュニケーションを行うなかで、たとえば相手方から契約書の修正要望が出てきたとしよう。このような修正を法務知識のない現場の人がAIを利用して行うというモデルはあまり現実的ではないと考える。それは、前述のとおり、AIが「間違える」以上、法務知識のない、つまり、判断能力のない現場の人が完全に使いこなすことはできないからである。そこで、チャットボットは法務に依頼するよう誘導した上で、法務にとって必要な情報を現場の人に尋ね、法務にとってわかりやすい書式の「契約レビュー依頼書」として出力する――。こうした形でのコミュニケーションの支援は、十分にあり得るだろう（第5章**2**参照）。

なお、ここでは「法務知識のない現場の人」としており、「法務部門ではない部門に所属する人」とはしていない。その趣旨は、事業部門に所属する「契約担当者」などの専門知識のある人が直接リーガルテックを用いることはあり得るし、それ自体に何ら問題はない、ということである(7)。

4　組織としてどう対応するか

(1)　リーガルテックへの投資を「法務部門縮小」につなげないために

最新技術にキャッチアップしていくという観点で考えれば、リーガルテック導入などのためにある程度の金額の投資が必要となる。法務部門として経営者にそのような投資を申請するといった場合、経営者としては「**それだけ費用をかけたのだから、効率化が可能となるはずで、その分人件費が減るのではないか／減らすべきではないか**」というような問題意識を持つであろう。そこで、これに対してどう応えるかが重要となってくる。

つまり、たとえばこれまで法務予算のうち人件費が100だったのを「これまでは不要であった

(7)　この点は、事業部門のなかにリーガルの専門知識を有する人がいたとしても、リーガルタスクを法務部門に専属させることでリソースの適切な分配および責任範囲の明確化を図ることができることこそが法務部門の意義なのであって、事業部門に法務の専門性のある人を置くべきではない（事業部門にいる法務の専門性のある人に法務の仕事をさせるべきではない）、という考え方もあるだろう。筆者は決して、法務部門のあり方に関するこのような論争において特定のポジションを表明する意図を持っているものではない（なお、この点については、リーガルテックを最大限に活用し、法務部門への業務の集中化を実現するというスタイルとリーガルテックによって法務機能を分散させるスタイルとを対比するという発想を藤野忠弁護士が表明しており、参考になると考える <https://web.archive.org/web/20201203232014/https://www.lexisnexis.co.jp/info_web/20200827/02/>)。ここで述べたいのは、決してその論争に参加するという趣旨ではなく、あくまでも、利用者に法務の専門性がないとAＩの間違いを確認・検証できない、という観点から、利用者がどこに所属していようが、その利用範囲が法務部門が低リスクとして事前に承認したものを超えるならば、その利用者には法務の専門性が必要だろう、というだけの話である。

リーガルテック予算を新規に20追加してください」と経営者にお願いするのであれば、経営としては、「リーガルテックによる効率化で（20の人材[8]をたとえば事業部門に移すことで）人件費は80にならないのか（それによって人件費と合わせて100という現状を維持することはできないのか）」というような反応がくる可能性がある。このことをどう考えるか、である。そして、これまでの業務とまったく同じことをリーガルテックで効率化してやるのだ、という立場をとる限りにおいては、このような反応を免れられないだろう[9]。この点につき、法務部門縮小もやむなし、という立場もあるかもしれない。しかし個人的にはこう考える。すなわち、法務部門にはそのビジネスに関する知識を活かして社内における（法的リスクを中心とした）長期的リスク管理を行うという重要な役割があるところ、かかる役割は、ＡＩなどの技術発展によりさまざまな新しいリスクが登場するこれからの時代において重要性を増すことはあっても、減らすことはないと考える。よって筆者としては、一般論として法務部門の規模が少なくとも維持され、もしくは拡大することが望ましいと考える。

だからこそ、「どのような目的でリーガルテックを導入するのか」という視点が非常に重要である。短期的な効率化を図るだけだと、「法務の要員をほかに振り向けていいのではないか」といった話になり、法務の規模縮小につながりかねない。だからこそ、「これまでやってこなかったことをやる」であるとか、「やりたくても（定常業務に忙殺されて）できてこなかったことをやる」といった議論をすることで対応することが有望だろう。ここで、伝統的な狭義の法務業務を続けるのだ、という話だけではなかなか規模の維持や拡大の説明ができないかもしれない。しかし、たとえば、AI・リーガルテックその他の新技術を利用することで、（従来行ってきたものよりも広い範囲の）リスク管理を行うのだ、と説明することで、規模の維持や拡大を目指す方向性はあり得るだろう。

（2）「法務部門縮小」を招かないためにスモールスタートを

第5章**4**ではリーガルテックの発展が漸進的だと述べた。そして、AIによる法務部門に対する支援の程度の向上もまた漸進的であり、徐々に支援の程度が高まって業務が楽になる、というものである。このような技術進展のペースのなかで、どのような構えでキャッチアップをしていけばよいのか。これについて第8章**1**では、一般論として「達成度ベース」と「スモールスタート」のふたつの方法があり、直ちに優劣をつけることはできないと述べた。しかし少なくとも法務部門が、リーガルテックへの投資を「法務部門縮小」につなげないためという観点からは、純粋な達成度ベースよりも、何らかの形でスモールスタートをする方が望ましいもしれない。

(8)　ここで事業部門に移される「20」の人材というのは、事業部門が欲しい人材であるからこそ、事業部門に移される可能性が高いという点にも留意が必要である。するとその後、法務部門に残る人材の質も相対的に低下し、その結果として法務部門として本来果たすべき役割を果たせず、法務部門が弱体化するのではないか、という懸念はあり得るだろう。

(9)　なお、「現在は残業代が20かかっているが、残業代を減らします」という方向性が間違っているという趣旨ではない。そうではなく、それ以上に仕事を減らし、定時までの業務時間に手待ち時間が生じるという話だと、当然「その時間に何をするのか」「何もしないなら、1人や2人法務の外に出していいのでは？」という話になりかねない、という趣旨である。

つまり、スモールスタートで今からでも少しずつリーガルテックを利用開始することによって（最初はその導入対応によって時間がかかるとしても）長期的には時間を節約し、その時間を今後重点的な業務に充てることを実践し、それを経営者にアピールするといった対応を早期から行っておくべきだということである。これによって、経営者に対してリーガルテックに対する予算（投資）を正当化しやすくなる。

たとえばある企業に法務担当者が50人いる場合において、ＡＩやリーガルテックが一定の達成度に至った時点で50人全員分のＡＩ・リーガルテックを一気に導入するというのは、費用的にもオペレーション的にもかなり大変だろう。しかし、まずは早期に1人や2人分について予算をつけて、いわゆるテクノロジー好きでイノベーター的あるいはアーリーアダプター的な気質を持つ1～2人の法務担当者に使ってもらい、その人に社内におけるリーガルテックのアンバサダー（伝道者）的な役割を果たしてもらう、というわけである。その上で、テクノロジーの自社における有効活用方法や、自社に適用する上での課題などを研究してもらい、また、そのスモールな範囲で生じた効果等を定量的に計測して経営への説明につなげる、といった方法が考えられる。

（3）達成度判断

スモールスタートであろうが達成度ベースであろうが、少なくとも、「あるタイミングで、すべてのリーガルテックをすべての分野に利用する」ということでもない限り、「このリーガルテックは自社の業務においてどの範囲で利用するのか／利用できるのか」という意味での達成度判断の問題は残るだろう。

たとえば、**最近実施したリーガルリサーチによって「正解」がわかっている分野について、あえてChatGPTに尋ねる**という方法はあり得る。そこでChatGPTがどのような「答え」を出すかを踏まえ、「この分野（たとえば米国法）のリサーチであればChatGPTは使える／使えない」という判断をする、というわけである。

その場合には、以下の点に留意すべきである。

- たとえ米国法一般においては一定の精度を出しても、「最新の米国判例」など、精度が出ない分野があり得る。だからこそ、できるだけ多くの試行・試用を行うべきである。
- プロンプトの入れ方その他の使い方の巧拙によって、ある人は「達成済み」、ある人は「未達成」となる。その意味では多くの人が未達成と判断していても、達成済みと判断した人の利用方法のベストプラクティスを広く展開すべきである。
- 未達成であっても、たとえば「キーワード検索を行う際のキーワードを探る上では一定の役に立つ」といった形で一定の範囲での有用性を見出すことができる可能性がある。

・達成済みであってもそれは「100点」を意味せず、人間による適切な確認・検証が必要である。

(4) 教育への影響

簡単なリサーチや簡単なドラフトなど、「質が低いたたき台」を作らせてそれを先輩が修正するという業務こそ、これまでは新人法務担当者が最初にやる業務であった。もちろん、たたき台があることで先輩が楽をするという面もあるが、新人がそのような実際の業務を通じて勉強する(OJT)という面もあったのである。

しかし、これまで新人に対応を委ねていた「簡単な法律相談」「簡単な契約書のレビュー」について、「中堅・ベテラン自身がリーガルテックを利用して〈粗々のもの〉をすぐに作り、それをもとに自分で素早く対応していく」という方向性が主流になる可能性が十分にある。

その結果として、AIは新人の教育方法を根本的に変えると予想する。そうすると、「(AIに下準備をさせるより時間がかかっても)あえて教育のため新人にやらせる」とか「AI・リーガルテックを活用して新人を教育する」といった対応が必要になってくるだろう。[10] また、リーガルテックプロダクトが、たとえば契約書雛形の解説を提供するなど、「リーガルテックプロダクトそのものが利用者である法務担当者に学ぶ機会を提供し、法務担当者がよりよくリーガルテックプロダクトを利用できるようにする」方向性も考えられる。

この点は、リーガルテックプロダクトが「支援」をその役割とする以上、支援にとどめる（第7章参照）だけの業務遂行能力をユーザー自身が持っていなければ、リーガルテックプロダクトは役に立たない。その意味で、リーガルテック企業としては、リーガルテックプロダクトを通じてユーザー企業の教育に協力するインセンティブを持っているように思われる。

（5）法務のレベルを底上げしつつ成果を出すための組織体制とは

各案件において事業部門が期待する成果を出すための組織体制とはどのようなものか。必ずしも全員が「正解がない」分野においてリーガルテックの支援を受けつつChatGPT時代によりよく対応できる人材とは限らないなかで、どうやって各法務担当者のレベルを底上げし、最終的に組織として良い成果を出していくのか、今後はそこが重要となっていくだろう。

基本的には、「正解がない」部分に対する対応能力に優れている中堅・ベテランと、リーガルテックの支援を受けることが得意な若手の双方が存在する、という状況が生じると想定される。もちろんベストな状況というのは、すべての法務担当者が「正解がない」部分に対する対応をリーガルテッ

(10) 前者については、第9章で述べた弁護士の場合の問題と類似の問題はあるが、依頼部門も「同じ会社の同僚だ」ということで、教育の必要性をより理解しやすいのではないか。

クによる支援を受けて適切にできる能力を持つことだろう。つまり、若手が「正解がない」部分に対応する能力を身につけ、中堅・ベテランがリーガルテックのリテラシーを身につけることである。しかし、それを完璧に行うことがなかなか現実的ではないとすると、たとえば、①若手が中堅・ベテランにリーガルテックの使い方を教える「リバースメンター」を活用する、②若手と中堅・ベテランを組み合わせて「チーム全体としては〈正解がない〉部分に対する対応能力とリーガルテックによる支援能力の双方があるという態勢で対応にあたらせる」といったことが考えられるだろう。

5　個人としてどう対応するか

(1)　リーガルテックのリテラシーを習得しながら「ポリシー」を決める

それでは、個々の法務担当者は個人としてどのようにChatGPT時代に対応していけばよいのだろうか。これについては、すでに第8章**3**で述べた「リーガルテックのリテラシーを習得しながら、自分自身の〈ポリシー〉を決める」という、法務担当者を含む法律専門職全般に必要な姿勢こそが、重要であろう。

リーガルテックのリテラシーは2040年には当然に必要なものとなる以上、どのような機会を利用してそれらを学ぶかが問題となる。たとえば、自社の法務部門がスモールスタートをしようとしてパイロットユーザーを募っていれば、そこで手をあげることが転機になるかもしれない。

また、「ポリシー」をどこに置いて活動するかについては、長期的なスパンをとりつつ、バックキャスト（逆算）思考で今行うべきことを決めていくべきであろう（これについてはすでに第8章**3（1）**ウでも述べた）。

（2）個人として、「正解がない」分野にリーガルテックの支援を受けて対応できる能力を伸ばす

法務担当者個人としてどのようにこれからのChatGPT時代に対応していくかという観点で考えると、「リーガルテックのリテラシー」というのが、徐々に、「それがないと困るが、だからといってそれを（リスキリングを頑張って）身につけたとしても、特に差別化にならない」というものになっていくことに留意が必要である。**AIを使えることが「当たり前」となり、むしろAIを使うことを前提に業務をいかにうまく進め、上司や依頼部門の期待に応えるかが重要になってくる。**

そこで、第8章で述べたこととも関連するが、短期的・長期的というふたつの観点を踏まえて、個人として「正解がない」分野にリーガルテックの支援を受けて対応できる能力を伸ばすことが、ひとつの方向性であろう。短期的な観点としては、やはりAIは「支援」をするにとどまるということである。あくまで「支援」であって「能力拡張」には使えないので、支援されるためには、前

提として自分自身で業務を遂行できる能力がないといけない。そこで、現場の人ではなく、法務担当者がリーガルテックを使いながら法務業務を行うことになる（前述3（4）参照）。したがって、まずは堅実に、昔ながらの法務の能力を習得すべきである[11]（第8章2（2）も参照）。

これに対し長期的観点からはどうか。確かに、リーガルテックがオーソリティを獲得し、特に専門家の確認・検証がなくてもよくなる時代はくるだろう。しかし、これまでも「これは顧問弁護士に、あれは外国弁護士に」といったように、いろいろな業務を進めるためにアウトソーシングをしつつ役割分担を決めて管理をしていた（アウトソーシングマネジメント）と思われるところ、このような法務としてのアウトソーシングマネジメントの範疇にＡＩやリーガルテックが入ってくるというイメージを持っている（前述2（5）参照）。そこで長期的には、「自分自身で手を動かして調べる」といった能力は重要ではなくなるものの、「ほかの人やＡＩをうまく使って案件をマネージする」能力が重要となるだろう。

ただし将来的に、法律の「正解がある部分」についてＣｈａｔＧＰＴなどのＡＩがますますオーソリティを獲得していくとすると、リーガルリサーチや契約書作成などにおいてＡＩ・リーガルテックの果たす役割がますます大きくなってくる可能性が高い。そうすると、法務担当者として、「正解がない」分野で活躍するためには、ＡＩ・リーガルテックに調べさせれば済むような法務知識などよりも、むしろ、ＡＩ・リーガルテックをうまく利用して「正解がない」分野で活躍するため、ビジネス知識・経験を獲得していくことがますます重要になってくる可能性がある。筆者は別の著書で「良き法務担当者は、良きビジネスパーソンである」という視点を打ち出したところであるが、(12)実際に事業部門で働くか否かはともかく、そのようなビジネス知識・経験をどうやって獲得していくかについては、法務担当者のキャリアデザインにおいて、考えていく価値があるだろう。

(11) この点につき「経営法務人材スキルマップ」<https://www.meti.go.jp/shingikai/economy/homu_kino/pdf/20191119_report_s01.pdf>参照。
(12) 松尾・前掲注(3)18頁。

おわりに

　ここまで、いわゆるＣｈａｔＧＰＴをはじめとするＡＩ技術の急速な発展と、それがもたらす弁護士や法務担当者の業務への影響について検討してきた。本書の記述はあくまでも約20年後の未来である２０４０年に関する現時点（２０２３年6月時点）の予想に基づくものである。そこで、もちろん予想が外れる可能性も十分にある。しかし筆者としてはこれが最も合理的な推測（ベストゲス）であると考えている。そして本書には、議論を喚起するための「たたき台」としての意味もある。だからこそ論争的な内容も含まれているものの、本書をきっかけに思考を深めていただくため、あえてそのような内容も含ませたものとご理解いただきたい。そして、本書が読者の方々にとって将来の自分の姿、職場の姿、そして社会の姿を考える上で少しでもお役に立てば幸いである。

　本書執筆の経緯は、２０２３年4月から5月という短期間に約20以上にものぼる多数のセミナーや勉強会のご依頼をいただき、これらに対応するために自分のなかでＣｈａｔＧＰＴに対する考えをまとめようと思ったことによる。そこで、まず、約20以上のセミナーや勉強会の主催者の方々、登壇者の方々、そして参加者の方々など、関係者すべてに感謝したい。これらの一連のセミナーのなかでは、リーガルオンテクノロジーズ社主催の「最新ＡＩ技術と法務実務への影響～弁護士と企業法務がＣｈａｔＧＰＴを考える〜」（２０２３年3月23日）に登壇させていただいたことがその嚆矢であった。同セミナーは、登壇者でもある西村あさひ法律事務所の水井大先生にご仲介いただいて登壇が実現し（水井先生には本書の原稿に対する貴重なコメントもいただいた）、リーガルオンテクノロジーズ社社長の角田望先生、日本たばこ産業株式会社の稲村誠様および株式会社リーガルスケープの城戸祐亮様と対談をさせていただいた。詳細な講演原稿を準備して臨んだものの時間の関係で語り尽くせなかった部分を「ＣｈａｔＧＰＴ等のＡＩ技術の発展と弁護士実務への影響」としてｎｏｔｅにまとめた（この一部は大幅に加筆の上本書の一部となっているものの、かかるｎｏｔｅ記事が現時点でも公開中であることから推察いただけるように、本書において内容は約10倍へと大幅に加筆され、アップデートされている）ところ、大きな反響をいただき、その後のセミナーや勉強会につながった。それぞれのセミナーや勉強会では大変重要な示唆をいただいたが、東京大学時代の同級生でもあるｄｅｌｙ株式会社執行役員で弁護士の金子晋輔先生には、事前送付した講演案に対する詳細なレビューをいただき、かつ、本書の原稿についても詳細なコメントをいただいた。もちろん、そのレビューの結果は本書に活かされている。また、本年6月には、共著『ＣｈａｔＧＰＴの法律』（中央経済社）を出版したところ、この執筆過程で多くの学びを得ることができた。共著者の田中浩之先生、河瀬季先生、古川直裕先生、大井哲也先生、辛川力太先生、佐藤健太郎先生、柴崎拓先生、橋詰卓司先生、仮屋崎崇先生、唐津真美先生および清水音輝先生、そして同書担当編集者の石井直人様に感謝したい。とりわけ清水音輝先生には本書執筆についても役立つ貴重な示唆をいただいた。渥美坂井法律事務所弁護士の乾直行先生、永世綜合法律事務所弁護士の平裕介先生、かなめ総合法律事務所弁護士の幅野直人先生、スペースマーケット取締役・弁護士の石原遥平先生、STORIA法律事務所の柿沼太一先生（順不同）にも本書の原稿に対し貴重なコメントをいただいた。そして、『クラウド情報管理の法律実務』の第2版への改訂作業やその次のさらなる企画に向けてご助力いただいているなか、弘文堂の登健太郎様には突貫で本書の企画を通し、出版を可能としてくださった。皆様に感謝を申し上げたい。なお、本書の誤りはすべて筆者一人の責任である。

最後に、本書はアイデア出しなど「たたき台」作成においてChatGPTの「支援」を受けた。ここにChatGPTに感謝の意を表したい。

2023年6月

松尾　剛行

【著　者】

松尾剛行（まつお・たかゆき）

東京大学法学部卒業、ハーバード大学ロースクール修了（法学修士）、北京大学法学院博士課程修了（法学博士）、ニューヨーク州弁護士。現在、桃尾・松尾・難波法律事務所パートナー弁護士。ITストラテジスト試験、情報セキュリティスペシャリスト試験、プロジェクトマネージャー試験合格。慶應義塾大学非常勤特任准教授のほか、中央大学、学習院大学、九州大学非常勤講師なども務める。

『クラウド情報管理の法律実務〔第２版〕』（弘文堂・2023年刊行予定）、『ChatGPTの法律』（共著、中央経済社・2023年）、『紛争解決のためのシステム開発法務』（共著、法律文化社・2022年）、『キャリアデザインのための企業法務入門』（有斐閣・2022年）、『中国のデジタル戦略と法』（共編著、弘文堂・2022年）、『AI・HRテック対応　人事労務情報管理の法律実務』（弘文堂・2019年）、『最新判例にみる　インターネット上の名誉毀損の理論と実務〔第２版〕』（共著、勁草書房・2019年）など著作多数。

ChatGPTと法律実務
――AIとリーガルテックがひらく弁護士／法務の未来

2023（令和５）年８月15日　初版１刷発行

著　者　松 尾 剛 行
発行者　鯉 渕 友 南
発行所　株式会社 弘 文 堂　101-0062 東京都千代田区神田駿河台１の７
TEL03(3294)4801　振替00120-6-53909
https://www.koubundou.co.jp

装　幀　宇佐美純子
印　刷　大 盛 印 刷
製　本　井上製本所

ISBN978-4-335-35952-1